교사를 위한
미래 X 교육 안내서

온라인 공동 교육과정 연구회 13인,
미래 교육을 만나다

교사를 위한 미래 X 교육 안내서

초판 1쇄 펴낸날 2021년 7월 27일
초판 2쇄 펴낸날 2022년 6월 2일

지은이 정은식 김지영 박범환 김가비 이지은 나길우 손진 서미란 김혜진 손윤정 김경주 박건우 정주혜
펴낸이 홍지연

편집 고영완 정아름 전희선 조어진
디자인 전나리 박해연
마케팅 강점원 최은 이희연
경영지원 정상희

펴낸곳 (주)우리학교
출판등록 제313-2009-26호(2009년 1월 5일)
주소 03992 서울시 마포구 동교로23길 32 2층
전화 02-6012-6094
팩스 02-6012-6092
홈페이지 www.woorischool.co.kr
이메일 woorischool@naver.com

ISBN 979-11-6755-003-3 03370

교사를 위한 미래X교육 안내서

정은식   서미란

김지영   김혜진

박범환   손윤정

김가비   김경주

이지은   박건우

나길우   정주혜

손 진

우리학교

여기 '공장형 교실'을 '맞춤형 교실'로 바꾸어 가는 교사들이 있다.
학생들을 변화의 주체로 키워 낼 학습 생태계를 만들고 있는
교사들이다. 교육 선진국 핀란드를 정복하러 간 마이클 무어
감독의 유쾌한 영화 〈다음 침공은 어디?〉를 보면서 미래 교육과
접선하는 교실, 가나공화국 학생들과 영어로 대화하며 지구촌
친구들을 만들어 가는 교실, 아무도 졸지 않고 눈을 반짝이며
배움의 즐거움을 만끽하는 교실, 망가진 지구를 되살려 낼 방법을
탐구하는 교실, 겸손하고 지혜로운 '신인류'가 자라는 생기발랄한
교실이 이곳저곳에서 만들어지고 있다. 한동안 사라졌던 교사들이
마법사가 되어 모여들기 시작한 모양이다! 가슴 뛰는 일이다.

———————————————— 조한혜정(문화인류학자, 연세대학교 명예교수)

이 책은 미래 교육을 '담론'의 영역에서 '실천'의 영역으로
구체화한다. 저자들이 아낌없이 나눠 주는 구체적인 실천 Tip들을
찬찬히 따라가다 보면 미래 교육 실천에 도전해 볼 용기와 자신감이
생길 것이다.

———————————————— 조윤정(경기도교육연구원 연구위원)

코로나19로 우리는 "모두가 안전하지 않으면 누구도 안심할 수
없다."라는 교훈을 체득해 가는 중이다. 이미 현장에서 미래 교육을
실천해 온 저자들은 미래 교육을 향한 디딤돌을 놓으며
"모두가 변화하지 않으면 누구도 안심할 수 없다."라는 사실을
알려 주고 있다.

———————————————— 전보애(가톨릭관동대학교 지리교육과 교수)

AI와 함께 살아가야 하는 가까운 미래 사회에서 학교와 교육은
어떻게 변모해야 하는가에 대한 도전과 실천의 답변을 제시하는
지침서! 열정 있는 실천가 13인의 경험기에서 우리 교육의 미래를
희망적으로 조망해 보며 미래 교육에 동참하기를 추천한다.

———————————————— 이정은(신한대학교 간호학과 교수)

누구에게나 '미래 교육'은 모호합니다. 하지만 이 책을 통해 미래
교육이 현재 진행형임을 알 수 있습니다. 수업으로 미래 교육을
실천하는 선생님들의 노력을, 미래 교육을 함께 만들어 가는
동반자로서 존경과 반가운 마음으로 응원합니다.

———————————————— 이정백(거꾸로캠퍼스 교사)

담론과 논의의 차원을 뛰어넘은 미래 교육 안내서가 나왔다.
구체적인 교수 학습 방법론을 고민해 수업에 적용한 사례들을
담은 이 책이 출간되어 여간 반가운 게 아니다. 다수의 현장 교사가
합심해 그들의 시선에서 미래 교육의 방향을 제시했다는 점에서
더욱 의미 있다. 이 책의 저자들은 '시민성을 기르는 교육'을
미래 교육의 목표로 삼고, 미래 교육의 키워드로 '주도성',
'개별성', '유연성'을 제시하고 실천한다. 그렇기에 이 책은 지금
교실 현장에서 노력하고 계신 선생님들을 위한 '미래 교육
실천 기본서'가 되기에 충분하다.

—— 권윤호(한국교원대 교육대학원 교육혁신 전공 강사, 풍덕고등학교 교사)

'미래 교육'이라는 거대 담론 앞에 먼저 발을 내디뎌 발자국을
남겨 준 수업 전문가들이 모였다. 이 책은 교수자와 학습자의 관계를
넘어 배려와 소통으로 일구어 낸, 배움이 살아나는 블렌디드 수업의
나침반과도 같다.

———————————— 심은정(서울특별시교육청 교육혁신과 장학사)

이 책은 학교와 교사가 만들어 가는 미래 교육의 모습을 상상과
도전, 협력적 문제 해결력, 소통과 관계, 그리고 주도성으로 답하고
있다. 이는 미래 교육의 핵심 원리이며, 미래의 학교에서 해야
할 것이 현재와 이어지는 지점이기도 하다. 이를 찾아내 지금의
학교에서 도전하는 선생님들의 열정과 헌신에 아낌없이 박수를
보낸다. 미래 교육, 미래 학교의 담론은 미래의 어느 시점에
이르러서도 여전히 현재 진행형일 것이다. 사회 변화 속에서 학교와
사회가 함께 만들어 가야 하는 일이기 때문이다. 그렇기에 지금,
여기서, 교사가 만들고 싶은 미래 교육의 모습을 담은 이 책은
미래 교육의 또 다른 길을 찾는 데 필요한 등대가 되리라 믿는다.

─────────────────── 김진익(경기도교육청 미래교육정책과 장학사)

미래 교실의 문을 열며

2019년, 우리 저자들은 신기한 경험을 하기 시작했습니다. 온라인 공동 교육과정 수업 교사로서 실시간 쌍방향 원격 수업을 하면서부터입니다. 우리는 칠판과 분필 대신 터치스크린과 전자 펜으로 가르쳤고, 학생들은 교실에 함께 모여 있지 않아도 소통했으며, 지역과 학교가 달랐지만 마치 하나의 교실에 모여 앉은 듯 온화한 친밀감까지 느꼈습니다. 게다가 학교 수업에서는 좀처럼 느끼기 어려웠던 수업의 진짜 재미를 느낄 수 있었습니다.

사실, 우리는 함께 온라인 공동 교육과정 수업을 하는 동료라는 점 말고는 서로 잘 몰랐습니다. 자신의 수업을 누군가에게 보이고 나누는 것이 자연스럽지 않은 학교 문화를 떠올리시면 쉽게 이해될 것입니다. 그런데 각자 크고 작은 시행착오를 겪으며 교실 수업과 다른 온라인 수업만의 문법 체계를 서서히 터득해 나가고 있을 무렵 온라인 단톡방에서 수업 경험을 나누기 시작했습니다. 서로의 성공과 실패 경험을 공유하며 우리는 조금씩 연대해 나갔고, 온라인으로 수십 차례 만나면서 서로의 수업을 배워 나갔습니다.

2020년 이후 코로나19가 계속 확산되자 전국 모든 학교에서 원격 수업이 시행되었고, 고교 학점제와 차기 교육과정 개정 논의가 맞물리면서 '미래 교육'과 '원격 수업'에 대한 관심이 급증했습니다. 그러나 현장 선생님들에게 '미래 교육'은 진부하고, '원격 수업'은 아직 낯설기만 합니다. "미래 교육을 명분 삼아 또 무엇인가를 바꾸려나 보다.", "원격 수업은 재난 상황과 같이 등교를 하지 못할 때 하는 수업이다.", "원격 수업은 사회성을 기르지 못하며 학력 격차를 유발한다." 등과 같은 오해가 있기 때문입니다.

이 책을 쓴 저자들도 시행착오를 겪을 때마다 '역시 교실 수업이 필요해.', '원격 수업에는 한계가 많아.'라고 생각한 적이 있었음을 고백합니다. 그러나 학기를 거듭할수록 변화하고 성장하는 우리 자신과 학생들의 모습을 지켜보면서 미래 교육에서 원격 수업의 가능성과 비전을 발견할 수 있었습니다. 코로나19를 계기로 2020년부터 교실에서도 격주로 원격 수업을 해 보니, 온라인 공동 교육과정 수업은 물론이고 교과 수업과 창의적 체험 활동, 학급 운영에 있어서도 그 가능성이 커 보였습니다. 우리는 서로의 수업 사례를 바탕으로 연구를 계속해 어렴풋한 미래 교육의 방향을 하나씩 잡을 수 있었습니다.

　미래 교육과 원격 수업을 고민하는 선생님들께 고민을 조금 앞서 한 사람들로서 경험을 나누고 싶어 이 책을 펴내게 되었습니다. 온라인 공동 교육과정 수업과 교실 수업에서 원격 수업을 접목하여 실천하고 싶으신 선생님들께 이 책이 실질적인 도움이 되기를 바랍니다. 이 책의 특징을 다음과 같이 정리할 수 있습니다.

　첫째, 미래 교육을 '미래 어느 시점에 펼쳐지는 예측 지향적 교육'과 '현재 교육에서 교사의 노력과 실천으로 변화시켜 나가는 변화 지향적 교육'으로 나누어 보았을 때 이 책은 '변화 지향적 미래 교육'에 관한 책입니다.

　둘째, 1부의 1, 2장은 총론적 설명으로, 우리가 파악한 미래 교육의 의미를 설명하고 미래 교육에서 수업과 학교에 대해 고찰했습니다. 2~5부의 첫 번째 장은 미래 교육의 방향에 대해 개괄하여 설명했습니다. 우리는 사례 나눔을 통해 미래 교육의 변화 방향을 '상상하고 도전하는 교육', '협력적 문제 해결 능력을 키우는 교육', '소통하고 관계 맺는 교육', '주도성을 높이는 교육'으로 파악해 각 변화 방향을 대표할 만한 수업 사례를 제시했습니다. 수업 사례를 보실 때 어떤 점에서 미래 교육을 지향하고 있는지 안내하는 글이 될 것입니다.

　셋째, 2~5부의 2장부터는 미래 교육 수업 사례를 소개하는데, 전공이 다른 교사도 쉽게 파악할 수 있도록 수업을 '기대(목표)-행동(활동)-성찰(피드백)'이라는 틀에 맞춰 성취 기준에서 수업-평가(피드백)에 이르는 전 과정을 기술했습니다. 또한 수업 사례 마지막에 '미래 교육을 향한 디딤돌 놓기 제안'을 통해 해당 수업 사례에서 파악할 수 있는 미래 교육의 방향을 정리했습니다.

넷째, 수업 사례를 통해 '나도 한번 해 볼까?'라고 생각하시는 선생님들이 궁금해하거나 적용할 만한 아이디어를 제시하고자 각 장에 '팁(Tip)'과 '다른 교과에는 이렇게 적용할 수 있어요!'를 구성하고, 부록 '현장 교사가 묻고, 저자가 답하다'로 설명을 덧붙였습니다.

내용을 작성하고 실제 수업에 적용하며 문제점을 발견한 뒤 논의 과정을 거치면서 여러 차례 수정했지만, 여전히 부족한 부분이 많을 것입니다. 학교 현장의 여러 선생님과 미래 교육에 대해 소통하면서 함께 고민하고 싶어 출간을 서두른 감이 있습니다. 이 책의 부족한 부분을 선생님들과 같이 연구하여 보완해 나갈 수 있기를 바랍니다.

마지막으로 이 책이 나올 수 있도록 격려를 아끼지 않으신 '경기도 미래교실 온라인 공동 교육과정 연구회' 선생님들에게 감사드리며, 늦은 밤까지 우리와 함께 미래 교육의 문을 열어 간 어린 벗들에게 고마움을 표합니다. 특히 몇 차례의 밤샘 작업에도 인내하고 응원해 준 가족들에게 이 책으로 사랑을 전합니다.

2021년 여름방학 즈음 저자 일동

차 례

1부

다가온 미래 교육과 학교 교육의 재편

2부

상상하고 도전하는 교육

1부

다가온 미래 교육과
학교 교육의 재편

정은식 (안산강서고등학교 교사)

미래 교육이란 무엇인가?

최근 2022년 하반기에 고시 예정된 국가 교육과정 총론 개정과 더불어 미래 교육에 대한 이야기가 한창이다. 교육부와 전국시도교육 감협의회, 국가교육회의, 시도교육청 중심으로 각종 미래 교육 포럼 및 공청회 개최, 교육과정 현장 전문가 네트워크 조직, 대국민 설문 조사 실시, 국민 참여단 운영 등을 주도하면서 미래 교육 담론의 장을 넓히고 있다.

미래 교육에 대해 많은 이야기가 오가지만, 미래 교육의 개념이 무엇인지 진지한 탐색의 장은 찾아보기 힘들다. 미래 교육(未來敎育,

future education)은 '미래 사회에 이루어질 것으로 예상되는 미래의 교육'인지, '미래에 도달하고자 하는 현재 교육의 목표'인지, '미래 사회에서 잘 살아가기 위한 능력을 준비하는 현재의 교육'인지, '더 나은 교육을 위해 현재 진행되는 교육적 실천'인지 그 의미가 불분명한 채로 맥락과 화자의 입장에 따라 다르게 사용되고 있다. 지금까지 논의되고 있는 미래 교육의 의미를 정리해 보면 다음과 같이 크게 세 가지로 나눌 수 있다.

첫째, 미래 교육은 '미래 사회를 대비하기 위해 현재의 교육 체제를 변화시키고자 할 때 제시하는 비전이나 방향'을 의미한다. 어떤 사회문제가 불거질 때마다 해결 방안을 교육에서 찾는다. 전통적으로 교육제도가 한 사회의 질서와 통합 유지 기능을 하기 때문이다. 예를 들어 정보 통신 매체를 이용한 사이버상의 집단 따돌림(cyber bullying)이나 악성 댓글 등의 사이버 폭력이 증가하면 학교 교육과정에서 정보 통신 윤리 교육을 강조하는 식이다. 그러나 때로는 대학 서열화와 대입 제도 개선, 사교육 부담 경감과 같이 사회 전반에 널리 퍼진 지배적 인식까지 바꿔야 해결할 수 있는 문제들은 부분적인 교수 학습의 변화를 넘어 교육 체제 자체의 개편이 요구될 때가 있다. 이 경우 '미래 교육'은 미래 사회 대비를 위한 현재 교육 체제의 변화를 정당화하는 문구로 사용된다.

우리 교육 체제를 크게 변화시켰던 '5·31 교육 개혁안'만 보더라도 당시 교육 체제의 변화가 필요한 이유를 다가오는 미래 사회를 대비하기 위함이라고 강조했다. 당시에 정보화와 세계화를 문명사적 전환을 가져오는 사건으로 규정한 점은 오늘날 미래 교육을 논의할 때 시대적 배경으로 빠짐없이 등장하는 '4차 산업혁명과 지능 정보 사회로의 전환' 논리와 매우 흡사하다.

> 새로운 문명은 '정보사회', '지식사회'라는 말로 표현되고 있다.
> (…) 이러한 새로운 문명과 시대의 도전에 대하여 적합한 대응책을
> 마련하지 않는다면, 우리는 역사의 낙오자가 될 수밖에 없을
> 것이다. (…) 지금까지의 발상, 제도적 틀과 관행을 가지고서는
> 제대로 살아가기 힘든 새로운 세상이 우리 앞에 다가선 것이다.
>
> 출처: 교육개혁위원회 편집부, 『신교육체제 수립을 위한 교육개혁 방안』,
> 교육개혁위원회, 1995.

첫 번째 의미의 미래 교육은 교육개혁 정책 입안자들이 그 정책의 정당성을 얻고자 할 때 거론해 왔다. 이들에게 현재 교육은 미래 사회를 맞이하는 데 낡은 유물로서, 앞으로 추진하고자 하는 교육정책이 잘 시행되면 펼쳐지는 모습이 미래 교육이라고 제시한다. 미래 교육에 대한 이와 같은 인식은 현재 교육 주체(교사, 학생)의 능동적인 실천적 역동성을 과소평가할 수 있다.

둘째, 미래 교육은 '미래 사회에서 살아갈 현재 학습자에게 요구되는 능력을 갖추도록 준비하는 교육'을 의미하기도 한다. 오늘날의 학습자가 미래에 잘 살아가려면 현재 국가, 사회, 학교 등이 무엇을 교육해야 하는지에 초점을 맞춘다. 앞서 제시한 미래 교육의 논점이 "왜 미래 교육이 필요한가?"에 초점을 맞춘 것이라면, 여기서 말하는 미래 교육은 "미래 교육은 무엇이어야 하는가?"에 주목한다. 이러한 미래 교육은 현재의 교육에서 무엇을(내용), 어떻게(방법) 바꾸어야 현재의 학습자가 미래를 준비할 수 있는지에 주목한다. 그래서 교육과정 개정 시기에 더욱 강조되는데, '2022 교육과정 총론' 개정기에 교육부에서 제시한 다음 자료를 보더라도 미래 교육은 국가의 미래 인재 육성을 위한 전략 차원으로 인식되고 있음을 확인할 수 있다.

— (…) 코로나19 등 위기 극복과 선도형 교육 체제로의 혁신을 위해 (…) 이를 뒷받침할 인재 육성 전략이 시급

• 4차 산업혁명 시대 첨단 기술의 발전 및 미래 불확실성이 증대되면서 환경 변화에 유연하게 대응할 수 있는 역량과 변화 대응력을 갖춘 인재 확보가 더욱 긴요

출처: 교육부, '국민과 함께하는 미래형 교육과정 추진 계획', 2021. 4. 21.

한편, 개별 국가 수준을 넘어 정부 간 기구나 국제기구 내의 교육 관련 위원회에서도 미래 교육을 다룬다. 세계가 초(超)연결되어 있고 불확실성이 높은 미래 사회에서 기후변화, 난민 문제, 불평등의 심화와 같은 전 지구적 문제를 교육으로써 해결하고자 하는 것이다. 경제협력개발기구(OECD)에서는 미래 사회에서 '개인'이 갖춰야 할 역량 규명을 목적으로 1997년부터 2003년까지 DeSeCo(Definition and Selection of Key Competences) 프로젝트를 추진해 세 가지 핵심 역량 범주＊를 도출했다. 이후 2015년부터 OECD는 '교육 2030(OECD Education 2030) 프로젝트'를 통해 (현재) 학교 교육을 시작한 '학생'이 노동시장에 진입하는 2030년(미래)에 잘 살아가기 위해 변혁적 역량(transformative competencies), 즉 새로운 가치 창출하기, 긴장과 딜레마 조정하기, 책임감 가지기 같은 능력이 필요함을 역설했다.＊＊ 국제연합(UN) 산하 기구인 국제연합교육과학문화기구(UNESCO)에서도 'SDG4-교육 2030'을 통해 "포용적이고 공평한 양질의 교육 보장과 모두를 위한 평생 학습 기회 증진"이라는 목표를 제시했다.＊＊＊

미래 사회를 준비하기 위한 교육이 필요하다는 절박감은 국가, 국

＊　'여러 도구를 상호 작용적으로 사용하기(use tools interactively)', '이질적 집단에서의 상호 작용(interact in heterogeneous groups)', '자율적으로 행동하기(act autonomously)'

＊＊　DeSeCo에서 밝힌 역량이 문제 해결 수단으로서의 능력에 가깝다면 '교육 2030'에서는 개인과 사회에 대한 태도와 가치로 무게중심을 옮겼다.

＊＊＊　유엔은 2015년 전 세계 모든 나라가 2030년까지 달성해야 할 '지속 가능 발전 목표(SDGs, Sustainable Development Goals)'를 선포했고, 이 중 네 번째(SDG4) 목표를 '교육 2030'이라고 부른다.

제기구뿐만 아니라 미래 교육에 대한 일반 국민들의 인식에서도 드러난다. 코로나19 발생 직전에 실시한 연구[1]에 따르면, '앞으로 학교 교육의 방향'에 대해 '삶과 교과를 통합하는 교육'을 으뜸으로 꼽았다. 또한 미래 학교의 비유적 모습에 대해서는 '도전하고 탐구하는 실험실', '모두의 개성이 피어나는 정원'으로 응답한 비율이 각각 51.5퍼센트, 39.9퍼센트였으나 '남보다 더 빨리 가야 하는 마라톤'이라는 응답은 2.4퍼센트에 불과했다. 이처럼 우리 국민들은 미래 교육을 위해 현재 학교 교육이 학생 각자의 삶과 연계된 내용을 학습하고, 상호 협력하며 도전하는 교육이 되기를 기대하고 있다.

셋째, 미래 교육은 '어려운 교육 여건 속에서 유의미한 학습 경험을 제공하기 위한 교사의 수업에 대한 성찰, 실천, 노력'을 의미한다. 앞서 제시한 두 가지의 미래 교육을 교육 현장에 '아직' 존재하지 않는 교육 밖(국가, 지역, 사회)의 요구라고 한다면 세 번째 미래 교육은 '이미' 학교 교육 안에서 묵묵히 실천되고 있다. 현장 교사들은 정책 당국의 비전이나 교육 개혁만을 마냥 기다리는 수동적 주체가 아니라 현재 교육제도(체제)의 한계 및 문제와 직접 부딪치면서 교육에서 실천하며 변혁해 나가고 있는 능동적 주체인 까닭이다. 미래 교육이란 교육 현장에서 교육 주체가 스스로 능동적으로 극복하려는 역동적인 변화 과정 그 자체를 의미한다. 이는 앞서 제시한 두 가지 의미의 미래 교육을 현실화하는 데 중요한 시사점을 갖는데, 미래 교육은 미래 교육 추진 계획과 같은 문서의 붓 끝에서 나오는 것이 아니라 교사의 수업 실천에서 시작되고 종결된다는 의미를 가진다. 요컨대 세 번째 의미의 미래 교육은 현장에서 묵묵히 실천하고 있는 교사들의 주체적인 수업 실천을 통해 관찰될 수 있다는 점이다.

2015 개정 교육과정 시기에 과정 중심 평가의 현장 안착도 미래 교육에 대한 어떤 비전 선포나 교육과정 문서로 고시되었기 때문이 아니라 그 이전부터 현장에서 교육과정을 재구성한 수업 실천 경험, 교사별 평가와 수행 평가 중심의 상시 평가제의 도입, 이른바 교-수-평(기)이라는 교육과정에 기반한 학습 경험 조직, 학습 경험과 평가(피드백)의 연계(alignment)에 대한 현장 교사들의 광범위한 동의와 실천 경험이 있었기에 가능했다고 본다. 그러므로 미래 교육을 말하려면 현재 부단히 노력하고 있는 교육 실천 현장에서 그 실마리를 찾아야 한다.

그동안 우리 교육은 학교 현장이 주도하는 미래 교육 논의에 인색했다. 주로 전문가들이 교육정책을 입안했고, 그것을 집행하는 과정도 하향식(top-down)으로 진행되면서 5·31 교육 개혁처럼 교사가 미래 교육의 주체가 되기는커녕 개혁의 대상이 되기도 했다. 진정한 미래 교육 정책은 학교 현장에서 시작해 정책 수립으로 향하는 상향식(bottom-up)으로 이루어져야 하며, 그때 비로소 (자연스럽게 다가오는 것이 아니라) 함께 미래 교육을 만들어 나갈 수 있을 것이다.

일례로 교육 거버넌스가 튼튼한 핀란드의 국가 수준 핵심 교육과정 개편이 이루어지는 절차를 살펴보자. 2004년 당시 핀란드 국가교육위원회(Finnish National Agency of Education: 교육과정을 마련하고 개정하는 일을 하는 기구) 소속 이르멜리 할리넨(Irmeli Halinen)의 기고문[2]에 따르면, 학교 교사에게 설문지를 돌려 이전의 국가 교육과정이 현장에 얼마나 도움이 되었는지, 아쉬운 부분은 무엇인지 확인하고, 지자체와 각 학교 교육과정을 자체 분석해 평가하며 개편의 방향을 정한다고 한다. 이러한 정보를 수집한 뒤에는 전국에 있는 학교를 찾아다니며 교사들에게 직접 "현재의 교육과 학교 운영, 현재 자신의 수업에서 어떤 것을 바꾸고 싶은가?", "현재 이미 잘 실행되고 있으며 중요하다고 여겨져서 절대로 바뀌어선 안 되는 것은 무엇인가?", "최고의 학교란 어떤 학교인가?"라는 세 가지 질문을 던지고 교육과정 개편에 필요한 정보와 아이디어를 많이 얻는다고 한다. 다음 단계로는 광범위한 학생을 상대로(6만 명이 설문에 응했음) 학교에서 받았던 수업 경험을 비롯해 미래를 위해 어떤 능력이 그들에게 필요한지 적어 달라고 요청한다. 이렇게 교육 주체들에게서 광범위한 정보를 진실하게 모으고 나서야 미래 교육의 목표를 정하는 절차야말로 미래 교육을 함께 만들어 가는 것이 무엇인지 보여 주는 좋은 예이다.

우리나라는 정영근의 연구[3]에 따르면, '국가 교육과정 개정 발의를 결정할 때 중요하게 생각하는 근거(복수 응답)'에 대해 교사 및 교육 전문직은 '미래 사회의 변화 진단 결과'와 '학생의 발달·변화 요구'를 각각 1순위(61.4퍼센트), 2순위(55.5퍼센트)로 꼽은 반면, '정부의 국정 과제'라고 답한 이들은 3.7퍼센트에 불과했다. 교육 현장에서는 미래 교육과 관련한 논의에 있어서 미래 사회에 대한 엄밀한 '진단'과 '교육 주체의 요구'를 '정부의 국정 과제'보다 훨씬 중요하게 생각하고 있었다. 또한 같은 조사에서 응답한 10명 중 약 8명(약 78퍼센트)은 '국가 교육과정 개정을 결정하는 발의 과정에 정치적 요인이 영향을 준다'라고 생각하고 있으며, 종래의 국가 교육과정 개정의 문제점으로 '학교 현장의 상황 및 실정 반영 미흡(40.7퍼센트)'을 1순위로 응답했다.

이 책은 그동안 주목받지 못했던 세 번째 맥락에서의 미래 교육 수업의 실천에 관한 이야기다. 저자들은 코로나19 팬데믹 이전인 2019년 1학기부터 온라인 공동 교육과정(클러스터)*으로 실시간 쌍방향 수업을 진행해 왔다. 저자들은 교실에서 사용하던 분필과 칠판을 온라인 공동 교육과정 수업에서 전자 펜과 터치 모니터로 변환하면서 교실 수업과 다른 온라인 수업의 문법 체계를 서서히 익혀 가기 시작했고, 서로의 수업 실천 경험을 공유하면서 미래 교육을 위한 수

---

* 경기도 공동 교육과정은 〈보건〉, 〈교육학〉, 〈프로그래밍〉, 〈기업과 경영〉 등 일반 인문계 고등학교에서 잘 편제되지 않는 심화 과목, 교양과목을 경기도 전체 학생이 수강할 수 있도록 개설해 모든 수업을 비대면으로 진행하고, 평가도 모두 수업 중 실시간 수행 평가로 진행한다.

업의 원리를 찾아보았다. 그 결과, 미래 수업의 키워드가 '주도성', '개별성', '유연성'이라는 점을 파악할 수 있었다.

미래형 수업의 첫 번째 키워드, 주도성

흔히 미래 사회를 변동성, 불확실성, 복잡성, 모호성이 지배하는 시대라고 전망한다. 이런 사회에서 잘 살아가려면 방향감각을 잃지 않고 목표를 수립하는 능력, 목표를 달성하기 위한 실천 능력, 그 실천이 타인(공동체)에게 끼치는 영향을 성찰할 수 있는 능력이 필요하다. 즉, 주도성(主導性)이 필요하다.

주도성은 단순히 '활동적인', '쾌활한', '적극적인' 등과 같이 겉으로 드러나는 성격적 특성은 아니다. 주도성은 개인적·사회적으로 부여된 권한을 갖고 있음을 전제로 자신과 공동체의 문제에 참여하고, 책임감을 의식하며 다양한 문화적 코드를 지닌 사람들과 탐구하고 협력하며 문제를 해결할 수 있는 지식, 기능, 가치 태도의 총체적 능력을 의미한다.

OECD의 '교육 2030'에서도 현재 사회의 급격한 변화를 환경적인 도전(기후변화, 자원 고갈)과 경제적인 도전(과학기술 혁신, 경제통합에 따른 문제), 사회적인 도전(문화적 다양성 충돌, 불평등 확대)으로 규정하고, 이러한 도전을 극복하기 위해 가정과 학교, 지역사회가 협력해 학교 교육으로 청소년들이 주도성을 발현하는 능력을 길러야 함을 강조했다.[5]

미래 사회를 위한 주도성 교육은 단순히 '개인의 직업 세계 준비'나 '미래 사회에 잘 살아남기'식 교육이 아니라 학생이 미래 사회 변화의 주체로서 자신과 공동체의 문제에 책임감(주인 의식)을 가지고 참여하는 시민성(citizenship)을 기르는 교육이 되어야 한다.*

주도성을 기르는 수업이란 구체적으로 무엇일까?

첫째, 주도성을 기르는 수업이란 학생이 학습의 주인이 되어 진정으로 참여하며 책임감을 갖도록 하는 수업이다. 학습의 책임감은 학습자가 스스로 자신의 학습을 조절할 수 있다고 여길 때 커진다.[6] 이를 위해 교사는 모든 학생이 교실에서 주인이 되는 역할을 많이 부여할 수 있다. 교사가 학생들에게 "나를 따르라."라며 수업을 외롭게 끌고 가는 것이 아니라 학생 개개인에게 역할을 부여해 함께 만들어 가는 주체로 세우고, 교사는 학생의 활동 과정과 결과를 관찰하며 피드백을 해 준다. 이렇게 할 때 학생은 학습 효능감을 더 얻을 수 있다.

이 책의 4부 3장을 쓴 김경주 선생님은 모두가 주인이 되는 수업

---

* OECD에서는 이를 '변혁적 역량(transformative competency)'이라고 하며, '새로운 가치 창출하기(creating new value)', '긴장과 딜레마 조화시키기(reconciling tension and dilemma)', '책임감 가지기(taking responsibility)'로 구체화했다.

을 실천하고 있다. 김 선생님은 '거꾸로 수업'을 운영하며 학생을 가르치는 대상이 아닌 수업 실천의 파트너로 존중한다. 그래서 수업 전 과정에서 학생이 빛이 나도록 학생 각자의 진로에 맞는 역할을 부여하고자 '멘토 활동'을 했다. 선생님이 영상을 탑재하면 도우미 멘토는 학생별 영상 재생률을 확인해 공지하고, 학생들이 선생님의 영상을 보고 질문이나 소감을 남기면 융합 인재 멘토는 댓글을 유목화한다. 선생님은 학생들이 자주 하는 질문에 대해 필요한 경우 추가 영상을 올리기도 하는데, 이것도 교과 부장들이 멘토들과 협의해 결정하도록 했다. 이렇게 모든 학생들의 고유한 역할을 찾아 주는 활동이 학기 초에는 어려울 수 있지만, 궁극적으로 학생들 스스로 '우리가 수업을 만들어 가고 있다.'라는 효능감을 얻음으로써 학생은 수업을 가꾸는 주인이 되고 교사는 학생들에 대한 피드백에 더 집중할 수 있다.

둘째, 주도성을 기르는 수업이란 학문적인 지식을 바탕으로 경계를 가로질러 궁극적으로 자신의 삶과 연계하는 수업이다. 미래 사회에서 미증유의 문제가 등장하더라도 기존의 지식 체계가 무용지물이 되는 것은 결코 아니다. 문제 해결을 위한 창의성에는 기존의 학문 분야의 경계들을 가로질러 사고하고 서로 다른 지식을 연결하는 능력이 요구되므로 교과 고유의 학문적 지식은 새로운 지식을 창조하는 원재료로서 여전히 중요하다. 학문적으로 분과 정도가 높은 고등학교 단일 교과에서 서로 다른 학문적 지식을 융합하는 경험을 제공하는 것은 좀처럼 쉽지 않은 일이지만, 이지은 선생님의 수업 사례에서 그 가능성을 충분히 엿볼 수 있다. 또한 손윤정 선생님과 정주혜 선생님의 사례에서는 학문과 자신의 삶을 융합시켜 학생 주도성을 높이는 수업을 엿볼 수 있다.

이 책의 2부 4장을 쓴 〈고급 생명과학〉 교과 이지은 선생님은 〈과학〉을 극도로 싫어하는 학생들이 좀 더 쉽고 재미있게 과학적 사고를 경험할 수 있도록 문학작품(소설) 속 등장인물의 관계에서 파악할 수 있는 과학 원리(유전법칙)를 찾도록 했으며, 과학적 이론에 비추어 소설을 개작하고 공유해 상호 피드백하는 수업을 전개했다. 〈과학〉 시간에 소설을 개작하는 흥미로운 활동으로, 학생들은 소설 작가가 되어 내용을 창안하는 과제를 해낸다. 〈과학〉 시간에 과학의 범위 밖에서 마음껏 상상하며 개작을 하더라도 이 선생님은 학생의 주도적 활동에 대해 "괜찮아! 과학적 오류만 없으면 돼."라는 가이드라인을 명확히 제시해, 문학작품을 활용한 과학적 사고력 수업의 목표를 달성했다. 학생의 주도성을 믿으면서도 배려하는 수업이라고 할 수 있다.

이 책의 4부 2장을 쓴 손윤정 선생님은 전직 의료인 출신으로, 〈보건〉 과목을 지도했다. 손 선생님은 수강생들이 희망하는 진로가 대부분 보건·의료인이라는 점을 고려해 이들의 진로와 진학 결정의 주도성을 높이고자 6차시에 걸쳐 〈보건〉 과목의 진로 탐색 활동을 했다. 이를 위해 상당히 양질의 직업 정보를 수집했는데, 이를 일방적으로 전달하지 않았다. 학생 스스로 자신의 진로를 찾아 가도록 돕고자 설문지에 응답하기, 직업 관련 자료 탐색해 카드 뉴스 만들기, 학업 계획서 작성하기, 진로 로드맵 만들기 등의 활동을 지도했다. 손 선생님의 수업은 〈보건〉 과목과 '진로'의 융합을 통해 학생들에게 자신의 삶을 주도적으로 계획하는 학습 경험을 제공한다. 이러한 경험은 학생들로 하여금 수업은 '듣는 것'이 아니라 '나의 삶을 이루어 가는 과정'이라는 점을 인식하게 해 배움에 임하는 주체성을 높이는 데 기여했다.

이 책의 5부 3장에서 확인할 수 있듯이, 정주혜 선생님은 〈교육학〉 과목에서 교육학적 학습 이론을 지식으로만 습득하지 않고 메타 인지를 통해 자신의 학습법을 성찰하며 실천하는 흐름으로 수업을 구성했다. 메타 인지는 "나는 지금 잘하고 있는가?", "나는 무엇을 알고 무엇을 모르는가?"와 같은 질문을 스스로에게 물어볼 때 작동되는 것으로, 자신을 삶의 주체로 인식하고 성찰하는 과정을 요구한다. 정 선생님은 "반복 학습과 셀프 테스트 중 어떤 것이 더 효과적인 공부 방법인가?"라는 질문을 하고 학생들이 자신의 주관적인 의견을 작성하고 토론하는 활동을 이어 갔다. 그리고 자신의 공부법 돌아보기, 기말고사 공부 계획 세우기 등과 같은 수행 과제를 제시함으로써 자신을 성찰하는 단계로까지 나아갔다. 교과서 속 지식을 학생 자신의 삶의 문제로 변환하는 과제를 통해 학생 주도성을 높이려고 했다.

셋째, 주도성을 기르는 수업이란 공공선을 위해 협력적으로 문제를 해결하는 시민 기능(civic skill)을 키우는 수업이다. 학생을 미래 사회에서 변화를 이끌어 나갈 주체로 세우려면 정해진 공식을 대입해 하나의 정답을 구하는 문제를 다루는 수업에서 벗어나야 한다. 이를 위해서는 기존의 질서 체계에 의문을 제기하는 비판적 사고, 이러한 질문을 수용하는 열린 공동체, 질문의 답을 찾기 위한 토론 능력, 최선의 문제 해결 방안에 대한 윤리적이고 이성적인 판단 능력 등을 키우는 수업이 되어야 한다.

이 책의 3부 2장에서는 〈고급 화학〉을 지도하는 손진 선생님의 '유전자조작 기술을 적용한 맞춤형 아기'에 대한 토의·토론 활동을 소개했다. 손 선생님은 〈화학〉 시간이지만 수강생들이 〈생명공학〉과 〈환경공학〉에 관심이 높다는 점을 고려해 '유전자조작 기술'을 포괄적으로 제시했는데, 이는 구체적인 핵심 탐구 주제를 학생들끼리 함께 만들어 가는 과정을 지도하기 위해서였다. 손 선생님은 해당 주제에 대한 이해를 돕고 비판적인 질문을 유발하기 위해 유전자조작 관련 영화를 편집해 제시했고, 학생들은 모둠 토의로 다양한 질문을 다듬어 가면서 마지막에는 "맞춤형 아기, 허용해야 할까?"를 만들어 냈다. 학생이 주도하고 교사가 촉진하는 주도성 수업이 돋보이는 활동이다. 학생들이 찬반 양쪽 자료를 모두 조사하기 시작하면 교사는 어디에서 자료를 보아야 하는지 교육해 자료의 신뢰성을 높이는 데 도움을 주었다. 이처럼 손 선생님의 수업에서는 협력을 통해 질문을 발견해 가도록 돕는 촉진자의 모습이 드러난다.

미래형 수업의 두 번째 키워드, 개별성

미래형 수업은 공장형 수업에서 점차 맞춤형 수업으로 변화될 것이다.

'공장형 학교'란 발달 수준과 무관하게 나이를 기준으로 학생들을 묶어 일정한 학생 수로 학급을 배정하고, 한 명의 교사가 반별로 돌아가며 동일한 지식을 동일한 속도로 가르치는 등 표준화된 시스템으로 운영하는 근대적 학교를 비판하는 용어이다.

공장에서는 동일한 원료로 표준화된 생산공정을 거쳐 똑같은 상품을 생산한다. 똑같지 않으면 불량품이 된다. 그러니 노동자들은 사용자가 알려 준 표준화 매뉴얼대로만 작업을 수행해야 한다.

'공장형 수업'은 공장형 학교에서 이루어지는 일상적인 수업이다. 공장형 수업을 하는 교사는 (학생마다 학습 준비와 흥미도, 학습하는 양식이 천차만별이라고 하더라도) 학생들의 평균 수준에 맞춰 똑같은 시간(시정표)에 똑같은 장소(교실)에서 똑같은 평가(정기 고사)를 실시한다. 말하자면 교사는 학생의 개별적 특성이나 요구를 고려할 필요가 없다.

학생은 교사가 제시한 수업의 틀에 자신을 맞춰야 한다. 수업에서 주인이 되어야 할 학습자는 수업 구상에서 소외된 채 수업에서 객체가 되고 만다.

이와 달리 '맞춤형 수업'은 학생의 학습 준비와 흥미, 선호하는 학습 환경이 모두 다르다는 점에 주목한다. 맞춤형 수업에서 한 명의 학생은 교실에서 학번이나 머릿수로 파악할 수 있는 객체적 존재가 아니다. 교사는 학생의 학습 내용에 대한 이해 수준, 학습하는 양식, 흥미와 태도, 선호하는 학습 환경을 지속적으로 파악해 학생의 강점과 약점을 피드백해 준다. 교사는 학생이 모두 같지 않으니 다르게 지도하면 모두가 성공한다고 믿는다. 공장형 수업이 '가르침'을 중심에 두고 교사가 학생을 통제한다면, 맞춤형 수업은 '배움'을 중심에 두고 학생이 잠재력을 발휘하도록 교사가 돕는다.

개별성은 맞춤형 수업을 하는 교사가 학생과 수업에 대해 가지는 철학적 관점을 말한다. 학생은 자신의 근접 발달 영역(ZPD, zone of proximal development)에서 뛰어난 동료나 교사에게 적절한 피드백을 받으면 자신의 잠재 능력을 최대한 발휘할 수 있다고 본다. 따라서 개별성에 기반한 맞춤형 수업을 운영하려는 교사는 가르치는 속도 대신 배우는 학생의 잠재력의 실현에 주목해야 한다.

서울에서 부산으로 떠날 때 목적지는 같아도 누구나 자신이 처한 상황과 선호하는 교통수단에 따라 이동 경로가 다를 수 있듯이, 교사가 개별성에 기반한 수업을 할 때, 똑같은 내용을 똑같은 방식으로 가르쳐 똑같은 결과물을 얻는 데 주목하는 것이 아니라 배움 목표 도달을 위해 학생들의 다양한 배움의 수준과 속도, 흥미, 학습 환경을 고려해 수업을 설계한다.

개별화 수업(differentiated instruction)의 권위자 캐롤 앤 톰린슨(Carol Ann Tomlinson)도 이러한 수업을 탄탄하게 만드는 세 가지 기둥을 '철학-원리-실천'으로 제시했다. 그는 교사가 모든 학생의 성장 가능성을 믿고 수업을 설계할 때에는 학생의 성장 경로를 확인하고 피드백을 제공하기 위한 증거 수집으로 지속적인 평가 실시, 학습을 촉진하는 학습 환경(활동)의 마련, 학습 내용의 깊은 이해를 돕는 양질의 교육과정을 구성해야 한다는 원리를 제시했다. 그리고 이를 위한 실천으로 학습 준비, 흥미, 선호하는 학습 양식을 고려해 낙관적인 마음가짐(mindset)으로 학습자들의 교육적 필요를 충족하는 과제를 배정하고 학습자에게 맞는 학습 모둠을 유연히 구성하는 전략을 제시했다.

개별성을 고려한 수업이라고 해서 학생 개인 지도형 수업은 아니다. 수업의 단위가 학습자 개인이 아니라 집단(학급)을 전제로 하되, 공장형 수업처럼 평균 수준에만 맞추지 않으면서 다양한 학습자의 상황을 고려하므로 모두를 위한 보편적인 수업이라고 할 수 있다. 이러한 수업을 하려면 학생의 학습 준비와 흥미, 선호하는 학습 양식을 토대로 '누구나 공부하고 싶은 마음이 드는' 수행 과제를 제시하고 학생들이 알아야 하는 수업의 핵심 내용을 모두가 학습할 수 있도록 교사는 비계 설정 능력을 갖추어야 한다. 이를 위해 교사는 학생들의 반응을 지속적으로 관찰하려고 한다. 그래서 형성 평가–피드백–학습을 연계해 모두가 성장하는 학습 구조를 설계한다. 이를 통해 학습이 동료 간 경쟁이 아니라 성장을 위해 자신과 경쟁하는 것임을 알게 하고, 서로의 학업 성취를 돕기 위해 협력하는 학습 분위기를 만들어 간다.

개별화 수업에 대한 톰린슨의 연구를 바탕으로 볼 때, 공장형 수업에서 맞춤형 수업을 실천하기 위한 교사의 수업 설계 원칙을 다음과 같이 정리할 수 있다.[8]

구분	원칙	내용
수행 과제	학생을 존중하는 학습 과제	누구나 공부하고 싶은 마음이 드는 것
학습 내용	교과의 중요한 개념	학생에게 맞춰 가르치면 모두가 잘 배울 수 있다는 교사의 신념
학습 과정	융통성 있는 수업 운영	학생의 선호도, 준비도, 흥미에 맞게 다양하게 구성해 서로의 장점 파악
학습 평가	지속적인 형성 평가	형성적 피드백으로 학생의 성장을 지원
학습 환경	질서가 있는 유연한 학습 환경	정의적 욕구에 관심을 기울이는 긍정적 학습 환경 조성

배움 목표 도달을 위해 학생들의 다양한 배움의 수준과 속도, 흥미, 학습 환경을 고려한 수업 설계의 사례로는 이 책 3부 3장을 쓴 서미란 선생님의 〈프로그래밍〉 수업을 들 수 있다. 서 선생님은 수업 계획을 높은 수준으로 잡는 바람에 어느 순간 학생의 과제를 자신이 하고 있음을 발견했다고 고백한다. 또한 프로그래밍처럼 수행 과제에서 실력 차이가 많이 날 경우 모둠에서 실력이 낮은 학생은 학습 효능감이 떨어지며, 무임승차자가 많이 발생한다는 점도 발견했다. 이 두 가지 문제를 극복하고자 서 선생님은 학습 기초 지식이 낮은 학생이 스스로 공부하도록 완전히 도와줄 수 있는 온라인 사이트로 피드백을 했다. 또한 배움 목표를 분명히 해 누구나 잘 배울 수 있다는 교사의 신념을 전달했으며, 학습 과정에서 형성적 피드백을 위해 활동지와 초록 작성 및 발표 활동을 했다. 더불어 모둠 구성도 개별 학습이 충분히 이뤄진 시점에 학습자의 탐구 흥미를 고려해 각자의 학습 잠재력을 최대한 높였다.

미래형 수업의 세 번째 키워드, 유연성

미래 사회는 학생에게만 찾아오는 것이 아니다. 교사도 미래 사회에 필요한 교수 학습 전문성을 준비해야 한다. 이때 교사에게는 수업 유연성이 필요하다. 유연성(flexibility)이란 사전적 의미로 '딱딱하지 아니하고 부드러운 성질이나 그런 정도'이다. 유연성은 외부의 충격이나 환경 변화에 적절히 반응하는 성질이므로, 어떤 변화에도 본질적 특성은 변하지 않음을 전제로 한다.

미래 교육을 위해 교사에게 필요한 수업 유연성이란 '수업 목표 달성을 위한 창의적 수업 설계 능력'을 말한다. 창의적인 수업 설계를 위해 교사에게 필요한 것은 화려한 에듀테크 사용 기능에 있지 않다. 학생이 무엇을 알아야 하고, 무엇을 어떻게 배워야 효과적인지를 아는 능력이 필요하다. 즉 교사에게 수업 유연성이란 늘 해 오던 대로 자신이 가르치고 싶은 방법으로 수업하는 것이 아니라, 달라진 교육 환경을 최대한 활용해 이전과 다르게 학습을 디자인해 보려는 상상력과 모험 정신이다.

특히 온라인 공동 교육과정과 같이 실시간 쌍방향으로 원격 수업을 지도하는 교사에게는 수업 유연성이 많이 요구된다. 전통적인 교실 수업에서는 교과서나 수능 관련 문항이 기본적인 학습 자료였다. 일부 성의 있는 교사라면 기본 개념에 대한 학습지 등의 유인물을 직접 제작해 제시하는 정도이다. 그러나 온라인 공간에서 수업 유연성을 잘 살리면 배움 목표를 달성하는 데 효과를 극대화할 수 있다. 텍스트 중심의 교과서 대신, 학습자 수준에 맞는 자료(영상, 음악, 만화 등)를 제시하고 딱딱한 수능 문제 대신 게임을 하며, 비행기를 타지 않고

도 제주도에 사는 예술가와 화상으로 인터뷰할 수 있다.

유연성 있는 수업은 단순히 새로운 교수 학습 설계만을 의미하지 않는다. 에듀테크와 같은 새로운 학습 도구를 사용해 다른 사람들에게 혁신적으로 보여지기도 하지만, 수업에서 유연한 교사는 자신이 지향하는 수업을 실현하기 위해 단지 수업 방법만을 바꿨을 뿐이다. 그래서 교사의 유연성 있는 수업은 교수 학습 방법의 화려함과 신선함을 넘어 수업에 대한 교사의 철학과 실천에서 더 큰 울림을 준다.

유연성이 돋보이는 수업으로 김가비 선생님과 박범환 선생님의 사례를 들 수 있다.

2부 2장을 쓴 김가비 선생님은 〈심화 영어 회화〉 수업을 통해 문제 풀이식 영어가 아니라, 문화적 배경이 다양한 사람들과 소통하며 세계관을 넓히는 도구로 영어가 쓰이기를 바라는 수업 철학을 가지고 있다. 이런 철학에서 비롯된 〈심화 영어 회화〉 수업으로 학습자들이 텍스트 중심의 영어가 아니라 실제 '맥락' 안에서 영어로 자신의 견해를 표현하고 관계를 맺기 기대하며 아프리카 가나공화국의 학생들과 문화 교류 수업을 했다. 김 선생님은 단순히 외국인 친구들과 말을 나누는 수업을 뛰어넘어 언어에 내포된 문화에 대한 편견을 바로잡고, 문화상대주의적 태도를 가져 세계 시민성을 기르는 수업을 했다. 김 선생님의 수업은 형식적으로는 '외국인과 실시간 화상 수업' 방식을 띠고 있지만, '문화적 편견 없이 누구나 영어로 소통할 수 있는 세계시민을 기르는 수업'이라는 김 선생님의 평소 교육 목표와 철학이 잘 드러난다.

2부 3장을 쓴 박범환 선생님은 〈음악〉 교사다. 박 선생님의 수업 사례에서는 수많은 실패 경험을 통해 다져진 '즐겁고 재미있는' 블렌디드형 온라인 수업의 정형을 엿볼 수 있다. 학생들이 빨리 포기하고 흥미를 잃을 만한 〈음악 이론〉 수업에서 탐정놀이를 한 점, 가상 악기를 활용해 직접 음을 익힐 수 있도록 한 점, 학생들이 흥미 있어 하는 대중음악을 활용한 점, 학생들이 쉽게 의견을 남기도록 패들렛을 ○× 퀴즈 형태로 운영한 점, 학생들로 하여금 〈음악〉 수업에 참여한 자신을 성찰하도록 해 글쓰기 활동과 연계한 점 등, 음악에 대한 지식, 기능, 가치(태도)를 종합적으로 형성하기 위한 유연한 수업 전략들을 볼 수 있다.

김지영(경기도안양과천교육지원청 장학사)

미래 학교 체제

'성장하는 세대를 위한 교육'이라는 말에는 현재와 미래라는 시간이 공존한다. 지금은 그 어느 때보다 현재를 기반으로 미래의 우리 아이들을 위한 교육의 방향을 어떻게 잡아 가야 할지 고심해야 할 때이다. 우리가 살아온 삶의 방식과 다른 사회를 우리 아이들은 이미 살고 있으며, 또 살아가야 하기 때문이다.

"미래에도 학교는 존재할까?"라는 물음에 단정적으로 답하기는 어렵다. 그렇지만 한 명의 교사가 다수의 학생에게 같은 속도로 같은 내용을 배우도록 가르치는 지금의 학교는 변화되어야 한다. 왜냐하면 예측 불가능하고 급변하는 미래 사회에서는 협력을 해서 문제를 창의적으로 해결하는 역량이 필요하기 때문이다. 따라서 정답이 없는 새로운 문제 상황에 직면했을 때, 나와 다른 문화적 코드를 지닌 사람과도 협업을 해 복잡한 문제를 해결하는 능력을 길러 주는 교육을 해야 한다. 어떤 새로운 문제에 당면한 당사자들은 새로운 해결 방안을 모색하기 위해 제약 조건만을 탓하지 않고 그 가능성을 상상하고 도전을 실천하는 교육, 인간에 대한 공감과 배려, 존중과 연대의 정신으로 의사소통하는 능력을 기르고 인간적 질감을 갖춘 학생으로 성장하도록 돕는 교육이 필요하다.

또한 주도성을 기르는 교육이 이뤄져야 한다. 익숙하지 않은 다양한 상황에서 개인과 사회의 웰빙을 위해 목적을 갖고 책임감을 지니며 충분한 정보를 고려해 행동할 수 있는 능력을 길러 주어야 한다. 'OECD 2030'에서도 학생 주도성을 미래 교육의 과정이자 목적이라고 할 정도로 강조하고 있다.

미래 학교를 배움을 목적으로 하는 사람들이 모여 있는 커뮤니티로 정의한다면 학교는 계속 존재할 것이다. 소통하고 관계를 맺는 교육, 학습의 주도성과 협력적 문제 해결 능력을 기르는 교육, 상상하고 도전하는 교육을 실현하려면 학습자 주도형 교육과정 중심의 미래 학교 체제로 전환해야 한다. 이러한 전환은 동시에, 그러면서 서로 다른 차이를 보이며 이뤄질 것이기에 많은 진통이 따를 것이다.

2017년 조윤정 외 연구에 따르면, 미래 학교 체제는 교육과정, 학습 방법, 평가, 학교 운영 방식, 교사의 역할로 살펴볼 수 있다.[2] 이 연구에 따르면 미래 학교는 학습자 주도형 교육과정으로 운영된다. 학습자 주도형 교육과정은 학습자가 학습의 내용과 목표를 결정하고 학습 과정 전체를 주도하며 학습 내용에 대해서도 스스로 평가하면서 학습을 주도하는 교육과정이다. 교사는 자기 주도성이 낮은 학습자를 위해 적극적인 개입과 지원을 위한 개별화 교육과정을 함께 운영한다. 교육과정의 내용은 핵심 역량 중심으로 구성되며, 배움의 결과는 학습자가 핵심 역량을 얼마나 함양했는가가 준거가 된다. 미래 학교의 학습 방법은 학습자가 주체적으로 학습 과정에 참여하고 학습을 주도하면서 학교 안팎을 넘나들며 학습자의 삶과 배움을 밀접하게 연계하는 방식으로 이뤄진다.

또한 평가는 '학습으로서의 평가', '다양한 배움을 인정하는 평가'가 되어야 한다. 평가 자체가 학습의 과정임을 인지해 자기 평가나 동료 평가를 통해 스스로 자신의 학습 과정을 수정할 수 있어야 한다. 학교 밖의 다양한 배움을 인정하는 평가 체제가 구축되어야 학습자 주도형 교육과정이 실현될 수 있다. 미래에는 학교가 교원의 전문성에 기반을 둔 학습 조직이 되어야 한다. 학교가 학습 조직이 되려면 협력적 거버넌스를 구축하고 전문적 학습 공동체가 되어야 하며, 지역사회와 파트너십 네트워크를 구축해야 한다. 이때 학습자도 협력적 거버넌스의 중요한 주체로 참여한다. 학습자 주도형 교육과정 운영과 개별화 교육과정을 실행하려면 교사 간 유기적 연계와 협력이 기반이 되어야 한다. 학습자에게 일관적이고 체계적인 지원을 할 수 있게 교사 간 공동 연구, 공동 실천이 이뤄지도록 전문적 학습 공동체를 내실 있게 운영해야 한다. 학습자가 중심이 되어 삶과 연계한 학습을 하기 위해 학교와 지역사회는 함께 학습 생태계를 형성하고, 학습자가 주도적으로 배울 수 있는 네트워크를 구축해야 한다.

이렇게 미래에 학습자가 교육과정을 기획하고 실행한다면 교사의 역할은 지금과 달라진다. 교사는 학습자 주도형 교육과정을 실행하는 학습자의 학습 경로를 살피고 전문적인 피드백을 제공하는 학습 촉진자로서 역할을 수행해야 한다. 프로젝트 관리자로서 학습자의 프로젝트가 잘 실행되도록 지원하며, 학생의 정서적·심리적 발달에 관심을 가지고 정서적 문제에 대해 전문 상담자 역할을 한다.

미래 학교의 교육 공간은 다양한 교수 학습 방법이 유연하게 이뤄지고 개별화 교육과정과 학습자 주도형 교육과정이 이뤄지는 '분산의 공간'과 학교 구성원들이 함께 만나 교류하는 '집중의 공간'으로 이원화된다. 미래 학교의 공간은 학습자의 발달단계나 심리 상태를 고려한 교육 공간으로, 통합 교육을 지원하고 지역사회와 교류하며 학교의 철학 및 교육과정과 연계된 공간으로 구성된다.

고교 학점제

    미래 사회는 지능 정보사회, 학생 수 감소, 지구온난화와 같은 전 지구가 함께 대응해야 하는 문제 출현 등으로 불확실하고 불명확한 시대가 될 것이라는 예측 속에서 학교 교육의 변화에 대한 필요성이 제기되었다. 지금 우리는 현재와 미래가 혼재된 상황에서 미래 교육이 어떻게 실현되어야 하는지를 궁리하여 우리가 원하는 미래 교육을 실현하기 위해 다각적으로 노력을 기울이고 있다.

    이런 맥락에서 미래 사회를 능동적으로 주도하기 위해 2025년부터 전면 시행되는 고교 학점제는 지금의 학년제 중심의 고등학교 체제를 미래 학교 체제로 전환하는 변곡점이 될 것이다. 고교 학점제의 안정적인 시행을 위해서는 고등학교 교육 변화에 왜 고교 학점제가 도입되어야 하는지 정책을 이해해야 한다. 기존의 단위 이수형 졸업 체제를 학점 취득형 졸업 체제로 전환하는 것으로만 고교 학점제를 이해한다면 미래 사회의 변화에 따른 교육의 변화를 실현할 수 없다. 이러한 이해 수준에서는 고교 학점제가 도입되더라도 여전히 대학 입시 위주의 경쟁 구도와 서열화, 교과목 지식의 일방적·수동적 전달이 이뤄질 뿐이다. 고교 학점제 도입을 통해 문제 해결력, 창의력, 융합적 사고력을 바탕으로 새로운 가치를 창출하는 역량을 기르고, 모든 학생의 잠재력을 기르기 위해서는 고교 학점제 도입과 함께 기존

의 학교 운영 체제를 획기적으로 변화시키려는 노력이 수반되어야
한다.

고교 학점제는 학생의 진로 희망에 따라 필요한 과목을 선택해서
이수하고 이수한 학점이 일정 기준에 도달했을 때 졸업을 인정하는
교육과정 이수·운영 제도라는 개념에서 2020년에는 학생이 기초 소
양과 기본 학력을 바탕으로 진로·적성에 따라 과목을 선택하고, 이
수 기준에 도달한 과목에 대해 학점을 취득·누적해 졸업하는 제도라
는 개념으로 새롭게 정립되었다. 교육부 고교학점제지원센터(www.
hscredit.kr)의 안내 자료에 따르면, 고교 학점제는 학생 (과목) 수요 반
영, 진로 학업 설계 지도, 최소 학업 성취 보장을 꾀하는 제도다. 다시
말해, 선택과목에 대한 수요 조사, 수강 신청 절차 운영 등을 통해 학
생 개개인의 수요를 반영한 교육과정을 구성한다. 또한 학생들이 진
로와 연계된 학업 계획을 수립하고 책임 있게 이수할 수 있도록 진
로·학업 설계 지도를 체계화하고, 학생들이 과목 이수 기준에 도달해
학점을 취득할 수 있도록 책임 교육을 강화해 기초 소양과 기본 학력
을 보장한다.

기존의 학년제와 달리 학점제는 다음과 같은 특징이 있다. 첫째,
진로에 따른 과목 선택이다. 학생들은 주어진 교육과정을 수동적으
로 이수하는 것이 아니라 자신의 진로에 따라 원하는 과목을 선택
해 수업을 듣는다. 둘째, 성취 기준 도달 여부로 과목 이수 여부를 판

단한다. 학생이 성취한 등급에 관계없이 과목을 이수하는 것이 아니라, 목표한 성취 수준에 학생이 충분히 도달했을 때 과목 이수를 인정해 배움의 질을 보장한다. 셋째, 누적 학점으로 졸업한다. 출석 일수로 졸업 여부를 결정하는 것이 아니라 이수한 학점이 졸업 기준에 도달했을 때 졸업을 하게 된다. 교육부의 고교 학점제 종합 추진 계획에 따르면,[3] 현행 출석 일수 기준 충족 졸업 요건을 학점 취득 기준으로 전환하고, 법령상 학년 진급 요건을 현행대로 유지한다. 각 학년 과정 수업일수 3분의 2 이상 출석, 학기당 최소 수강 학점 수를 학칙으로 규정한다. 전환되는 학점제에서는 출석률과 학업 성취율, 3년간 192학점 이상 학점 취득 시 졸업을 할 수 있다.

"지금의 고등학교 교육의 한계를 극복하기 위해 왜 고교 학점제를 시행해야 하는가?"라는 질문에 책임 교육의 관점에서 설명할 수 있다.[4] 책임 교육 관점에서 지금까지처럼 출석 일수를 채우는 것만으로는 학생들이 성취 수준을 달성했다고 볼 수 없다. 그동안 고등학교 교육과정은 대학 입시 위주의 획일화된 교육과정으로 운영되어 학생들에게 자신의 진로를 고려한 학습 선택권이 충분히 보장되지 못했다. 학생들이 지닌 고유성과 개별성을 교육 체제에서 보장하려는 노력을 담론에서 멈추지 않고 현실로 구현하기 위해 고교 학점제는 좋은 정책 지렛대가 될 수 있다.[5]

고교 학점제는 진로와 관련해 학생들이 배우고 싶은 과목을 선택해 배울 기회를 보장한다. 그러나 학교의 교육과정 내에서 학생들의 요구를 모두 반영해 과목을 개설할 수는 없다. 특히 소규모 학교라서 과목을 개설할 수 있는 교사가 없거나 교육 여건이 좋지 않아서 강사를 모집하기 어려운 지역의 학생들은 학습 기회가 제한된다.

학교 차원의 고교 학점제 한계를 학교 간 연계를 통해 넘어설 수 있는 방식 중 하나가 공동 교육과정 운영이다. 각 지역 교육청은 온·오프라인 교육과정 클러스터, 캠퍼스형 공동 교육과정, 너두나두 공동 교육과정, 학교 간 협력 교육과정 등과 같은 공동 교육과정을 운영하고 있다.[6] 강원도의 마차고등학교와 주천고등학교는 금요일 전일제로 전세 버스를 이용해 공동 교육과정을 운영하고 있다. 그렇지만 학생들이 이동할 수 있는 교통수단을 마련하는 것은 쉽지 않은 일이다. 학교 간 거리가 멀고 대중교통이 잘 갖춰지지 않은 지역의 학교는 더 많은 어려움을 겪을 수밖에 없다.

이러한 공간적 제한을 해결해 주는 방법이 온라인 공동 교육과정으로 운영되는 수업이다. 이 수업은 배우고자 하는 동기가 이미 내재화된 여러 지역의 학교에서 모인 소수의 학생, 교과의 전문성을 살려 수업을 개설하고자 하는 교사, 실시간 쌍방향 화상 수업 플랫폼 기반으로 운영된다. 온라인 공동 교육과정은 고등학교 유형별로 지정된 교육과정을 넘어서서 학생들이 깊이 있게 배우고 싶은 요구를 수용할 수 있다. 이를테면 일반 고등학교 학생 중 〈보건〉 수업을 깊이 있게 듣고자 할 경우 원하는 과목을 선택해 배울 수 있다. 앞으로 온라인 공동 교육과정은 최소 학업 성취를 보장하기 위한 지원 방법으로 활용될 수 있다. 학생들이 특정 과목의 보충수업 방식을 온라인으로 수강하길 원할 경우, 과목을 개설해 원하는 시간에 원하는 장소에서 수강하도록 지원할 수도 있다.

학생의 학습 선택권을 보장하기 위해 교육청 소속 고교 학점제 교과 순회 전담 교사를 활용할 수도 있다. 소수의 학생이 신청했으나 가르칠 교사가 없어서 폐강해야 하는 수업을 고교 학점제 교과 순회 전담 교사가 담당하는 방식이다. 나아가 고교 학점제 교과 순회 전담 교사가 일과 중에 시·도를 넘나들며 여러 지역의 학생들에게 온라인 공동 교육과정 과목을 개설해 운영하는 방안도 모색해 볼 필요가 있다. 학생들은 학교 수업 시간 내에 자신들이 원하는 수업을 배울 수 있어야 한다.

학생 개별성이 지닌 역량과 요구에 부응할 기회를 줄 수 있는 고교 학점제 정책 도입과 코로나19로 앞당겨진 미래로 에듀테크 기반 맞춤형 교육이 가능해졌다. 이럴 때일수록 모든 아이들의 배움을 위한 가치가 더 지켜져야 하고, 교사와 학생, 삶이 서로 연결되고 소통되는 교육 방식이 실행되어야 한다. 특히 학업이나 지역적 여건, 부모의 사회적·경제적 위치가 열악한 학생부터 살피고 챙기는 교육이 이뤄져야 한다.

교사 전문성

　지금의 학교 교육이 미래 학교의 체제로 전환을 하려면 교사의 역할 변화가 수반될 수밖에 없다. 특히 우리 아이들은 인터넷, 모바일 기기, SNS 같은 기술에 익숙하며 물리적인 공간에 구애받지 않고 전 세계와 자유롭게 연결할 수 있는 세상에 살고 있다. 정보가 많은 세상에서 자라나는 아이들에게는 많은 것을 경험할 수 있도록 선택권을 주고 동기를 부여해야 한다. 학생들은 학교가 제공한 교육과정을 넘어서 배우고 있다. 이러한 변화는 교사에게도 영향을 준다. 예를 들면 공동 교육과정에 참여하는 교사는 자신이 속한 학교의 학생뿐 아니라 교사가 개설한 과목을 배우고자 하는 다른 학교의 학생들도 가르친다. 특히 온라인 공동 교육과정에 참여하는 교사는 학교와 지역을 넘어서서 다양한 학교에 소속된 학생들을 만난다.

　교육 변화는 교사에게 갑자기 닥쳐서 혼란과 어려움을 주기도 하지만 새로운 도전과 경험을 할 수 있는 기회가 되기도 한다. 이제 교사가 선택하든 그냥 맞닥뜨리든 교육의 변화는 이미 시작되었다. 이러한 변화의 시기에 다음 세 측면에서의 교사 전문성 신장을 위한 실천이 따라야 한다.

　학교 단위의 교사 전문성 신장과 미래 교육 이해를 위한 학습 공동체를 조직, 운영해야 한다. 학교별로 공동으로 해결해야 하는 과제를 발굴해 구성원들의 역량, 요구 등을 고려해 전문성 신장을 위한 학습 내용을 구성해야 한다. 이론과 실행, 성찰, 환류가 이뤄질 수 있도록 실행 학습을 기반으로 하는 학습 공동체를 조직해 운영해야 한다. 단위 학교에서 배우고 적용한 경험들은 적시에 공유되고 소통되어 다음 실천자가 앞선 선험자의 경험을 활용하도록 문화와 체제를 만들 필요가 있다. 현행 학교 체제에서의 교사의 역할이 학점제 도입 이후 새롭게 변화되는 것에 대해 학교 단위의 연수와 논의, 협의를 통해 새롭게 교사의 역할을 규정하고, 그에 따른 학교 조직의 재구조화가 이뤄져야 한다. 현행 학교 체제의 담임교사는 행정 학급별 담임으로 배정되어 학급 학생들의 출결과 생활지도 등 학급 단위의 운영에 중점을 두었다. 그렇지만 학점제가 도입되면 담임의 역할은 소수 학생을 담당하며 학생 멘토링과 학부모 상담, 미이수 예방을 위한 지원 등을 맡게 된다.[8]

단위 학교에서 해결하기 어려운 과제를 지역의 공동 과제로 선정하고, 해결하고자 하는 지역의 학교 간 학습 공동체 조직을 마련해야 한다. 학생의 다양한 과목 선택권 보장, 지역사회와의 연계를 통한 배움의 실천 등은 학교와 학교, 학교와 지역의 연계로 실현 가능하며, 이를 위해 지역의 학교 간 연대와 협업을 할 수 있는 지역 단위의 교사 학습 공동체를 조직 및 운영해야 한다.

다음으로 지역을 넘나들면서 배우고 실천하는 교사 학습 공동체가 필요하다. 지역 단위에서 학생들의 다양한 요구를 충족하기 어렵다면 다른 지역과 협력해 지원을 해야 하는 상황이 생긴다. 학생을 중심에 두고 개별 학생의 성장을 지원하기 위해 지속적으로 함께 방법을 찾고 학습하는 교사 연구 모임이 더욱 활성화되어야 한다.

아울러 고교 학점제 도입과 안착을 위해 교사 양성 과정에 대한 교육과정 변화, 교원 자격과 임용 체제 개선, 다교과 지도교사, 공동 교육과정 운영에 참여하는 교사를 위한 역량 강화 방안 등도 체계적으로 연구하고 운영함으로써 교사 및 강사를 지원해야 할 것이다.

2부

상상하고
도전하는 교육

1장
미래 교육을 위한
여지와 넛지

박범환(영북고등학교 교사)

　단순히 '수업을 잘해 보자.'라는 의도로 시작한 미래 교육의 첫걸음은 생각만큼 녹록하지 않았다. 미래 교육이 의미하는 것은 여러 가지이지만, 이 장에서는 경계의 유연성을 활용해 실제 학교 현장에서 학생과 교사가 상상하고 도전한 내용을 소개한다.

　이 과정에서 특정 이론을 정립하거나, 미래 교육에 대한 확실한 해답을 제시하지는 않겠다. 단지 미래 교육에 대해 치열하게 고민하고 토론하며 실행했던 저자들의 수업 이야기를 돌이켜 생각하며 학생들과 교사들이 무엇을 상상했고, 어떻게 도전했는지 되도록 있는 그대로 보여 주고자 한다.

소환된 미래 교육, 여지와 넛지

2020년 온라인 수업을 마주한 학교 현장은 그야말로 모든 것이 도전인 상황이었다. 쏟아지는 업무를 처리하며 온라인 강의 준비를 마치고, 노트북과 전화기를 들고 수업 전에 학생들을 잠에서 깨우는 것으로 하루 일과를 시작했다. 이렇게 전혀 새로운 상황에 맞닥뜨려 눈코 뜰 새 없이 하루하루를 보내면서도 수업의 질이 조금이라도 떨어지면 학생들과 학부모님들의 따가운 눈초리를 받아 내야 했다. 미래 교육을 연구하는 그 어떤 학자도 이렇게 갑자기 먼 '미래의 교육'이 생각지도 못한 계기로 현실로 다가올 줄은 예측하지 못했다. 2020년은 그런 한 해였다.

동료 교사들과 머리를 맞대고 온라인 수업 상황에 맞추어 수업 계획과 평가 계획을 수정하고 학급 운영 계획을 의논했다. 물론 쉽지 않은 일이었다. '온라인 수업을 어떻게 진행해야 할 것인가?'를 주제로 시작한 회의에서는 쏟아지는 물을 견디다 못해 무너지는 댐처럼 학생들의 학습 태도, 학부모님들의 요구와 민원, 명확한 지침은 주지 않으면서 실행만 강요하는 교육부의 태도 등에 대한 불만 섞인 성토부터 터져 나왔다. 하지만 그것도 잠시, "당면한 문제는 곧 해소될 테니 버티자."라는 목소리와 "이런 상황에서도 새로운 돌파구를 찾아 도전하자."라는 목소리가 대두되었다.

2008년 이혜영 외 「미래학교 모형 탐색 연구」에 따르면, 개혁과 변화에 따른 학교의 모습을 다음과 같이 설명한다. "경직된 학교 체제는 개혁과 변화를 수용하지 못하여 학교 스스로 존립의 위기에 처하고 만 것이다."[1] 이는 학교가 사회 변화에 즉각적으로 대응하지 못함을 의미한다. 모든 교사가 쌍수를 들어 미래 교육을 환영하지는 않았다. 하지만 불확실함이 최대치로 높아진 환경에서도 교육과정과 교수 방법을 상황에 맞게 변경해 운영해 나갈 수 있었던 힘은 학생들에게, 또 수업에 최선을 다하려는 교사들의 양심적인 노력에서 비롯된 것은 아니었을까?

이렇듯 교사들은 개혁과 변화를 받아들이고 미래 교육의 개념과 체제 정립이 시급하다고 판단했다. 이에 따라 교육 공동체의 '여지(wiggle room: 자유 재량권)'와 '넛지(nudge: 옆구리를 슬쩍 찌른다는 뜻으로, 올바른 선택을 할 수 있도록 이끄는 것을 의미함)'를 활용해 미래 교육의 가능성과 결과를 상상하고 현실에 도전했다.

상상과 도전의 주인공은 교사와 학생

다가올 미래 교육의 방향은 그 누구도 알 수 없기에 교사와 학생의 '상상'과 '도전'은 미래 교육의 출발점이자 교육 혁신의 필수 과정이라고 할 수 있다. 이반 일리치(Ivan Illich)가 1971년에 펴낸 『학교 없는 사회』[2]와 역시 1971년에 에버레트 라이머(Everett W. Reimer)가 쓴 『학교는 죽었다』[3] 같은 책들은 학교가 순종과 규범을 강요하고, 승리자와 패배자를 가르며, 전인적 인간을 키우지 못한다고 주장한다.

우리가 과거의 학교에서 한 단계 더 발전해 나아가려면 무엇보다 먼저 교사와 학생이 미래 교육에 대해 '상상'과 '도전'을 할 수 있는 환경을 마련해야 한다. 학생들은 온라인 수업에서 배움에 임하는 자세에 도전을 받고 있다. 교실에서 선생님의 수업을 듣고 선생님이 짜놓은 구조화된 과제에 참여했던 지금까지의 수준을 넘어, 시간과 공간에 제한을 받지 않는 온라인 수업에 도전하며 자신의 가능성을 상상해야 한다.

이러한 상상을 현실로 구현하려면 어떻게 해야 할까? 먼저 작은 도전부터 시작했다. 지구 반대편에 사는 외국인 학생들과 쌍방향으로 직접 대화를 나누는 과정을 통해 학생들은 스스로 영어로 자신을 표현하는 도전을 했다. 또한 음악 탐정이 되어 교사가 제시하는 음악 사건을 해결하기 위해 음악 지식을 적용하고 응용하는 도전을 했고, 이미 배운 문학 지식과 과학 지식을 연결해 앎의 구조를 확장하고 새로운 지식으로 전환하는 도전을 했다. 친구의 노트를 보는 것을 실례로 여겼던 예전 수업과 달리 '패들렛(padlet.com)'으로 배움 노트를 공유했다. 목소리 작은 학생의 생각을 미처 관찰할 수 없었던 교사는 이제 구글 설문으로 각각의 학생들의 학습 성장을 확인할 수 있게 되었다.

'상상'의 전제는 변화에 대한 기대이다. 여기에는 당면한 문제를 땜질하는 수준의 처방적 변화에 대한 기대부터 기존 질서 체계가 아닌 새로운 패러다임으로 전환하는 체계적 변화에 대한 기대도 포함된다. 이 책에서 미래 교육의 키워드 중 하나를 '상상'이라고 정리한 까닭도 가르침과 배움의 가능성을 막는 여러 제약이 변화하기를 기대하기 때문이다. 상상은 공간의 경계를 허물기도 했고, 시간의 제약을 풀기도 했다. 또한 과목 간의 경계를 없애기도 했다.

'도전'은 현실의 문제를 개선하고자 하는 시도이다. 교실 수업이라는 공간의 한계에서 탈피하는 것도 도전이었으며, 온라인 교수 학습의 문법에 맞게 수업을 새롭게 설계한 것도 도전이었다. 비록 그 과정에서 숱한 실패를 경험하기도 했고, 여러 난관에 부딪혀 시도조차 못 했던 적도 있었지만 이러한 실패를 밑거름으로 삼아 새로운 도전을 할 수 있었다.

그래서 학교란 무엇인가?

우리의 상상과 도전의 과정은 다음 네 가지 질문에 대한 답을 찾아 가는 과정이었다. '어디서 배울 것인가?', '무엇을 배울 것인가?', '어떻게 배울 것인가?', '그래서 학교란 무엇인가?'

'**어디서 배울 것인가?**': 외국 학교와의 협업을 통한 수업으로 경계를 허물고 보다 유연해진 학교의 모습을 보여 주고자 한다. 학생들은 고정화된 교과서를 사용하고 일방적으로 지식을 배우는 것이 아니라, 자신만의 교과서를 만들고 이를 활용해 외국 친구들과 소통하며 지식을 습득하게 될 것이다.

'**무엇을 배울 것인가?**': 온라인 학습과 오프라인 학습의 장점을 결합한 학습자 중심의 블렌디드 수업을 활용해 학생들이 미래의 불확실성에 유연하게 대처하며, 자신이 잘할 수 있는 것을 끊임없이 탐색하고 도전할 수 있는 학습 환경을 형성하고자 한다. 한 가지 예로 학생들 개개인이 탐정이 되어 교사가 제시하는 사건을 해결해 나가면서 자신이 지닌 지식을 실제 과제에 활용할 수 있다. 또한 온라인 수업에서 배운 내용을 토대로 오프라인 수업에서 악기를 연주하거나, 오프라인 수업에서 독서 활동을 한 뒤 온라인 수업에서 토론을 하는 등 온라인과 오프라인을 유기적으로 연결함으로써 통합적인 배움을 실천할 수 있다.

'**어떻게 배울 것인가?**': 학생들이 지식을 구성하는 과정에서 과목별로 지식을 단편화하지 않고 복합적으로 활용하도록 한다. 예를 들어 비문학 영역과 과학 영역을 묶어 새로운 수업에 도전하기도 했다.

과목 간의 경계를 유연하게 만들어 학생들이 자신이 배울 내용을 직접 선택할 수 있게 하고, 한 과목에서 배운 내용이 다른 과목으로 전이될 수 있도록 수업을 구성했다. 이 과정에서 학습자들이 입시를 위한 공부에서 벗어나 진정한 앎을 얻을 수 있도록 노력했다.

'그래서 학교란 무엇인가?': 이는 이 책을 읽는 독자들에게도 묻고 싶은 질문이다. 우리가 생각한 이 질문의 실마리는 '유연함'이다. 미래 교육을 보다 원활하게 널리 퍼뜨리려면 여지, 즉 자유 재량권이 있어야 한다. 학교의 가치를 제한하는 것이 아니라, 시간적·공간적 제약을 허물고 여기에 교육 공동체의 유연함을 더한다면, 학습자들의 학습 경험뿐 아니라 교사들의 성장에도 크나큰 발전을 가져올 수 있다. 다만 이러한 과정에서 교육 공동체들에 무조건 여지를 제공할 경우 명확한 기준이나 방향성을 잃을 수 있으므로 적절한 넛지를 함께 제공해야 한다. 2008년 리처드 탈러와 캐스 선스타인은 『넛지』를 펴내면서 넛지라는 개념을 새롭게 정의했다. 즉 사람들이 보다 건강하고 자유로운 삶을 영위하는 방향으로 간섭을 하면서 최선이 되는 결정을 좀 더 쉽게 선택할 수 있는 환경을 설계하면 보다 긍정적인 결과를 얻을 수 있다고 보았다.[5] 여지와 넛지를 적절하게 활용한다면, 미래에 알맞은 학교와 교육의 방향을 발견할 수 있을 것이다.

학생들의 학습 환경이나 배움의 공간 등의 확장은 필요하나 이를 뒷받침할 수 있는 정책이 무엇보다 중요하다고 생각한다. 이 책을 쓴 저자들은 2020년에 미래 교육의 바람이 본격적으로 불기 전부터 온라인 수업을 진행해 왔다. 학생들이 소속된 학교에서만 수업을 들을 수 있다거나 정해진 시간에 온라인 환경에 접속해야만 수업을 할 수 있는 제한적인 온라인 학습의 모형을 이미 경험했으며, 배움의 공간을 넓히려면 지금까지의 형태에서 벗어나야 한다는 데에도 일정 부분 공감한다. 하지만 이를 보완할 방법이나 정책 등의 넛지가 우선되어야 '어디서 배울 것인가?'라는 문제를 해결할 수·있다. 여전히 미래 교육은 어려운 주제이다. 지금 하고 있는 방법이 100퍼센트 옳은 답이라고 할 수도 없다. 가 본 적이 없기에 끝을 알 수도 없다. 하지만 미리 겁먹을 이유 역시 없다. 이 책을 선택하고 펼친 용기 있는 도전을 통해 우리 모두가 상상하는 이상으로 미래 교육을 함께 그려 갈 수 있기를 기대해 본다.

2장
세상 모든 것이
교과서가 되는 수업

김가비(세종고등학교 영어 교사 / 〈심화 영어 회화〉)

학교를 다니며 배운 영어가 인생을 송두리째 바꿨다. 지구 반대편에서 태어나고 자란 짝꿍과 '영어'와 '한국어'로 소통하며 서로의 문화를 공유하고, 서로를 자신의 세계로 초대해 우리의 세계를 확장하며 살고 있다.

외국어를 배운다는 것은 단순히 어휘나 문법을 하나 더 알고 말고의 문제가 아니라 그 언어를 활용해서 내가 나아갈 수 있는 세계를 확장하고, 그 안에서 관계를 맺으며 성장하는 일련의 과정을 뜻한다고 믿는다.

학생들이 다양한 배경의 사람들과 소통하며 세계관을 넓히고 궁극적으로 더 나은 사람으로 성장하는 데 영어가 활용되기를 바란다. 이를 위해 실제 맥락 안에서 영어로 자신을 표현하고 다른 이들과 관계를 맺을 수 있는 배움의 장을 열어 주고자 노력하는 교사가 되고 싶다.

학년(군)	고등학교 2학년	교과	심화 영어 회화 I	차시	발표 수업: 6차시 수업 교류: 5차시

교육과정 성취 기준 및 배움 목표 수립[기대]

성취 기준
- 다양한 상황에 맞게 대화하며, 일반적 주제를 듣고 자신의 의견을 말한다.
- 문화 간 다양한 비언어적 의사소통 방식을 이해하고, 적절한 의사소통 전략을 사용해 대화한다.

배움 목표
- 삶과 관련한 지식을 습득하고, 생각을 말로 표현한다.
- 다양한 문화권 사람들과 의사소통하며 문화상대주의적 태도를 체득한다.
- 영어로 의사소통하며 다양한 말하기 전략을 활용한다.

교수 학습 및 평가 과정[행동]

학생 주도 발표 수업

	1차시	2차시	3~4차시	5~6차시
교사	글의 장르 및 특성, 대주제 안내	실시간으로 '쓰기' 피드백 제공	'말하기' 피드백 제공	
학생	소주제 선정	발표 대본 작성, 고쳐 쓰기, 최종 원고 작성	· 개별 발표 · 친구들 발표를 듣고 피드백 제공	· 동료 평가 읽기 · 배움 과정 성찰 나누기

가나 학교와의 수업 교류

	준비	1~2차시	3~5차시
교사	협력 학교 교사와 수업 내용 및 일정 협의	· 리허설 시간 제공 · 개별 피드백 지원	· 자기소개 · 양국의 음식 문화 소개
학생	소개 영상 교환	· 사전 질문 만들기 · 소개하고 싶은 문화 준비 · 협력 학교 국가 조사	· 블랙페이스 이슈 토론 · 자유 토론

학생 주도 발표 수업
· 학생들이 발표 자료를 작성할 때, 실시간으로 내용적 및 언어 형식적 피드백을 제공한다.
· 소그룹 내에서 발표 리허설을 통해 최종 발표 전에 성찰할 수 있도록 지원한다.
· 발표 후 자연스럽게 배우게 된 어휘와 표현을 다시 짚어 주며 어휘 학습을 촉진한다.

가나 학교와의 수업 교류
· 사전 질문이 문화의 차이를 인정하지 않는 내용이 있는지 검토하고 학생들과 토의한다.
· 소개하고 싶은 문화를 각자 정해 연습할 때, 언어 형식적·비언어적 피드백을 제공한다.
· 가나 학생들과 수업 교류 때, 학생들이 다양한 의사소통 전략을 활용하도록 촉진한다.
· 수업 교류 후 배움 과정을 성찰하고, 의미 있었던 내용 및 언어적 표현을 나눈다.

소개할 수업은?

외국어 교육의 목표는 언어를 활용해 의사소통하고, 다양한 문화를 접하면서 세계를 바라보는 안목을 넓히며, 개인의 전인적인 성장을 촉진하는 것이다. 기존 학교 수업에서는 맥락이 부족한 텍스트를 기반으로 '집어넣기'만 하고 '끄집어내는' 교육이 아니었다. 입시 체제 안에서 듣기, 말하기, 쓰기의 교육은 비효율적이기 때문이다. 시험의 평가 방법과 내용이 학습자의 학습 방향을 설정하는데, 답이 정해져 있는 평가는 학생들에게 '집어넣는' 교육만을 강조하는 부정적인 환류 효과(washback effect)를 초래했다.

외국어 습득을 연구하는 언어학자 스티븐 크라센(Stephen Krashen)은 '습득(acquisition)'이란 유의미한 의사소통을 통해 학습자가 무의식적으로 언어를 체득하게 되는 것이고, '배움(learning)'이란 문법 같은 언어의 형태를 의식적으로 학습하는 과정이라고 분류했다.* 학교의 〈영어〉 수업은 '배움'에 초점이 맞춰져 있다. 언어 자체가 아니라 언어의 형식을 인위적으로 학습하는 과정인 셈이다. 외국어 교육에는 다양한 교수법이 존재하지만, 학교의 〈영어〉 교육이 '배움'에 초점이 맞춰져 있는 것은 명백하다. 따라서 교사는 학생들에게 '습득'을 위한 유의미한 소통의 경험을 제공하려고 노력해야 한다.

이번 수업에서는 '회화'를 위해 자발적으로 신청한 8명의 학생에게 실제 환경에서 자신의 삶과 관련한 주제를 의사소통하는 '습득'의 기회를 충분히 부여했다. '끄집어내는 배움'이 가능했던 이유는 소규모 학생들과 교류함으로써 개별 피드백이 수월했고, 온라인 공동 교육과정의 전문 교과로 3단계 평가, 즉 준거 지향 평가가 가능했기 때문이다.

---

* 언어학자이자 교육 연구가 스티븐 크라센은 '습득'한 지식은 즉석에서 발화하는 능력을 키우고, '배운' 지식은 발화 내용의 오류를 점검(monitor)하는 제한적인 역할을 한다고 주장한다.

독해 중심 수업과 소통 중심 수업 비교

영역	수용적 기술 (receptive skill): 듣기, 읽기	생산적 기술 (productive skill): 말하기, 쓰기	다양한 문화권 이해 및 세계시민의 자세
독해 중심 수업	분절된 독해, 구문, 듣기 학습	제한적인 학습	
소통 중심 수업	· 학생 주도 발표 수업(읽기, 쓰기, 말하기, 듣기) · 실제 맥락에서 영어로 의사소통하는 경험(말하기, 듣기)		

첫 번째 수업 내용은 주제를 정해서 학생들이 스스로 발표 준비-발표-피드백(자기 평가, 동료 평가, 교사 평가)의 과정을 거친다. 학생들은 스스로 선정한 주제에 대해 발표 자료를 준비해 발표하기도 하고, 친구들의 발표를 들으며 요약, 정리한 다음 자신의 의견과 피드백을 실시간으로 제시한다. 즉, 개별 학생들의 발표 자료가 교과서의 내용이 되는 수업이다.

두 번째 수업 내용은 실시간 화상회의 플랫폼을 활용한 가나의 또래 학생들과의 수업 교류이다. 실제로 영어로 의사소통하는 기회는 〈영어〉 학습에 동기를 부여할 뿐만 아니라 의도치 않은 지식을 학습할 기회 또한 제공한다. 컴퓨터 화면 너머로 학생들 앞에 앉아 있는, 생애 처음 마주하는 나와 다르게 생긴 친구들이 본인이 한 말을 이해하고 응답을 보내올 때 의사소통을 위한 도구로서의 〈영어〉 교육이 이루어진다. 즉, 학생들이 만드는 대화와 소통의 순간 자체가 살아 움직이는 교과서가 되는 수업이다.

개별화된 배움을 지원하기

〈영어〉 교과를 비롯한 외국어 교과의 성취 기준은 읽기, 쓰기, 듣기, 말하기의 네 가지 기능으로 이루어져 있어서 내용 선정이 비교적 자유롭다. 학생들의 동기와 참여도를 높여 맥락 속에서 어휘를 익히며 네 가지 기능을 발달시키기 위해 학생들에게 내용 선택권을 주는 것은 중요하다. 그 이유는 학생들의 수준에 따라 개별화된 내용을 선정할 수 있기 때문이다.

같은 자료로 30명의 학생과 수업할 때에는 교사가 어휘, 문장구조의 난이도를 다르게 조정한 수준별 자료를 별도로 제공하지 않는 한 해당 자료를 모든 학생이 이해하기는 어렵다. 하지만 스스로 내용을 선정하게 하면 학습자들이 자신이 필요한 자료를 찾아보고 수준에 맞는 난이도로 작문을 하게 된다. 여기서 중요한 점은, 학습 내용을 스스로 선정하고 자료를 조사해 올 때 '자기만의 언어'로 표현하는 과정을 거쳐야 한다(쓰기, 말하기)는 것이다. 이 과정에서 교사는 학생들의 개별 수준을 파악하고 학습자 개개인에게 맞는 피드백을 제공할 수 있다.

'실패'란 없는 발표 수업

학생 주도 발표 수업의 흐름

발표 전 수업 [듣기, 읽기]	발표 준비 [읽기, 쓰기, 말하기]	발표 중 [말하기, 듣기, 쓰기]	발표 후 [읽기, 말하기, 듣기]
교사 · 글의 장르 및 성격 안내 후 구글 문서로 형식 제공 · 발표 대주제 공지 **학생** · 대주제 내에서 소주제를 정해 다양한 자료를 읽고 내용 선정	**학생** · 형식에 맞게 구글 문서에 발표 자료 쓰기 **교사** · 실시간으로 내용적·형식적·언어적 피드백 제공 **학생** · 피드백 반영 및 최종 원고 제출 · 발표 자료로 소리 내어 스피치 연습	**발표 학생** · 발표 원고를 토대로 발표 자료 활용해 발표 **나머지 학생** · 발표 들으며 구글 공유 문서에 발표 내용 요약 정리, 피드백, 질문 작성 **교사** · 발표 후 학생들이 발표 내용과 관련한 대화를 할 수 있도록 촉진	**학생** · 동료 피드백을 읽고 성찰 · 발표 과정부터 발표 후까지 자신의 배움 성찰 나누기 **교사** · 학생들 발표 내용 중 맥락에 맞는 어휘를 활용한 전체 문장 짚어 주기 · 개별적으로 언어적 피드백 제공

　　발표 수업 또는 글쓰기를 진행할 경우 사전에 글의 장르 및 성격과 예시를 제시해 주는 것이 좋다. 쓰기의 경우 이메일, 광고문 등이 해당하고, 말하기의 경우 설명하기, 설득하기 등이 해당한다. 글의 장르나 성격에 기반한 글쓰기와 말하기는 학생들이 상황과 맥락에 맞는 어휘, 철자, 문법 체계, 형식(register)까지 고려하며, 언어 '학습'이 아니라 '활용'에 초점을 맞출 수 있게 한다. 학생들이 자신의 삶과 관

련한 내용을 선정하고 형식에 맞는 글쓰기를 하도록 한다.

본 수업은 자신에게 의미 있는 경험 소개하기, 다양한 문화 소개하기, 자유 주제 순서로 진행했다. 구글 클래스룸 과제 기능을 통해 교사가 실시간으로 학생들의 글을 읽고 내용적·형식적·언어적 측면에서 피드백을 제공한다. 학생들은 스스로 피드백을 참고해 글을 고쳐 쓴 다음 완성된 최종 원고를 공유한다. 이 내용을 바탕으로 학생들은 본인이 준비한 프레젠테이션 자료를 활용해 개인별로 발표한다. 이로써 내용이 저마다 다른 교과서가 학생 인원수만큼 완성된다.

학생들이 개별적으로 발표할 때, 듣는 친구들은 발표자의 내용을 자신의 언어로 요약 정리하는 동시에 피드백 및 질문을 공유 문서에 작성한다. 모든 학생이 발표 자료를 준비하고, 발표하고, 친구의 발표를 듣고 피드백하는 일련의 과정에서 네 가지 기능의 학습이 동시에 일어난다.

학생들에게 내용 선정의 선택권을 주면, 학생들은 평소에 관심이 있거나 자기가 잘 아는 내용을 선정한다. 실제로 화장품 브랜드에 관심이 많은 학생이 있었다. 이 학생은 평소에 어려운 어휘들이 많은 듣기를 추론을 통해 이해할 수 있었고, 간단한 의사 표현은 쉽게 하지만 한 주제에 대해 깊게 대화할 때 상대의 요지나 세부 내용 파악을 어려워했다. 이 학생은 학기 후반부에 자발적으로 한국, 중국, 미국의 대표 화장품 브랜드들을 소개하고 각 브랜드의 대표 화장품을 유창하게 발표했다. 또한 친구들의 즉각적인 질문을 이해하고 맥락에 맞는 대화를 이어 나갔다. 평소에 관심 있는 분야에 대해 발표하면서 자기가 아는 단어들을 충분히 활용해 소통했고, 내용에 대한 배경지식이 충분했기에 구조적으로 복잡한 문장의 발화를 듣더라도 맥락 안에서 추측하고 대화를 이어 갈 수 있었다. 스스로 발표하고 친구들과 매끄럽게 대화를 이어 나간 성공의 경험을 통해 학생은 자신감을 얻었다.

이처럼 관심 있는 어휘를 학습할 때 기억에 오래 남고 다시 맥락 안에서 활용할 수 있다. 이 단어들은 귀납적으로 새로운 어휘의 어원을 추론하는 데 도움을 주어 어휘 학습을 촉진한다. 자신이 관심 있고 좋아하는 것에 대해 말하고 싶어 하는 학생들의 욕구를 충족해 주고, 성공의 경험을 제공하는 것은 외국어 학습에서 매우 중요한 요소이다. 이러한 경험은 관련 분야의 실제 영어 자료를 스스로 꾸준히 찾아 읽고 들으며 자연스러운 실제 영어 자료를 활용하는 동기를 촉진한다.

결국에 학생이 말하거나 쓰지 않는다면 교사는 학생의 성취 정도를 파악하기 어렵고, 학생도 유의미한 소통의 경험을 가지지 못하기에 초반에 '정확성'을 너무 강조하는 것은 부정적인 영향을 끼친다. 오류가 있더라도 학생들이 비판받거나 등수가 매겨진다는 느낌 없이 편안한 환경에서 차분한 상태로 자신을 표현할 수 있도록 지원하는 것이 매우 중요하다.

1. 갑자기 영어로 발표를 시키면 오히려 '말하기'에 자신감을 잃게 됩니다.
2. 발표 자료를 준비할 시간과 피드백, 리허설 시간을 충분히 제공합니다.
3. 학생의 발표 이후 친구들의 질문에 대답하는 시간은 즉흥적인 의사소통의 장이 되므로, 대본 쓰기의 과정을 거쳐 서서히 학생들의 정서적 장벽을 낮춰 주는 것이 중요합니다.

정서적 장벽 낮추기

세상의 모든 글과 말이 문법적으로 완벽하거나 적절한 어휘로 이루어진 것은 아니다. 글과 말로 소통하는 과정을 거치며 '오류가 많은 학생'은 자신의 오류를 인지하고 수정하며, '비교적 영어 활용 역량이 보통이거나 뛰어난 학생'은 오류가 다소 있었던 친구의 발표를 들은 뒤, 자신의 생각과 의견을 표현하며 말하기와 듣기의 기회를 얻게 된다. 그래서 모든 학생의 발표 그 자체가 교과서이고 함께 배울 만한 가치가 있다고 강조하고 싶다.

기존의 대부분 수업에서 오류가 없고 짜임새 있는 읽기·듣기 자료를 활용해 '정확성(accuracy)'이 높은 수업을 구현한다. 학생들에게 개별 발표의 기회를 제공해 자신감 있게 '유창성(fluency)'을 기를 수 있는 환경을 열어 주어야 한다.

다만, 발표 자료를 조사하고 글로 작성하는 과정에서 학생들에게 '자신의 언어'로 쓸 것을 끊임없이 강조한다. 그러지 않으면 번역기의 도움을 받거나, 이미 작성되어 있는 구조가 복잡하고 어려운 어휘가 많이 쓰인 글을 마우스 클릭 몇 번으로 가져올 수도 있다. 하지만 그 정보를 학생이 스스로 아는 단어와 활용할 수 있는 문장구조로 표현해 내는 꾸준한 과정을 통해 학생 개별 수준에 맞는 글쓰기와 말하기가 가능해진다. 교사가 개별적으로 공유 문서에서 내용적 피드백이나 어휘 및 문법 관련 피드백을 제공하기에 해당 학생은 피드백 내용을 읽어 보고 수용할 수 있다. 피드백 내용을 한 번 읽었다고 해서 바로 그 지식이 습득되는 것은 아니다. 그래서 학생들이 여러 번 글을 쓰거나 말을 하는 생산적 기술(productive skill)을 활용할 기회를 자주 만들어 줘야 한다.

해당 학생에게만 제공하는 피드백일 경우 구체적으로 발표 내용에 대한 피드백과 언어 형식에 대한 피드백을 제공하지만, 전체 발표라면 공개적으로 학생의 오류를 지적하지 않는다. 다만, 학생이 발표 중 어려움을 느껴 발표를 진행하지 못할 때, 다양한 의사소통 전략을 활용할 수 있도록 격려한다. 다수의 학생이 어려움을 겪는 어휘나 문법일 때에는 수업 후반부에 전체적으로 내용을 정리해 준다. 발표에서 맥락에 맞게 사용한 새로운 어휘를 메모해 두었다가 학생의 발표

가 끝난 뒤 긍정적인 피드백을 제공해 학생들이 맥락 안에서 어휘를
학습할 수 있도록 촉진한다.

가나 학교와의 수업 교류

수업의 흐름 잡기

가나공화국의 아치모타학교(Achimota School) 고등 2학년 학생
6명과 한국 고등학생 7명, 가나의 교사 에릭(Eric)이 함께 세 시간 동
안 아래와 같은 흐름으로 협력 수업을 진행했다.

키워드로   각국의 음식 문화   블랙페이스 관련   한국, 가나의
자기소개 하기   ▶   소개하기   ▶   인종차별 토의   ▶   식민지 역사 토의

한국, 가나의 학생 모두 각각 흑인, 아시아인과 대화해 본 적이 없

어서 자연스럽게 인종 이야기, 특히 2020년 한 해 동안 한국에서 이슈를 불러일으켰던 의정부고등학교 관련 '블랙페이스(흑인이 아닌 배우가 흑인 흉내를 내기 위해 얼굴을 검게 칠하거나 흑인의 두꺼운 입술을 강조하기 위해 입술을 과장해 표현하는 것)' 이야기를 나누기도 했다. 특히 식민지 역사 이야기는 미리 준비한 것이 아니었음에도 자연스럽게 토의하게 된 즉흥적인(impromptu) 자유 토의였다. 식민지 역사 토의가 학생들에게는 언어적으로 가장 어려울 것이다. 하지만 학생들이 영어를 사용하게 될 비예측성과 즉흥성을 바탕으로 한 실제 대화의 장을 경험한 데 가치를 두어야 한다.

아치모타학교와 수업 교류하는 장면

더 넓은 의미의 영어 경험하기

학생들이 영어로 말하기를 두려워하는 이유 중 하나는 발음에 대한 걱정이다. 사실 〈영어〉 교육에서는 '원어민에 가까운 발음'보다 '이해 가능한 발음(intelligibility)'을 강조한다. 또 어느 나라의 영어를 '원어민 영어'라고 부를 수 있는지에 대한 합의점도 없다. 따라서 수업 시간마다 학생들에게 '올바른 발음', '더 멋있는 발음'의 우열이 없음을 꾸준히 강조한다. 하지만 학생들은 여전히 영어 발음을 드러내며 발표하는 데 부끄러움과 어려움을 느낀다.

가나 학생들과 수업 교류를 하던 중 한 학생이 비밀 채팅으로 메시지를 보내왔다.

선생님, 가나 친구들 지금 영어로 말하고 있는 거예요?

그 학생은 지금까지 들어 왔던 영어 발음과 달라서 처음에 영어라고 인지를 못 할 정도였다.

수업 교류 후, 한 학생은 이렇게 수업 소감을 밝혔다.

나와 완전히 다르게 생긴 사람들이, 내가 말한 영어 문장을
이해하고 대답하는 게 너무 신기했어요.

우리나라는 특정 나라(주로 미국)의 영어만을 바탕으로 '원어민 발음'을 강조하는 분위기가 사회에 팽배해 있다. 사실 특정 나라의 영어를 '원어민 발음'이라고 규정할 수 없는데, 그 이유는 영어를 공용어로 사용하는 나라가 2019년 기준으로 무려 57개국이고, 공용어는 아니지만 일상에서 영어를 주로 사용하는 나라까지 더하면 전 세계 75개 나라에 이르기 때문이다. 이런 상황에서 다양한 나라의 영어에 노출되고 영어를 활용해 보는 계기는 다양한 형태의 영어(World Englishes)*를 체득하고 '원어민에 가까운 영어'를 구사해야 한다는 압박에서 자유롭게 해 준다.

우리 삶에서 소통하고 함께 살기 위한 영어는 화자의 언어의 정체성까지 있는 그대로 받아들이는 것이 아닐까? 가나 친구들과 교류를 통해 학생들은 다양한 영어 중 하나에 노출되었고, 미국인의 영어나 가나인의 영어에 저마다 특성이 있듯이 한국인의 영어도 있는 그대로 괜찮다는 자기 수용을 경험했다. 또한 국제 공용어로서 다양한 형태의 영어를 직접 느꼈다.

---

* 언어학자 카추루(Kachru)는 영어가 파생된 국가에서 사용되는 영어를 Inner Circle(영국, 미국, 남아프리카공화국 등), 영어 이외에 다른 언어가 존재하지만 공식적인 자리에서 사용하는 국가의 영어를 Outer Circle(싱가포르, 인도, 필리핀, 가나 등), 영어가 국가 내에서 큰 역할을 하지는 않지만 국제적인 소통을 위한 수단으로 사용하는 국가의 영어를 Expanding Circle(대한민국, 일본, 독일 등), 이렇게 세 가지 층위로 'World Englishes'를 분류한다.

문화 감수성이 쑥쑥

우리 서로의 토착 언어로 쉬운 인사를 해 봐요. '안녕하세요?'를
가나 언어로는 뭐라고 말하나요?

"가나에는 대략 80개의 토착 언어가 존재하고, 다른 언어를 사용
하는 사람들끼리는 가나 안에서도 의사소통이 불가능하다. 2002년
이후부터 영어가 공용어가 되었고, 학교에서 모든 과목을 영어로 가
르친다." 이러한 점을 설명하고 나서, 영어를 제외하고 가나에서 가장
많이 쓰이는 언어인 아칸어(Akan Language) 또는 튀어(Twi)로 환영
하는 인사는 "Akwaaba(아콰바)."라고 간단한 인사말을 가르쳐 준다.
우리 또한 "안녕하세요?"와 "감사합니다."를 가르쳐 주고 서로의 언
어로 인사말을 건네도록 한다.

학생들은 다문화 사회에서의 에티켓과 이슈에 대해 생각해 보는
계기를 가진다. 집이나 학교 주변을 둘러봐도 우리와 함께 지내는 사
람들의 대다수는 국적, 민족성, 인종이 나와 동일한 사람들이다. 그래
서 '외국인'처럼 생긴 한국인을 한국인으로 받아들지 못하는 경향이
있다. 이와는 대조적으로 다양한 인종의 사람들이 함께 사는 다문화
사회에서는 생김새로 국적이나 민족성을 추측할 수 없다는 개념을
몸소 알고 있다. 한국 학생들은 가나인인데(국적) 언어나 종교, 생활양

식이 다른(민족성) 가나 친구들을 실제로 만났다. 하나의 단어로 설명될 수 없는 다양한 정체성을 가진 사람들을 만나며 교과서의 줄글로는 느낄 수 없었던 더 깊은 차원의 개념을 이해하게 되었다. 이는 공용어로서의 영어를 사용해 의사소통할 때 반드시 가져야 하는 자세이다.

말이 막혀도 괜찮아, 우리에겐 다 계획이 있어!

대본에 없는 상대의 예측 불가능한 발화를 듣고 적절하게 응답하는 실제 상황의 대화를 통해 다양한 의사소통 전략을 실천한다. 자신이 사용하고자 하는 영어 단어가 생각나지 않을 때 학생들은 '우회적으로 말하기 전략(circumlocution)'을 활용해 자신이 하고자 하는 말을 전달한다. 예를 들어 '인종차별(racism)'이라는 단어가 생각나지 않는다면 '다른 인종에 대한 편견이나 무지 때문에 정당한 이유 없이 다르게 대하고 불이익을 주는 것'이라고 풀어서 설명하는 전략을 사용해 의사소통을 할 수 있다. 자신이 몰랐던 단어를 다른 학생이 맥락 안에서 사용하는 대화에 참여하면서 자연스럽게 어휘의 정의뿐 아니라 활용법까지 익힌다.

실제로 모국어를 활용한 의사소통에서도 우리는 끊임없이 스스로 이해한 내용이 상대가 의도한 내용인지 확인하고 되묻는다. 외국어를 활용한 의사소통에서도 이러한 전략을 적용하고 서로가 의도한 의미에 가까워지는 기회는 학생들에게 의사소통 성공의 경험을 준다. 이러한 일련의 과정을 의미 협상(negotiation of meaning)이라고 부른다. 외국어로 의사소통할 때, 초기 학습자들은 자신이 이해할 수 없는 질문이나 대답을 들으면 의미 협상을 시도하지 않고 지레 포기하고 만다. 그러나 우리가 비교적 편하게 느끼는 모국어를 활용한 의사소통에서도 의미 협상을 하듯이, 외국어를 활용한 의사소통에서도 의미 협상을 통해 대화를 이어 나갈 수 있다는 것을 학생들에게 가르쳐 주고, 실제로 활용해 볼 다양한 기회를 제공해야 한다.

학생 A   **타인의 생각을 이해하고 내 생각을 온전히 영어로 전하는 일은 100미터 달리기를 하는 것보다 더 많은 체력이 요구된다.** (…) 내가 앞으로 있어야 할 세상은 인구 5000만 명인 나라가 아닌 인구 78억 명의 세상이라는 사실을 깨달았으며, 그 세상에서 살아남으려면 영어는 기본으로 활용해야 한다는 것을 오늘 직접 피부로 느꼈다. **특히 가나 학생들과 식민지라는 아픈 역사의 공통점**이 있어서 인권에 대해 진지하게 토의한 것이 감동적이었다.

학생 A는 한국어로도 토론하기 쉽지 않은 인종차별 문제에 대해 자기 생각을 명확하게 밝혔다. 물론 중간에 말하고자 하는 단어가 생각나지 않아 다양한 의사소통 전략을 활용하기도 하고, 가나 친구와의 의미 협상을 통해 자신의 의견을 전달하기도 했다. 이런 과정에서 학생 A는 '영어를 배운다'는 것이 단순히 단어를 외우고 뜻을 아는 데에서 그치는 것이 아니라, 알고 있는 지식을 끄집어내기 위해 친구의 도움을 받기도 하고 의사소통 전략을 활용하기도 하는 일련의 과정이 모두 수반된다는 사실을 몸소 깨달았기에, "내 생각을 온전히 영어로 전하는 일은 (…) 체력이 요구된다."라고 표현했다. 체력적으로 힘들기까지 한 끊임없는 과정을 통해 절차적 기억이 활성화되고, 영어를 활용할 수 있게 된다.

우리가 세계시민으로 성장하는 과정

학생 B(가나) 한국에서 흑인들의 처우는 어떤가요?

학생 C 우리 일상에 흑인 이웃이 많지 않아서 무지에서 나오는 차별이나 편견이 존재할 수 있어요. 하지만 많은 사람들이 편견 없이 다가가 알아 가려고 노력하고 있습니다.

의정부고등학교의 블랙페이스 코스프레 졸업 사진을 공유하자 아치모타학교 학생들은 즉각적인 반응을 보였다. "Seriously? You cannot do that."이라며 가나 학생 6명 모두가 민감하게 반응했다.

학기 초에 한국 학생들은 의정부고 학생들의 블랙페이스 분장이 왜 인종차별에 해당하는지 이해할 수 없다는 게 주류 의견이었다. 교류 수업 후 학생들은 옳고 그름을 떠나 발화자의 의도와 관계없이 타인에게, 특히 소수자에게 상처 주는 언행*에 대해 고찰했다. 블랙페이스의 역사와 인종차별 해당 여부에 대한 교사의 고리타분한 설명과 가르침보다 흑인 당사자 친구들의 반응을 보고 의견을 듣는 것이 학습적인 측면에서 훨씬 도움이 되었다. 상대편이 내 눈앞에 바로 있을 때에는 내가 잘 모르는, 내 이야기가 아닌 것에 대해 조심스러워지고, 상대편 입장에서 한 번 더 생각하고 말하게 된다. 의정부고의 블랙페이스가 인종차별에 해당하는지 말도 많고 논란도 되었던 2020년, 학생들은 문제에 대한 정답을 결론 내리기보다 이 이슈 속에 담겨 있는 흑인의 존재와 삶을 깨달았다.

학생 C 　가나 친구들을 만나 대화를 나누며 그들은 **어떤 생각을 하며,** **또 나와는 생각하는 방식이 어떻게 다른지 느끼게 된 것이** **가장 가치 있었다.** 내가 누군가를 만날 때 **편협한 생각을** **가지지 않고 열린 마음**으로 그들을 대할 수 있기 때문이다.

---

* 이를 미세 공격(microaggression)이라고 하는데, 의도적이든 비의도적이든 적대적·경멸적·부정적 편견과 어떤 집단을 모욕하는 간단하고 평범한 일상 언어적·행동적·환경적 모욕에 쓰이는 용어이다. 정신과 의사이자 하버드대학교 교수 체스터 M. 피어스가 1970년에 모욕과 묵살을 묘사하기 위해 처음 사용했다.

내가 대한민국 고등학교 **정규 교과과정에서는 경험할 수 없는 일**들을 이 수업에서 실현할 수 있었기에 함께한 모든 순간이 다 너무 소중했다. (…) 내가 교사가 되었을 때도 단순히 교육과정이라는 틀에 박힌 교육이 아닌, **더 넓은 경험**을 하도록 이끌어 주고 싶다는 다짐을 했다. 사실 마지막 수업에서 퇴장하는 그 순간에는 너무 울컥했다.

학생 C는 가나 친구들과의 수업을 통해 세상에 다양한 문화가 존재한다는 것을 인지하는 그 이상으로, 어떤 맥락에서 상대 친구들의 가치관이나 태도, 문화가 형성되었는지 이해하며 타인을 바라보는 감성지수를 키웠다. 이질적인 집단과 관계를 맺고 교류하는 것은 학생들이 타인의 다양성을 있는 그대로 받아들이고 관용적인 자세로 타인을 환대할 수 있는 사고의 장을 제공한다.

Tip 수업을 교류할 해외 학교 찾는 방법

1. 영국문화원 파트너 스쿨 찾기 플랫폼

① https://school-partner-finder.britishcouncil.org / 가입하기

② 가입한 이메일로 인증 요청 이메일이 오면 경력 증명서를 번역해 답장 보내기

③ 본인의 학교 정보, 학생 영어 활용 역량, 수업 목표 등을 소개란에 작성하기

④ 각 학교의 프로필을 읽으며 수업 목표가 공통되는 학교 찾기

  * 수업 교류 프로젝트를 원하는 다양한 나라의 학교에 '교류 요청'을
    보낼 수 있습니다.

⑤ 서로 교류 학교로 등록되면 이메일이나 휴대전화로 해당 교사와 연락하기

2. 페이스북 수업 교류 그룹

① Mystery Skype / Skype in the Classroom

② 본인 학교 소개 및 원하는 수업 방향의 내용을 자유롭게 적은 글을
   게시하거나, 하고자 하는 수업과 관련이 있는 내용의 글을 쓴 교사에게
   연락하기

	영국문화원 플랫폼	페이스북 그룹
장점	모든 교사가 인증 단계를 거치므로 비교적 신원 확보가 확실하다.	비교적 빠르게 수업 교류 학교를 찾을 수 있다.
단점	경력 증명서를 발급받아 번역·스캔·이메일로 영국문화원에 인증을 받아야 한다.	다양한 학교급, 종교 단체, 학원 등이 섞여 있어서 수업 교류를 위해 스스로 꼼꼼하게 읽고 상대의 신원을 파악해야 한다.

Tip 해외 학교와 교류 수업 준비 시 고려할 점

학생들의 영어 수준, 수업을 통해 성취하고자 하는 목표, 학교급에 따라
찾고자 하는 상대 해외 학교가 달라집니다. 크게 네 가지 측면에서
고민하면서 찾고자 하는 학교의 성격을 대략적으로 결정한 다음 다양한
플랫폼을 활용해 협력 학교를 찾으면 됩니다. 기준 없이 모든 학교의
프로필을 읽으며 수업을 구상하기엔 시간이 너무 오래 걸리고 수업 중에
예상치 못한 변수와 어려움이 생길 수 있습니다. 학생들의 영어 활용 역량이
낮다면 해외 학교를 선택할 때 해당 국가의 언어(영어권 vs 비영어권)와

학교급(초·중·고)을 고려해야 합니다. 수업 전, 수업 내용을 최대한 많이 정하고, 학생들이 스스로 그 주제에 대해 자신의 의견을 영어로 표현할 수 있도록 어휘를 익히고 미리 영어로 대화하는 수업을 진행해 보기를 권합니다.

	영어권 국가	비영어권 국가
협력 학교 언어	· 자연스러운 영어 표현에 노출 · 영어권 국가의 비언어적·반언어적 문화에 노출	· 영어 사용의 속도, 난이도 조절 용이 · 학생들의 언어 자존감 고려 용이 · 세계어(링구아 프랑카)로 영어 활용 가능
	문화권 동일	문화권 상이
문화권 배경	· 안정감 및 친숙함	· 다양한 문화에 노출, 호기심 자극
	〈영어〉 과목과 교류	타 과목과 교류
과목	· 언어 활용 측면에 초점을 맞추어 수업 진행 가능	· 통합적 지식의 경험 공유 가능
	실시간 온라인 수업 교류	비실시간 온라인 수업 교류
교류 형태	· 실제 의사소통을 외국어 수업으로 함으로써 흥미 극대화 · 말하기·듣기 영역, 반언어적·비언어적 표현 활용 능력 향상 · 인터넷 접속 불량 등 돌발 상황 대비 필요	· 시차에 따른 시간적 소통의 부담 없음. · 영어를 정확하고 유창하게 연습해서 소통 가능 · 교류국과 빈번하게 교류하기 쉽고, 장기간 수업 교류 가능

* 링구아 프랑카(lingua franca)는 모국어를 달리하는 사람들이 상호 이해를 위해 습관적으로 사용하는 언어를 말한다.

다른 교과에는 이렇게 적용할 수 있어요!

프로그래밍 교사: 〈프로그래밍〉 수업에서 가르치는 지식은 프로그래밍 기초이기 때문에 빠르게 변하는 전문 영역에 대해 교사로서

지식이 약할 수밖에 없어요. 프로그래머 직업 전문가를 온라인 수업에 초대해 현장의 이야기를 생생하게 전할 수 있겠다는 아이디어를 얻었어요.

일본어 교사: 해외 교류 수업에 관심 있는 비외국어과 선생님들도 많을 듯해요. 이 수업 사례를 계기로 마음만 있던 선생님들도 용기를 내서 다른 나라 학생들과 실시간으로 소통하는 수업에 한 걸음 더 다가가실 수 있을 것 같아요. 그리고 학교에 함께 근무하시는 외국어 교과 선생님과 협력해 다른 나라 학생들과 교류하는 수업 형태도 가능하리라는 생각이 들었어요.

과학 교사: 〈과학〉은 학생마다 수준과 흥미의 차이가 심하게 나타나는 교과 중 하나죠. 하지만 30명 가까이 되는 학생들 개개인에게 맞는 학습 내용을 교사가 준비해 제시하기는 현실적으로 힘든 부분이 많아요. 따라서 학생들이 성취 기준과 관련된 〈과학〉 주제를 자유롭게 선정하고, 이를 학습하고 발표하는 수업은 〈과학〉에 대한 학생들의 흥미를 높이고 스스로 과학 지식을 구성하기에 좋은 방법이 될 것 같습니다.

　기술의 발달로 비행기로 20시간이 넘게 걸리는 가나의 학교 학생들과 함께 수업할 수 있는 날이 왔다. 전국 6000여 개 초등학교에서는 AI를 도입해 말하기 연습을 하고 있다. 벌써 현실에서 AI를 이용해 학생들의 개별화된 배움이 진행되고 있다. 배움의 어느 영역에서 다양한 기술을 활용해 지식 습득을 구현하고 삶의 경험이 배움이 되는 수업을 설계하고자 하는지 교사의 치열한 고민과 상상력이 어느 때보다 필요한 시기이다.

　이론 중심의 지식이 삶에서의 활용으로 이어지지 않는 한계점을 극복하기 위해서는 다양한 시도를 해야 한다. 문법, 독해 중심의 수업에서는 크라센이 말하는 의도적인 '배움'이 일어났고, 마이클 울먼에 따르면 선언적 지식(언어를 통해 표현될 수 있고, 의식적인 과정을 통해 성취될 수 있는 명확하고 설명이 가능한 지식)만을 가르쳐 왔다. 이 영역은 AI를 활용해 충분히 개별화 학습을 지원할 수 있다. 우리가 고민해야 할 지점은 학생들이 배운 내용을 종합해 실제 삶에 활용하고, 더 큰 배움을 위한 수단으로 언어를 사용할 수 있도록 의미 있는 경험을 제공하는 것이다. 학생들이 관심을 가지는 주제와 내용을 바탕으로 다양한 국가의 청소년, 전문가와 온라인 화상회의 플랫폼으로 의사소통하면서 학생들은 듣고 말하며 시행착오를 겪게 될 것이다. 그 과정에서 자연스럽게, 언제 익혔는지 특정할 수 없게, 학생들의 소통 능력 향상을 꾀할 수 있다.

교과서에 실린 내용을 얼마나 잘 외웠느냐가 더 이상 경쟁력이 될 수 없는 세상이 왔다. 학생들과 교사들이 수업 시간에 함께 배우고 성장하는 데 밑거름이 된 지식을 활용해 풍요로운 삶을 살 수 있도록 상상력과 도전을 펼치길 기대하고 응원한다.

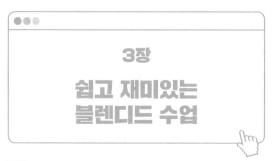

박범환(영북고등학교 음악 교사 / 〈음악〉, 〈음악 감상과 비평〉, 〈음악 이론〉)

"재미있는데 유익했으면 좋겠어요."

나를 놀라게 한 학생들의 응답이다. 온·오프라인에서 〈음악〉의 다양한 영역을 골고루 다루며, 학생들의 음악적 역량을 길러 주기란 마냥 쉽지만은 않았다. 수없이 실패했고, 실패할 때마다 내 수업을 성찰하며 수정했다. 이 장에서 소개하는 수업들이 정답이라고는 할 수 없지만, 이 책을 읽는 많은 선생님들과 함께 상상하고 도전해 우리들의 미래 교육에 필요한 '교육안'을 만들어 가고 싶다.

학년(군)	고등학교 1학년	교과	음악	차시	4차시

교육과정 성취 기준 및 배움 목표 수립[기대]

성취 기준	· 고등학교 수준의 음악 요소와 개념을 구별하고, 제재곡을 개성 있게 노래 부르거나 악기로 연주한다. · 음악의 구성을 이해하고, 자신의 음악적 문제를 해결할 수 있다. · 제재곡을 듣고 역사적·문화적 배경과 관련지어 음악의 특징을 설명한다.
배움 목표	· 고등학교 수준의 음악 요소와 개념을 구별하고, 제재곡을 다양하게 표현할 것을 기대한다. · 음악의 구성 요소를 이해하고, 자신의 음악적 문제를 해결할 것을 기대한다. · 제재곡의 음악 요소들을 이해하고, 각 요소들의 등장 배경을 역사적·문화적 관점과 관련지어 설명할 것을 기대한다.

교수 학습 및 평가 과정[행동]

온라인 1차시	오프라인 2차시	온라인 3차시	온라인 4차시
'음악 탐정' 활동지 제공	모둠별 기악 연습	OX 퀴즈 제공	음악적 문제 나눔
'탐정놀이' 수행 (구글 설문지) 과제 제시 (모둠별 악기 선정)	1분가량의 제재곡 합주 연습 (융합 수업을 통해 제작한 악기 사용)	패들렛을 활용한 OX 퀴즈 수행	음악적 경험 나눔 및 제재곡의 기능 발표

피드백 계획[성찰]

'음악 탐정' 활동지에 대한 피드백

· 탐정 자격을 확인하는 페이지를 생성해 학습자들로 하여금 해당 차시에서 필수적으로 습득해야 하는 지식을 확인하도록 한다.
· 용의자 일지를 통해 학습한 음악 지식을 추리에 사용할 수 있도록 유도한다.
  (발견 학습의 과정을 통해 해당 차시에 필요한 기능과 태도를 습득할 수 있다.)
· 탐정이 되어 발견한 내용을 논리적으로 설명하는 페이지를 만들어 학습자의 이해를 점검하는 핵심 질문을 생성하고, 학습이 종료된 뒤 이를 기반으로 학습자의 앎을 점검 및 피드백한다. 중요한 점은 정답과 오답으로 분류하는 것이 아니라 답을 쓴 이유, 판단의 근거 등을 파악해 이를 모두와 나눌 수 있는 분위기를 형성하는 것이다.

모둠별 기악 연습에 대한 피드백

· 해당 활동에서는 사전에 기악 활동(연주)에 대한 채점 기준표를 미리 제시하고, 학생들이
이를 숙지할 수 있도록 안내한다. 특히 잦은 실수나 오류를 범하는 부분을 체크해 주며,
연주상의 유의점과 제재곡의 특징적인 부분을 강조해 주어야 한다.

음악 이론 및 OX 퀴즈에 대한 피드백

· 1, 2차시 활동에서 학습한 음악 요소들이 무엇인지 알려 주고, 핵심 질문을 통해 OX로
학습자들이 근거 있게 자신의 앎을 점검할 수 있도록 준비한다.

음악적 문제 나눔에 대한 피드백

· 학습한 음악적 지식과 음악적 경험을 활용해 음악적 문제(K-POP의 발전 방향, 저작권, 국악
기의 개량화 등)에 대한 학습자들의 경험을 자유롭게 나눌 수 있도록 분위기를 형성한다.
(찬·반을 나누어 핵심 질문을 준비해 오도록 구성하면 효과가 더욱 높다.)

소개할 수업은?

패러다임의 전환, '로꾸꺼' 〈음악〉 수업

이 수업은 온·오프라인의 블렌디드 러닝(blended learning)에 기
반해 학생들이 다양한 문제에 도전해 〈음악〉 수업에서 배울 수 있는
여러 가지 역량을 스스로 찾고 함양하도록 설계했다. 수업을 설계하
며 가장 중요하게 고려한 점은 거꾸로 수업(flipped learning)이라는
개념을 단순히 수업 모형이라는 틀에 국한하지 않고 〈음악〉 수업 그
자체, 즉 패러다임의 전환으로 여겼다는 점이다. 많은 선생님들이 거
꾸로 수업을 설계할 때 동영상 강의에 중점을 두고 해당 수업을 설계

하려는 경향을 보이지만, 해당 수업에서는 학생들의 자유로운 발표를 위한 마중물 정도의 역할로 사용했다.

'배우고 나누다 보면 늘어 가는 음악 지식, 로꾸꺼 〈음악〉 수업'이라는 주제로 나만의 블렌디드 수업을 설계했다. 먼저 학습자들의 학습 안전성과 동기를 높이기 위해 '2015 음악과 교육과정'을 분석해 활동 영역에 공통으로 사용할 수 있는 지식과 기능, 태도를 선정하고, 이를 기반으로 수업의 주된 활동을 결정했다. 이러한 구성이 지닌 이점은 다음과 같다.

첫째, '명확한 수업의 색깔'이 드러나게 된다. 명확한 수업의 색깔은 곧 수업의 방향성을 확실히 하는 것이므로 학습자들에게 요구되는 활동을 분명하게 나타낼 수 있다. 둘째, '학습 참여도'를 높일 수 있다. 수업에서 요구되는 활동이 분명하고 해당 활동이 중심이 되어 수업이 진행되므로 학습자로 하여금 학습 안정성과 학습 동기를 향상해 수업 참여도를 높일 수 있다.

'발표'가 주가 되는 수업

〈음악〉 교과에서는 '표현 활동', 즉 학습자가 습득한 음악적 개념이나 감정을 외부로 표현하는 것을 가장 우선시한다. 그래서 음악에 등장하는 표현하기, 설명하기, 발표하기 등의 관련 기능을 습득하고 이러한 기능이 학습자의 '잠재적 역량의 발전'까지 이어지도록 돕기 위해 발표하기라는 활동을 큰 틀로 잡고 수업을 설계했다.

'2015 음악과 교육과정'에서 제시하는 활동 영역 및 기능(중학교·고등학교 동일)

표현	감상	생활화
노래 부르기, 악기로 연주하기, 신체 표현하기, 만들기, 표현하기	구별하기, 표현하기, 설명하기	참여하기, 평가하기, 조사하기, 발표하기

공통으로 활용할 수 있는 개념을 선정해 수업의 색을 결정
발표하기(표현하기)

자발적인 발표로 만들어 가는 수업

"천 리 길도 한 걸음부터"라고 했다. 학습자들에게 "자, 이제 우리 발표를 시작해 볼까?"라고 말하며 수업을 시작한다면 아무도 말을 하지 않는 진귀한 경험을 하게 된다. 이러한 현상은 학생뿐 아니라 교사에게 훨씬 더 부담스럽게 다가온다. 하지만 친구들의 시선을 의식하지 않고 자연스럽게 발표할 수 있는 분위기를 형성한다면 한 학기 내내, 아니 1년 내내 아이들이 신나게 웃고 발표하며 수업에 참여하는 모습을 확인할 수 있다. '도레미파솔라시도' 계이름도 못 읽던 아이들이 피타고라스의 수학과 음악을 논하고, 대중음악의 문제점과 발전 방향에 대해 발표하는 분위기를 혼자만 기억하기에는 너무나도

아깝다는 생각이 들 정도이다.

학생들이 발표에 쉽게 참여하고, 다양한 기능을 표출하도록 돕기 위해 다음과 같은 단계로 수업을 운영했다. 먼저 '준비 과정'에서는 유튜브로 진단 평가 영상을 만들고, 이를 학생들이 수행한 뒤 결과를 구글 설문지를 활용해 정리했다. '실행 과정'에서는 구글 설문지(탐정 놀이), 패들렛(○× 퀴즈) 등을 활용해 관심 있는 음악 장르와 배우고 싶은 내용, 친구들에게 추천하는 아티스트 등을 익명으로 자유롭게 공유하도록 했다. 마지막으로 '정리 과정'에서는 음악적 문제 해결을 통한 자기 평가, 동료 평가 과정으로 배운 내용을 점검하고, 자신의 성장을 확인할 수 있도록 수업을 구성했다.

수업을 구성하는 과정에서 가장 중요하게 여겼던 부분은 학습자들이 온라인과 오프라인의 수업이 단절된 것이 아니라고 느끼게 하는 것, 다시 말해 연계성이 느껴지는 블렌디드 수업이었다.

발표 중심 블렌디드 수업의 흐름

준비 과정		실행 과정		정리 과정
온라인	오프라인	온라인	오프라인	· 수업 성찰
· 진단 평가를 통한 수준 확인 · 관심사 공유 · 효과적인 플랫폼 활용	· 진단 평가를 활용한 모둠 구성 · 공통 관심사와 관련된 학습 자료 제작 · 수업 방향 결정	· 학습 정도 확인 · 발표 분위기 조성 · 다양한 학습 자료 활용 · 수업 피드백 적용	· 온라인 수업 결과 공유 · 협동 학습 실행 · 학습 내용 피드백 · 심화 학습	· 학습자의 성장 정도 확인 · 교사와 학생의 평가 · 수업 모형 피드백 및 수정

학생 A   유튜브나 EBS 강의보단 선생님께서 직접 수업을
해 주셨으면 좋겠어요.

학생 B   〈음악〉 시간에는 너무 이론만 수업하지 않았으면 좋겠어요.

학생 C   재미도 있고 무언가 배워 가는 수업이 되었으면 좋겠어요.

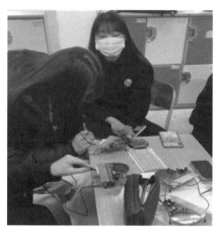

융합 수업을 통해 제작한 전자피아노를 연주하는 장면

배우고 나누다 보면 늘어 가는 음악 지식

탐정놀이를 통한 음악 개념 학습

유튜브와 각종 SNS에 노출되어 있는 요즘 학생들에게 온라인 수
업에서의 효과적인 플랫폼 사용은 거의 필수 과정이 되었다. 교사를

대상으로 하는 연수를 보더라도 'ZOOM 확실하게 이해하기', '온라인 수업 플랫폼 활용하기', '효과적인 동영상 편집 연수' 등등 영상 편집자를 만드는 게 아닌가 싶을 정도다. 주변 선생님들의 이야기를 들어 봐도 수업을 어떻게 구성할 것인가보다 플랫폼이나 프로그램 사용법을 배우려 해서 이러다간 프로그램만 배우다 한 학기가 끝나는 건 아닌지 우려가 될 정도이다. (실제로도 프로그램 사용법에 한 학기 이상을 들인 선생님들이 많이 계시다.)

교사 A 이번에 캔바(Canva)를 배웠는데 이걸 활용해서 영상 오프닝 페이지를 만들어 봐야겠어. 박범환 선생님, 그런데 미리캔버스는 뭐야?

교장 A 다들 패들렛인가를 써서 게시판을 활용한다고 하던데 이번에 연수를 신청해서 배워야 하지 않을까?

교사 B 카훗(Kahoot!)을 쓰면 수업 시간에 퀴즈를 내고 맞힐 수 있다던데? 그건 어떻게 사용하는 거야?

이렇게 열정적으로 온라인 수업을 받아들이고 활용하려는 모습이 대단한 건 사실이지만, 쏟아지는 업무와 출석 독려, 민원 응대까지 해야 하는 상황에서 교사들이 추가로 영상 편집, 툴 활용 및 제작까지 하기란 절대 만만한 일이 아니다. 이럴 때 늘 주변 선생님들에게 드리는 말씀은 "쉽게 접근할 수 있고 익숙한 프로그램을 활용하자."이다.

추천하는 프로그램은 구글 드라이브이다. 구글 드라이브는 구글 클래스룸과 연동하기 편리하며, 학습자의 학습 정도와 결과를 엑셀 파일로 저장할 수 있을 뿐 아니라, 자체적으로 제공하는 다양한 서식을 활용해 여러 가지 형태의 학습 자료로 활용할 수 있다. 또한 진단 평가, 형성 평가, 실시간 수업 과정 평가 등으로도 사용이 가능한데, 이 장에서는 그중 가장 수업 효과가 높았던 탐정놀이를 소개하려 한다.

'음악 탐정놀이'는 경기도에서 유명하신 과학 선생님의 '방 탈출 게임'을 토대로 〈음악〉 수업에 재구성해 적용한 모형이다. 먼저 구글 드라이브의 서식에서 설문지 형태의 서식을 선택한 뒤 섹션 기능을 활용하면 학생들이 응답하는 과정에 따라 다음 장으로 넘어가는 형태로 구성할 수 있다. 과거에 흔히 볼 수 있었던 게임 북*과 같은 형태이다.

탐정놀이 활동은 수업 중 또는 수업이 끝난 뒤 사용해 음악 지식에 대한 학습자의 이해도를 확인하고, 자신이 이해한 내용을 바탕으로 사건을 해결하는 형태로 진행한다. 탐정놀이의 가장 큰 장점은 익명성과 정답의 유연함에 있다. 학습자의 개인 정보는 교사만이 확인할 수 있으므로 학습자는 탐정놀이에 필요한 '부캐('부캐릭터'의 줄임말로, 온라인상에서 '또 다른 정체성의 나'를 뜻함)'를 설정해 익명으로 탐정놀이에 참여할 수 있다. 또한 용의자의 일지를 통해 사건을 해결하는 과정에서는 학습자마다 개성 있는 답을 도출할 수 있어 개방적 사고를 발현하게끔 수업을 구성할 수 있다.

탐정놀이 문항 제작(실제 사례)

① 탐정놀이 도입부   ② 기본 개념 확인

---

* 일반적으로 페이지마다 분기점을 두어 "○○라면 △페이지로 가시오." 같은 구성의 책을 가리킨다.

③ 수행 과제 및 단서 제공　　　　　④ 성찰 및 학습자 요구 확인

　　이 수업의 가장 큰 장점은 '재미있다!'라는 것이다. 학습자들은 학습 내용을 활용해 탐정 활동을 수행할 수 있어서 배운 내용을 곧바로 사건에 적용해 직관적이고 재미있게 학습을 진행하게 된다. 또한 정해진 답이 없으니 피드백 과정에 좀 더 적극적으로 참여해 자신의 앎을 성찰하는 시간을 가질 수 있다.

Tip　효과적인 탐정놀이 진행 방법

1. 익명성을 보장해 학습자로 하여금 온라인에서 발표하는 부담감을 덜어 주면 좋습니다.
　　예) 20103 박범환 → 음악 박사

2. 오타가 있을 때 자연스럽게 교사가 심어 둔 함정인 것처럼 사용할 수 있습니다(유동성).

   예 선생님이 너희를 위해 작은 함정을 설치해 놓았다.
3. 답안을 작성한 근거를 묻고 피드백하는 과정에서 개방적인 사고를 유도할 수 있습니다.
4. 음악 탐정놀이 사용 예시(QR코드 참조)

익명성, 유연성 등과 같은 여지(wiggle room)를 활용해 수업을 설계하면 학습자들은 수업에 자신감이 생기고, 이는 곧 자연스러운 발표로 이어지게 된다. 이 과정에서 학습자들이 올바른 방향으로 학습을 진행할 수 있도록 기본 개념 또는 필수 개념 등 넛지(nudge)를 활용해 학습지를 구성하면 학습자들로 하여금 '할 만한데?'라는 유연한 도전을 이끌어 낼 수 있다.

탐정놀이 평가 방법

구글 설문지를 활용한 탐정놀이는 평가에 있어 엄청난 장점이 있다. 학습자들이 교사가 제시한 개념을 작성하는 즉시 교사에게 엑셀 문서 형태로 정답이 정리되어서 학년, 반을 나누어 학습자의 답안 구성을 확인할 수 있으며, 오답률, 정답률 등을 그래프로 한눈에 제시해 주므로 오프라인 평가보다 훨씬 더 수월하게 결과를 집계할 수 있다.

하지만 해당 평가 방법은 과제 형태로만 제시할 수 있다는 단점이 있다. 실시간으로 답안을 확인하기 어렵기 때문에 형성 평가나 진단 평가 등으로 활용해 학생들의 앎의 정도를 판단하는 용도로 사용할 것을 추천한다. 수행 평가로 활용할 시 활동 영상을 첨부하는 등 추가 적인 장치를 마련한다면 해당 평가의 약점을 보완할 수 있다. 물론 수 행 평가 항목이 영상으로 평가할 수 있는 범위 내여야 한다.

탐정놀이 학습

해당 수업 플랫폼은 탐정의 사건 일지나 용의자가 남긴 페이지 등 을 자유롭게 수정해서 모든 교과에 활용할 수 있다. 〈국어〉 수업에서 는 인물 간 갈등 상황 등을 가정해 적용할 수 있으며, 〈수학〉 수업에 서는 공식이나 풀이 과정 등을 적어 놓고 잘못된 부분을 확인하게 할 수 있고, 〈사회〉나 〈과학〉 수업에서는 일련의 사건을 통해 원리를 추 론하도록 과제를 구성할 수 있다.

이 수업에 대한 최초의 아이디어를 주신 과학 선생님도 다양한 그 림을 통해 학습자들이 자연현상과 일치하지 않는 부분을 찾아 방을 탈출하는 방법으로 수업을 구성하기도 했다. 그러므로 선생님 본인의 과목에 맞는 간단한 사건부터 설계해 보며, 차츰 자신만의 다양한 형 태로 바꾸어 나갈 수 있다는 점이 이 수업의 묘미라고 할 수 있다. 선 생님들의 풍성한 아이디어로 해당 수업 모형이 다양한 형태로 탈바

꿈하는 날을 기대해 본다.

패들렛을 활용한 직관적인 OX 음악 퀴즈

다음으로 추천하는 프로그램은 패들렛이다. 많은 선생님들이 패들렛을 학급 게시판이나 수업 내용에 대한 의견을 제시하는 용도 등으로 사용하는 것을 많이 보았다. 패들렛을 단순히 의견을 남기는 데 국한하지 말고 조금 더 직관적으로 활용할 방법은 없을까? 이미 다른 과목에서는 찬반 투표, 끝말잇기 등으로 사용하는 선생님들도 있었기에, 모바일 기기와 PC에서 동시에 활용할 수 있다는 부분에 착안해 음악만의 'OX 퀴즈' 용도로 활용하기로 했다.

패들렛의 경우 PC에서는 더블클릭으로 자신의 의견을 남길 수 있고, 모바일 기기에서는 화면을 꾹 누르면 의견 상자를 생성할 수 있기에 교사가 사전에 패들렛을 활용해 OX 퀴즈판을 생성하고 여기에 학생들이 접속하면 누구나 손쉽게 OX 퀴즈를 진행할 수 있다.

패들렛을 활용해 OX 퀴즈를 진행할 때는 다음과 같은 장점이 있다. 첫째, '간단한 개념을 손쉽게 확인'할 수 있다. 수업에서 중요한 내용이나 핵심 개념 등을 직관적으로 제시하고 응답을 받을 수 있어서 스피드 퀴즈 등을 활용해 쉽고 빠르게 학습자의 이해도를 확인할 수 있다. 둘째, 학습자의 '적극적인 참여'를 이끌 수 있다. OX 퀴즈 화면에 실시간으로 참여도와 의견이 표시되어서 학생들이 수업에 좀 더 적극적으로 참여하게 된다. 셋째, '모둠별로 의견을 도출'할 수 있다. 또 ○× 퀴즈 답안에 색을 입혀 작성할 수 있어서 모둠별로 의견을 모으거나 같은 의견인 친구들을 나누어 표시할 수도 있다.

하지만 패들렛 ○× 퀴즈를 효과적으로 활용하려면 다음과 같은 점은 주의해야 한다. 첫째, '명확한 규칙을 제시'해야 한다. 답안에 필요한 시간, 번복 여부, 경계선 등을 엄격하게 정한 다음 수업을 진행해야 학생들의 혼동을 줄일 수 있다. ○× 퀴즈판 자체에 아예 규칙을 넣어서 제작한다면 학습자들의 혼란을 줄일 수 있다. 둘째, '자신의 이름'만 사용하도록 해야 한다. 이를 사전에 규정하지 않으면 친구의 이름을 적을 수 있으므로 이를 주의하도록 지도해야 한다. 교사가 미리 ○ 영역과 × 영역에 댓글을 달 수 있는 섹션을 기재하고 댓글 형식으로 학생들이 의견을 달도록 하면 로그인한 이름만 사용하게 되므로 이를 방지할 수 있다. 셋째, 한 학생이 '여러 개의 답'을 제시할 수 있으므로 개인별 섹션을 마련해야 한다. 패들렛에서는 글을 작성하는 개수를 제한하지 않으므로 한 학생이 답을 여러 개 제시할 수 있다. 이럴 때에는 교사가 ○× 퀴즈판에 미리 학생들의 개인 섹션을 작성해 놓아 학생들이 새롭게 섹션을 만들지 않고 이를 움직여 가며 답을 선택하도록 수업을 진행할 수 있다.

〈음악〉 교과에서는 다양한 방식으로 ○× 퀴즈를 활용해 수업과 평가를 진행할 수 있다. 먼저 학습자들이 알고 있는 리듬이나 음정을 들려주고 해당 개념의 명칭을 물어본다면 손쉽게 실음 지필 평가를 할 수 있다. 다음으로 국악기 개량에 대한 찬성과 반대 의견을 물어보거나, "피타고라스는 수학만을 연구했다?", "'도레미파솔라시도'의 계이름은 중세에 등장했다?" 등과 같이 역사적·문화적 맥락에 사용한다면 학습자의 음악 지식과 판단의 기준을 확인할 수 있다. 이 과정에서 무엇보다 중요한 것은 단순히 답을 하는 데에서 그치지 않고 답을 선택한 이유를 설명하게 하는 것이다. 자신이 선택한 답에 대한 근거가 쉽게는 친구들의 선택에 기인한 것일 수 있지만, 교사가 적절한 힌트 등과 같은 넛지를 제공한다면 학습자는 보다 심층적으로 학습을 이해할 수 있다.

Tip 패들렛을 활용한 OX 퀴즈 시 주의할 점

1. 사전에 규칙을 미리 설정하면 좋습니다.
   예 정답 인정 시간, 범위, 번복 여부 등
2. 실명을 사용하게 하고 싶다면 로그인을 하고 댓글로 답을 하도록 진행하면 좋습니다(댓글에 이름이 표기됨).
3. 한 사람이 여러 번 답을 할 경우 교사가 사전에 명찰과 색상을 지정해 만들어 놓고, 이를 움직이도록 합니다.
4. 자신이 선택한 답에 대해 꼭 의견을 제시하도록 하면 좀 더 발표가 살아 있는 수업을 구성할 수 있습니다.

패들렛 OX 퀴즈의 평가 방법

패들렛을 활용한 ○× 평가 역시 온라인상에서 수행 평가의 형태로 사용하는 데에는 많은 제약이 따른다. 그러므로 탐정놀이와 마찬가지로 온라인상에서는 진단 평가, 형성 평가 또는 전시 학습을 확인하는 용도로 사용하는 것을 추천한다.

하지만 온라인 수업에서 학생들에게 찬성, 반대 등의 의견을 선택하도록 한 뒤 해당 관점에 대한 근거를 조사해 와서 토론이나 발표 등을 진행하고 이 과정에서 나타나는 학습자들의 태도나 수행 과정을 관찰하는 방식으로 수행 평가로 활용할 수도 있다. 이 과정에서 추천하는 방식은 토론을 시작하기 전 찬성과 반대로 의견을 나누고, 토론을 진행한 다음 마지막에 다시 찬성과 반대를 선택하도록 하는 것이다. 학생들이 의견을 충분히 나누고 자신의 의사를 판단하는 과정을 거치므로 민주 시민으로서의 자질을 기르는 좋은 기회가 된다.

패들렛을 활용한 음악 OX 퀴즈

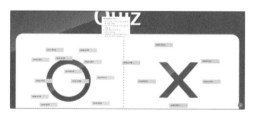

사용 예시

청소년 음악가를 위한 음악 사용 설명서

이 수업은 온라인 공동 교육과정에서 사용한 수업 모형이다. 학생들이 방과 후에 직접 선택해 진행되며, 일반 〈음악〉 수업보다 심화된 〈음악 이론〉 교과의 수업이다. 수업 전체가 온라인으로 이루어지므로 실시간 쌍방향 형태로 모든 수업을 진행했다. 이 수업을 계획하면서 가장 염려했던 부분은 '심화된 음악 지식을 전달하려면 실음을 듣고 연주하는 과정이 필수인데, 온라인에서 어떻게 실음에 기반한 학습 경험을 제공할 것인가?'였다. 그래서 가상 악기(VSTI)*를 활용해 학생들과 함께 최소한의 장비로 청각 경험을 공유할 수 있도록 수업을 구성하고, 학습자가 이해한 부분을 단순히 이론적으로 넘어가는 것이 아니라 소리와 함께 체득하도록 하는 학습 내용을 계획했다.

또한 개인의 경험만을 강조하는 수업이 아니라 동료 학습자와 학습을 나누는 과정을 통해 배움을 나누는 과정이 강조되도록 수업을 설계했다. 학습자들이 속해 있는 지역과 학교가 모두 달랐기에 패들렛으로 '온라인 학습 공감터'를 설계했고, 서로가 서로를 소개하는 활동, 협력적 모둠 활동 등을 적극적으로 활용해 온라인에서도 배움의 시너지가 일어날 수 있도록 다양한 방식을 활용했다.

---

* Virtual Studio Technology Instrument의 약자로, 가상으로 활용할 수 있는 악기를 말한다.

패들렛을 활용한 온라인 홈 베이스 구축

먼저 패들렛을 활용해 온라인 홈 베이스를 구축하고 학습 공동체가 소통할 수 있는 장으로 이를 활용했다. 온라인 공동 교육과정에 참여하는 학생들은 학교도 모두 다르고 선행 지식에서도 차이를 보이기 때문에 학생들이 이곳에서 각자의 취미, 성격, 흥미 등을 기반으로 서로서로 소개하도록 했다. 이와 더불어 수업을 통해 자신이 배우고 싶은 것을 나누며 학습의 첫걸음을 떼었다. 처음에는 학생들 서로가 어색해해서 운영이 활발하게 이루어지지 않았지만, 교사가 주기적으로 관심 있는 주제를 제공하고 함께 탐구하는 과정을 반복하며, 점차 활성화되는 결과를 얻었다.

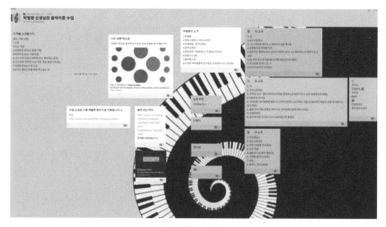

온라인 학급 게시판

온라인 공동 교육과정 수업에서는 딱딱한 음악 이론을 강의식으로 설명하기보다는 학습자가 직접 문제를 해결하고 이 과정에서 오개념과 난개념을 정리하고 수정하는 방식의 순환적 수업을 진행했다. 이론 위주로 수업을 진행할 경우 〈음악〉 교과의 특성을 올바르게 전달하기 어려운 점이 있어서 가상 악기 등을 활용해 학생들과 지속해서 음과 소리를 경험하며 수업을 실행했다.

VSTI-멀티플레이어 피아노

사보 프로그램 피날레

추가 설명을 위한 PPT

특히 같은 음악 개념이라도 학습자들이 흥미로워하는 대중음악을 활용해 설명할 때 학습자들의 반응과 이해도가 향상되는 것을 느낄 수 있었다. 이를 토대로 학습자들이 1차시에 배운 내용과 관련된 대중음악을 선정해 오고 이를 함께 분석하며 적용한 결과를 나누는 과정에서 즐기는 〈음악 이론〉 수업으로 발전할 수 있었다.

이렇게 학습자의 요구를 충족해 주는 수업이 되었던 데에는 수업 일지 게시판 운영이 뒷받침되었다. 수업이 종료될 때마다 학습자들은 수업 일지 게시판에 그날 배운 내용의 이해 정도와 소감, 다음 차시 수업에 바라는 점을 작성한다. 학생뿐만 아니라 교사 역시 해당 차시에서 느낀 점을 공유해 학생들과 교사의 요구와 수업 방향을 일치시키며 서로의 요구를 이해하게 된다. 그 결과, 수업의 능률이 오르는 것을 경험할 수 있었다.

대중음악을 중심으로 진행한 〈음악 이론〉 수업

수업 일지 게시판

평가 방법

두 가지 방법으로 수행 평가를 진행했다. 먼저, 음악 이론 중 음계와 화성을 평가했다. 학습자가 자신의 화면에 음악 노트와 책상, 그리고 얼굴을 비춘 뒤 교사가 문제를 제시하고 정해진 시간 안에 문제를 해결해 이를 사진으로 전송하는 식으로 평가를 진행했다. 교사의 입장에서 학습자에게 불신을 줄까 내심 걱정스럽기도 했지만, 학생들 스스로 공정한 조건의 평가를 원했기에 원활하게 평가할 수 있었고, 평가 결과 역시 만족해하며 수긍하는 모습을 보였다.

다음으로 음악을 분석하는 과정을 평가했다. 학습자들이 학습한 대중음악의 악보를 조성별로 여러 가지 선정한 뒤 교실온닷과 구글 클래스룸을 활용해 실시간으로 음악을 분석하는 과정을 평가했다. 특히 혹시 모를 부정행위나 올바른 변별을 위해 학습자가 이미 수행했던 부분이나 익숙한 부분을 배제함으로써 학습자의 배움을 효과적으로 판단할 수 있는 시험 환경을 구성했다.

> **Tip** 온라인 공동 교육과정 〈음악 이론〉 수업 운영
>
> 1. 학습 게시판을 활용해 학습자들의 소속감을 키워 주면 좋습니다.
> 2. 강의식 수업을 지양하고, 학생의 활동이 최대한 드러나도록 수업을 구성하면 학습 참여도를 높일 수 있습니다. (주제를 제시하고 자유롭게 의견을 말하게 하는 활동이 주가 되면 자연스러운 발표 수업을 유도할 수 있습니다.)
> 3. 부정행위를 하기 어려운 평가 문항 및 환경을 조성하면 학습자 모두가 만족하는 평가를 운영할 수 있습니다.

다른 교과에는 이렇게 적용할 수 있어요!

사회 교사: '니어팟(Nearpod) 게임'과 같은 다양한 프로그램을 활용해 놀이 기반 수업을 준비할 수 있겠다는 생각을 하게 되었어요.

과학 교사: 탐정놀이를 다양한 박스, 자물쇠, UV펜 등을 활용해 교실 내에서 실제 방 탈출 게임으로 응용해도 수업을 몰입감 있게 진행할 수 있어요. '브레이크아웃 에듀(Breakout EDU)'라는 키트를 구입해 활용하는 것도 한 가지 방법입니다. 게임 제작 툴을 다룰 줄 안다면 직접 간단한 PC게임으로 구성하면 아이들이 정말 좋아해요.

일본어 교사: 게임 등을 활용한 수업이 즐거우면서도 학생들의 학습 의욕을 자극하는 미래 교육의 대표 주자가 되지 않을까 싶네요. 하지만 이러한 수업 방법이 아직 낯설고 어색한 교사들도 많을 텐데, 마음은 있는데 몸이 안 따를 때 '이런 수업도 있구나!', '음, 그렇군! 그리 어렵지 않네.'라는 느낌을 줄 수 있는 수업이에요. 기존의 자기 수업에 작은 변화를 줄 수 있다는 차원에서 이러한 수업에 관심을 가지는 그 자체가 중요하다고 생각해요.

미래 교육을 향한 디딤돌 놓기 제안

"미래 교육은 이미 다가와 있다."

갑작스럽게 다가온 미래 교육이지만, 20세기를 살던 당시 사람들에게는 현재의 우리가 이미 미래 교육의 실행자로 비추어질 것이다.

간혹 온라인 교육 자체를 미래 교육으로 보는 사람들도 있다. 온라인 교육이 미래 교육의 첫걸음이 될지, 아니면 단순히 오프라인 교육의 대체재일지 보완재일지는 아직 단정할 수 없다. 발달된 IT 기술이 학습자들에게 수준 높은 경험과 환경을 제공한다면, 온라인 수업과 같은 다양한 교육의 형태는 미래 교육의 범주 아래 유연하게 포함될 수 있을 것이다.

대면 수업을 통한 전통적인 음악 교육이 갖는 장점은 뚜렷했고, 우리는 이 방식이 최선이라 여기며 과거의 음악 교육에 집중해 왔다. 하지만 미래 교육은 세상을 바꾸고 있다. 음악 교육도 이제 예외가 아니다. 실음을 중심으로 진행되는 〈음악〉 교과 특성상 온라인을 활용한 수업은 그리 쉽지만은 않다. 하지만 '쉽지 않다'가 '불가능'을 의미하는 것은 아니다. 교직에 처음 몸담았을 때 떨림 가득했던 그 마음으로 학습자가 〈음악〉 수업을 통해 배워야 할 핵심 개념과 일반화된 지식을 먼저 정립하고, 온라인에서 활용할 수 있는 학습 경험과 수업 계획을 쉽고 간략하게 구성해 나가면 된다.

미래 교육에서는 다양한 〈음악〉 수업을 구성할 수 있다. 오프라인에서 연습한 악기를 온라인으로 여러 지역의 친구들과 함께 연주할 수도 있을 테고, 학교에서 빈 필하모닉 오케스트라의 연주를 실시간으로 들으며 감상 수업을 진행할 수도 있으며, 여러 나라의 친구들과 음악적 문제를 공유하고 해결해 나가는 과정을 경험할 수도 있다. 물론 모든 학생이 일반적인 온라인 〈음악〉 수업으로 음악 전문가가 될 수는 없다. 하지만 알람으로 눈을 뜨고 유튜브로 잠드는 우리에게 음악은 하루의 시작과 끝을 함께하는 동반자 같은 존재가 아니겠는가. 음악 교육의 목표가 음악 전문가 양성을 의미하지 않듯이, 음악 교육에서 지켜야 할 과거의 유산과 미래의 방향성을 연결하고, 이러한 결과물을 학생들에게 효과적으로 전달한다면 미래 음악 교육의 디딤돌로 충분하지 않을까?

수업 혁신이 당장 몇 차시 수업에 사용하고 바뀌는 '일련의 소모품'이 아니라는 구절을 읽은 적이 있다. 이 장에 소개한 수업 사례가 미래 교육에 대한 선생님들의 열정을 일으키는 자그마한 주춧돌이 되기를 바란다.

4장
학문의 경계를 넘어서는 융합 수업

이지은(신곡중학교 과학 교사 / 〈고급 생명과학〉)

    중학교에서 3년을 재직하고 나서야 드디어 꿈에 그리던 고등학교에 발령이 났다. 하지만 '인문 계열 진학을 희망하는 고3 학생들'에게 〈과학〉은 교양보다 못한 과목이었고, 학생들은 "선생님은 좋은데…… 〈과학〉은 극혐이에요."라고 나를 위로(?)해 주었다. 어려운 실험, 대학에서 다룰 법한 내용을 통해 과학적 사고를 길러 주는 것만큼이나 과학을 즐겁게 접하는 경험을 마련해 주는 것도 중요하다는 사실을 깨닫고, 숱한 시행착오를 거치며 수업을 학생들의 관심사와 수준에 맞추자 처음보다 과학을 좀 더 쉽고 재미있게 바라보는 학생들의 눈빛을 볼 수 있었다. 앞으로 더 많은 학생이 과학적 사고를 바탕으로 자신 있게 상상하며 〈과학〉 수업을 즐겁게 마주할 날이 오기를 기대한다.

문학과 비문학을 넘나드는 생명과학 수업

학년(군)	고등학교 2학년	교과	고급 생명과학	차시	각 3~4차시

교육과정 성취 기준 및 배움 목표 수립[기대]

성취 기준	• **문학과 유전의 만남**: 사람의 유전 현상을 가계도를 통해 이해하고, 상염색체 유전과 성염색체 유전을 구분해 설명할 수 있다. • **비문학 속 생명과학**: 활동전위의 전도와 시냅스에서의 흥분 전달 과정을 이해하고, 흥분성 시냅스와 억제성 시냅스를 설명할 수 있다.
배움 목표	• **문학과 유전의 만남**: 사람의 다양한 유전 현상을 상염색체 유전과 성염색체 유전으로 구분하고, 문학작품 속 인물에 응용해 소설을 자유롭게 상상해 개작하는 활동을 함으로써 과학적 사고와 문학적 상상력을 기른다. • **비문학 속 생명과학**: 시각세포의 특징 및 눈의 구조와 관련지어 시각 정보가 처리되는 과정을 이해하고, 자신의 관심사와 연관 지어 지식을 확장하는 활동을 함으로써 과학에 대한 흥미를 높인다.

※ 성취 기준과 배움 목표는 선택하는 비문학의 지문에 따라 달라질 수 있습니다.

교수 학습 및 평가 과정[행동]

문학과 유전의 만남

교사	자료 제공		피드백		피드백		피드백
학생	문학작품 읽기	▶	문학작품 재해석	▶	소설 개작하기, 개작한 소설 표현하기	▶	발표 및 피드백

비문학 속 생명과학

교사	설문지 제공 및 지문 선택 수정		자료 및 정보 제공		피드백		피드백
학생	개인별 흥미와 관심사 표현	▶	지문 읽기, 과학 내용 파악하기	▶	개인의 관심사와 연결한 모둠 활동	▶	발표 및 피드백

문학과 유전의 만남

교사는 학생들에게 소설 속 등장인물 관계도를 그리게 해 허 생원과 동이의 관계를 과학적 근거를 들어 해석하도록 지도한다. 유전법칙에 오류가 없는 범위 내에서 상상력을 최대한 동원해 소설을 개작하고 표현할 수 있도록 허용하되, 모둠별 개요서를 확인해 과학적 오류를 피드백한다. 발표 전 학생들에게 자기가 속한 모둠과 비교해 다른 모둠에서는 어떤 부분을 개작했는지, 과학적 오류는 없는지, 오류가 있다면 어떻게 개선해야 할지, 개작하고 표현하는 방법에서의 우수한 점은 무엇인지 기록하도록 요청한다. 또한 교사는 각 모둠에서 개작한 소설의 특징과 활동 과정에서 관찰된 노력을 칭찬하고, 과학적 오류가 있는 모둠에는 개선할 방법을 찾을 수 있는 피드백을 해 준다.

비문학 속 생명과학

교사는 학생들에게 지문 내용과 관련된 질문을 하고 주제를 던져 큰 틀을 제시한다. 브레인스토밍을 통해 관심사가 비슷한 주제별로 묶어 모둠을 구성하고 발표 주제를 구체화할 수 있도록 피드백한다. 각 모둠의 발표 내용을 관심사와 연결해 핵심을 짚어 준다. 또 모둠별 활동을 하는 과정에서 지식을 확장하고 일상과 관련짓는 노력을 한 것을 칭찬하고, 나아가 관심을 더 가질 수 있는 흥미로운 정보를 제공한다.

소개할 수업은?

지식 정보 사회에서는 누구나 필요한 정보를 언제 어디서나 편리하게 얻을 수 있다. 따라서 정보를 얻는 것보다 넘쳐 나는 정보를 비판적으로 받아들이고, 선별된 정보를 바탕으로 스스로 지식을 구조화하며, 실제에 응용할 수 있는 능력이 강조된다. 즉 '늘 변화하면서 살 수 있는 능력, 유연성(고정되고 불변하는 상태가 아니라 상황과 조건에 따라 다른 선택을 할 수 있는 능력이나 상태)'이 그 무엇보다 중요해지는 것이다. 유연성은 교사와 학생 모두에게 필요하다. 특히 학생들이 유연한 사고를 하도록 때로는 교사가 자유로운 상상과 엉뚱한 질문을 허용하고, 학생들 스스로 지식 추구의 경험을 해 나가도록 격려해야 한다. 하지만 하나의 학문 속에서 자유로운 상상과 엉뚱한 질문을 하기에는 너무나 제약이 많다.

학문 간의 통합과 융합은 오래전부터 이루어졌다. 이를 반영하듯 학교 현장에서도 STEAM 교육 붐이 일었다. STEAM은 Science(과학), Technology(기술), Engineering(공학), Arts(인문·예술), Mathematics(수학)의 약자로, STEAM 교육이란 과학기술에 대한 학생들의 흥미와 이해를 높이고 과학기술 기반의 융합적 사고력(STEAM Literacy)과 실생활 문제 해결력을 배양하는 교육을 말한다. STEAM 교육의 붐을 타고 다양한 교과와 〈과학〉을 융합한 수업 사례도 많이 생겨났다. 나는 여러 시행착오 끝에 인문학과 생명과학을 융합한 수업을 시도할 수 있었고, 3년간 교실 수업에서, 그리고 한 학기 동안 온라인 수업에서 장소와 정도의 차이는 있을 뿐 방법과 결과는 비슷함을 확인했다.

'문학과 유전의 만남' 수업은 문학작품을 과학적인 시각으로 재해석하며 학생들이 상상력을 동원해 문학작품을 부분적으로 개작하고 이를 발표하는 수업이다. 수업을 진행하는 동안 학생들이 지켜야 할 사항은 하나다. '과학적 오류가 없을 것'. 소설을 개작하는 방식과 발표하는 방식에는 크게 제한을 두지 않아 학생들이 상상하는 모든 것을 소설 속에 녹여 내고 자유롭게 표현할 수 있도록 지도했다.

'비문학 속 생명과학' 수업은 대학수학능력시험 언어 영역의 비문학 지문 중 과학을 소재로 하는 글을 바탕으로 학생들의 수준과 흥미에 맞추어 내용을 재구성한 수업이다. 수업을 시작하기 전 설문지를 통해 학생들의 관심사를 파악하고, 교육과정 내 연계된 내용을 찾아 이와 관련된 비문학 지문을 선택했다. 학생들은 비문학 지문을 읽으며 자신의 관심사와 연결한 뒤 비슷한 주제의 관심사를 가진 학생들끼리 같은 모둠을 구성했다. 수업이 끝나면 배운 내용을 중심으로 모둠별 심화 보고서를 작성해 발표하는 방식으로 수업을 진행했다.

자유롭게 상상하고 표현하는 문학과 유전의 만남

과학은 자유롭게 상상하면 안 되나요?

과학은 자연현상을 가장 논리적으로 설명하기 위해 연구하는 활동과 그 결과물이다. 대부분 정형화된 이론과 법칙으로 자연현상을 설명하며, 실험이나 수리적 방법으로 현상을 증명한다. 따라서 〈과학〉 수업에서 학생들에게 자유롭게 상상하는 수업을 계획하고 진행하다 보면 과학적 또는 논리적으로 맞지 않거나, 사실 확인이 불가능하거나, 아니면 수업의 목표였던 과학적 사고는 안드로메다로 가고 그냥 말 그대로 '자유롭게 상상만' 하는 수업이 되기 일쑤다. '학생들의 상상력을 허용하며 과학적인 내용을 가르칠 수 없을까?'를 고민하던 중 교내 '이야기 만들기 대회'에서 모티브를 얻어 과학적 사고를 바탕으로 소설을 개작하는 수업을 계획하게 되었다.

문학작품 선택하기

학생들이 글을 읽는 데 부담이 없도록 길이가 짧은 단편소설을 중심으로 문학작품을 선택했다. 사람의 유전과 관련해 혈연관계를 간단히 언급하거나 암시하는 소설을 찾았다. 그 결과 「역마」(김동리)에 왼쪽 귓바퀴의 '검정 사마귀', 「메밀꽃 필 무렵」(이효석)에 '왼손잡이'라는 형질로 혈연관계임을 암시하는 내용이 포함되어 있었다. 특히 「메밀꽃 필 무렵」은 교과서에도 수록되어 있어서 학생들이 한 번쯤 읽어본 소설이면서 길이와 내용도 알맞아 수업에 활용하기 적합한 작품이었다.

문학작품을 과학적인 시선에서 바라보기

수업을 하기 전 학생들에게 「메밀꽃 필 무렵」을 읽어 오도록 하고, 소설에 등장하는 인물들의 관계도를 그린 뒤 근거를 들어 어떤 관계인지 파악하도록 한다. 학생들은 허 생원과 동이의 관계를 부자지간이라고 판단하면서도 '왼손잡이'라는 점만으로 혈연관계를 설명하기에는 턱없이 부족하다는 것을 스스로 알아차렸다. 어떤 학생은 "왼손잡이가 유전될 확률은 얼마나 되나요?"라고 묻기도 했고, 또 다른 학생은 "허 생원과 동이는 부자 관계가 아니에요."라며 "혈연관계이기보다는 우연히 같은 왼손잡이인 것으로 보는 편이 확률적으로 더 높아요."라고 자신의 의견을 밝히기도 했다. 실제로 왼손잡이는 5퍼센트 내외로 유전된다고 보는 것이 일반적이며, 그것만으로 혈연관계라고 주장하기에는 억지라고 이야기한 것이다.

문학작품을 과학적인 시선이 아닌 서정적이고 인문학적인 관점에서 봤을 때 글의 맥락상 둘은 부자 관계로 해석할 수 있으며, 그래야 소설의 마지막에 여운이 남아 아름답게 마무리되는 느낌을 가질 수 있다. 이 지점에서 학생들에게 허 생원과 동이가 부자 관계라는 개연성을 높일 수 있는 과학적인 근거를 조금 더 추가해 소설을 개작하고 이를 발표하도록 지도한다.

Tip 〈과학〉 수업에서 문학작품을 제시하기 좋은 시기와 방법

1. 〈생명과학 I〉 수업에서 사람의 유전형질을 학습한 뒤 이러한 활동을 하면 보다 원활하게 수업을 진행할 수 있습니다.
2. 활동을 시작하기 전에 "부모님과 나는 어떤 점이 닮았는가?"를 질문한 뒤 소설을 읽게 하면 왼손잡이만으로 혈연관계를 설명하기에는 부족함이 있음을 학생들 스스로 알아채기 쉽습니다.

과학적 오류만 없으면 무엇이든 OK! 마음껏 상상하기

모둠을 구성한 뒤 〈과학〉 수업 시간에 다루었던 사람의 유전형질에 대해 이야기해 보도록 한다. 특히 사람의 다양한 형질을 상염색체 유전인지, 성염색체 유전인지, 또는 우성유전인지 열성유전인지, 또는 다인자 유전인지, 단일 인자 유전인지 등 유전 양상을 구분하고, 이를 어떻게 소설 속에 녹여 낼 수 있을지 토의하도록 안내한다. 소설을 개작하는 과정에서 지켜야 할 약속은 단 하나, '멘델의 유전법칙에 오류가 없도록 개작할 것'이다.

교사는 모둠별로 개작할 소설의 개요를 작성하게 한 뒤, 학생들이 어떤 형질을 소설 속에 포함할 것인지 확인한다. 이때 과학적 오류를 발견하면 피드백을 해 주고, 학생들 스스로 어떻게 수정해야 할지 생각해 보게 한다. "새로운 등장인물을 추가해도 되나요?", "소설이 많이 길어져도 돼요?" 등 이어지는 학생들의 질문에 "너희가 상상하는 건 무엇이든 소설에 넣어도 돼. 오류만 없으면 다 오케이야!"라고 답하자 아이들은 저마다 자신이 상상하는 허 생원과 동이를 만들어 가며 소설을 개작했다.

1. '유전자'와 '염색체'를 동의어로 생각하거나, '우성'이 '열성'보다 뛰어나다고 생각하는 등 생각보다 많은 학생이 오개념을 가지고 수업에 참여하고 있었습니다. 수업을 하기에 앞서 멘델의 유전법칙을 설명하고 잘못된 지식을 바로잡은 뒤 소설을 개작하는 활동을 하는 식으로 교사가 적절하게 안내해 주어야 합니다. 이렇게 하면 학생들의 시행착오를 줄일 수 있습니다.

2. 적록색맹과 같이 X염색체에 의한 열성유전을 소설에 활용하는 경우가 많습니다. 하지만 색맹의 경우 아버지와 아들 사이에는 직접적인 연관이 없지요. 개요를 작성할 때 가계도를 그리고 유전 양상을 표현하도록 하면 오류를 줄일 수 있습니다. 또 추가 인물을 등장시키면 개연성을 높일 수 있습니다.

정해진 형식은 없다! 자유롭게 표현하기

소설을 개작하는 과정뿐 아니라 표현하는 방법에도 제한을 두지 않는다. 소설에서 언급되었던 왼손잡이 말고도 평발, 탈모, 귓속털과 다증, 적록색맹, 보조개, 쌍꺼풀, 귓불 등 사람의 다양한 유전형질을 소설 삽화로 표현해도 좋고, 이러한 형질과 관련된 에피소드를 넣어 소설을 각색해도 좋다. 실제 수업에서 허 생원과 동이 이외에 성 서방네 처녀의 모습까지 자세히 묘사한 모둠도 있었으며, 적록색맹과 같은 형질을 표현하기 위해 허 생원의 쌍둥이 누이라는 새로운 등장인물을 만들어 내기도 했다.

발표하는 방식에도 제한을 두지 않는다. 이렇게 하면 학생들이 좀 더 적극적인 자세로 자기 의견을 말하고 모둠원과 회의를 하며 조율을 거쳐 다양한 형태의 개작 및 발표가 이루어진다. 실제로 분명 같은 소설을 각색한 것인데도 같은 내용, 같은 방식은 하나도 없었다. 이를 테면 소설 전체를 웹툰처럼 만들어 표현한 모둠도 있었고, 소설에서 개작한 부분을 글씨체나 색으로 강조하며 함께 새로운 소설을 읽듯이 발표한 모둠도 있었다. 그런가 하면 소설을 4컷 만화 형식으로 바꾸어 컷마다 개작한 부분을 녹여 낸 모둠도 있었다.

또 발표 시간에는 다른 모둠이 발표할 때 소설의 어떤 부분을 어떻게 바꾸었는지 자기 모둠과 비교해 가며 귀 기울이는 학생들의 모습도 볼 수 있었다.

이러한 일련의 과정에서 학생들은 자신이 배운 유전학 지식을 바탕으로 상상의 날개를 마음껏 펼친다. 학생들이 자유롭게 상상하고 표현한 결과, 마치 하나의 곡을 서로 다른 방식으로 편곡한 음악처럼 단편소설을 여러 편 읽은 듯한 느낌을 받게 되는데, 이 또한 새로운 즐거움이 될 것이다.

학생들이 각색해 발표한 소설(실제 예시)

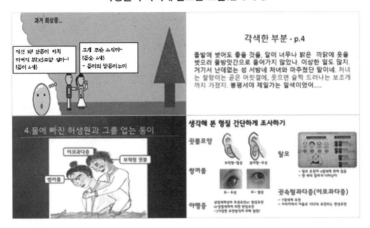

자기 평가와 교사 피드백

학생들에게 자기 평가와 모둠 평가를 수행하도록 한다. 이는 모둠 내에서 학생 개개인이 어떤 활동을 했는지 파악하기 위해, 그리고 학생이 스스로를 평가하며 새로운 배움이 일어날 것이라고 확신하기 때문이다. 학생들은 스스로 자신을 평가하며 객관적으로 모둠 내에서 자신의 역할을 표현하고, 모둠 평가를 통해 자신의 모둠과 비슷한 설정이나 다른 설정, 과학적으로 오류가 있는지 등을 평가한다. 만약 과학적 오류가 있다고 판단된다면 그 근거와 올바른 표현도 적어 보도록 한다.

실제로 한 모둠에서 허 생원과 동이가 모두 적록색맹이기 때문에 둘은 부자지간이라는 근거를 소설에 표현했는데, 많은 학생이 그 오류를 찾아내었다. 반성유전에 근거해 부자 관계임을 확신할 수 없으며, 이를 보완하려면 허 생원이 달밤에 만났던 성 서방네 처녀가 적록색맹임을 드러내는 장면이 필요하다는 의견을 제시했다. 교사의 추가 설명이 불필요한 순간이었다. 이를 통해 학생들이 과학적 설명의 정당성에 대해 비판적으로 사고할 수 있는 능력을 갖추게 되었음을 확인할 수 있었다.

발표가 모두 끝나면 교사는 모둠별 특징을 잡아 어떤 부분이 잘되었는지 학생들에게 피드백을 해 준다. 소설을 각색하는 과정에서 모둠 내에서 학생들 간에 유기적으로 이루어진 의사소통이라든가, 신선한 아이디어, 창의적인 표현 방법 등, 발표를 들으며 메모를 해 두었다가 그 내용을 피드백한다. 이 모든 것은 이후 학생 개개인을 기록하는 데에도 큰 도움이 된다.

과학적 사고를 바탕으로 마음껏 상상하며 자유롭게 표현하는 이 활동을 통해 학생뿐만 아니라 교사에게도 많은 배움이 일어난다. 나의 경우 과학도 얼마든지 '즐겁게 상상할 수 있다.'라는 확신을 가질 수 있었다.

왜 비문학을 이용할까?

고등학교 3학년, 인문 계열 진학을 희망하는 학생들과 하는 〈생명과학〉 수업은 학생들의 수준과 흥미를 고려해 내용을 재구성했기에 나름대로 학생들이 재미있고 어렵지 않게 공부하고 있다고 생각했다. 그런데 어느 날 한 학생이 손을 들고 질문이 있다고 했다. 학생 옆에 다가가니 책상 위에 비문학 문제집이 놓여 있었고, 학생은 비문학 문제집을 여기저기 들춰 가며 질문을 했다. 그 학생에게 내 수업의 맥락과 전혀 관련이 없는 비문학 지문 속 '생명과학' 질문에 답을 해 주며 의아했다. 비문학 속 지문 내용은 내가 보기에도 어려웠는데 그 학생은 문장 하나하나에 매달리며 이해하려고 노력하고 있었기 때문이다. 그 모습을 보며 '수업에 수능 비문학 제시문을 이용하면 어떨까?'라고 생각했다. 비문학 제시문으로 수업을 시작하면 학생들이 지금보다 더 집중해서 수업에 참여할 것이라는 확신이 들었다.

흥미와 수준에 맞는 비문학 지문 찾기

이 수업을 하기 위해 학생의 관심 분야에 맞는 비문학 지문을 찾는 것이 가장 중요하다. 먼저 설문 조사를 통해 생명과학 관련 분야를 세포, 동물, 식물, 발생, 유전, 진화 등 쉬운 단어로 제시해 고르도록 하는 질문과 "검색을 통해 가장 많이 찾아보는 것은?"과 같은 개방형 질문을 넣어 학생들의 개별 관심사를 파악하고자 했다. 실제 수업을 하는 학생들 중에는 반려동물을 키우는 학생이 많았고, 대부분 고양이 집사였다. '고양이'라는 학생들의 관심 분야를 '시각 정보 처리'라는 생명과학 분야와 연결했더니 반응이 좋았다. '드라마'를 좋아하는 학생들에게 과학수사 드라마에서 나오는 한 장면을 소개하며 '루미놀반응'을 연결해 수업할 수도 있고, 외모에 민감한 학생들에게 '다이어트'와 관련지어 '기초대사량'과 '에너지대사'에 관한 수업을 할 수도 있다.

또 관심사 파악만큼 중요한 것이 학생들의 수준에 맞는 제시문 제공이다. 학생들 수준에 맞는 지문을 찾기 어려워서 혈액순환과 관련된 지문을 그대로 사용한 적이 있는데 "선생님, 너무 어려워요."라며 포기하는 학생들이 있었다. 이에 대비해 학생들의 수준에 맞추어 제시문을 수정하는 과정이 필요하다.

Tip 비문학 지문을 찾고 수정하는 방법

1. 비문학 지문은 EBSi 홈페이지 〉 EBS 교재 〉 연계 교재 다운로드 〉 수능특강 국어 영역 독서에서 무료로 다운로드할 수 있습니다(최근 1년 자료만 다운로드 가능). 또 EBSi 홈페이지 〉 기출문제 〉 기출문제 다운로드 / 기출문제 〉 문제추천을 이용할 수도 있습니다.

2. 비문학 지문에서 그림이 없는 경우 관련 그림을 제시하면 지문을 이해하는 데 크게 도움이 됩니다. 또 낯선 단어가 많아 학생들이 읽기 어려워한다면 활동을 하기 전에 단어와 친숙해질 수 있도록 미리 설명해 주거나 설명한 자료를 함께 제공해 주세요.

3. 비문학 지문의 수준이 학생들과 맞지 않는 경우 일부를 과감히 삭제해도 좋습니다. 또는 지문은 그대로 두고 관련 문항을 좀 더 쉽게 수정하는 것도 하나의 방법입니다.

함께 읽으며 비문학 속 과학 내용 이해하기

제시문을 제공하기 전에 흥미로운 질문으로 동기를 유발하면 집중도는 더 높아진다. "고양이가 바라보는 세상과 사람이 바라보는 세상은 어떻게 다를까?", "우리가 새로운 물건의 기능을 알아내는 데 시각으로 얻는 정보는 전체의 몇 퍼센트 정도나 될까?" 같은 질문들을 하고 학생들과 이야기를 나누는 식이다. 실제로 학생들이 자신의 일상 속 경험을 공유하는 과정에서 지문과 관련된 시각 정보 내용을 언급했다. 또 "선생님이 이러한 질문들의 답을 알 수 있는 글을 가지고 왔다."라며 지문을 제시하자 학생들이 흥미를 보이며 어서 글을 읽고 싶어 하기도 했다.

사실 그 제시문에는 '고양이의 눈'에 대한 내용은 전혀 언급되지 않았다. 사람의 눈의 구조와 그 기능을 다루며, 특히 빛이라는 정보가 어떻게 전기신호로 바뀌어 시각 정보로 인식되는지 설명한 내용이었다. 교과서보다 훨씬 어렵게 서술된 글이었지만 학생들은 고도로 집중하는 모습을 보였다. 누군가에게는 단순히 문제를 풀기 위한 목적이었을지라도 이를 통해 무언가를 얻어 갈 것이라고 믿었다.

교사는 학생들을 관찰하며 지문을 읽는 데 시간이 오래 걸리는 학생들에게는 좀 더 쉬운 언어로 설명해 주어야 한다. 지문을 모두 읽은 뒤에는 연결된 문제를 풀도록 한다. 문제의 성격에 따라 모둠별로 정답을 찾는 토의를 하기도 하고, 철저히 비밀에 부치며 교사가 설명을 이어 가기도 한다. 내 경험상 지문에서 해당 내용을 찾아 사실적으로 이해를 했는지 묻는 문제의 경우 정답을 제시하면 집중도가 떨어졌다. 하지만 추론적·비판적·창의적 이해를 요하는 문제의 경우 모둠별로 먼저 답이 무엇인지 토의하게 하고 학생들을 관찰하면 어떤 부분에서 어려움을 겪는지 알아낼 수 있었다.

'시각 정보 처리'와 관련된 지문을 설명할 때에는 시각세포를 자세히 묘사한 그림을 함께 제시하며 빛을 감지하는 세포와 색을 인지하는 세포를 소개한다. 야행성 동물은 어떤 세포가 많을지, 그래서 어두운 곳에서도 사물을 잘 구별하는 고양이의 눈은 사람의 눈과 어떤 구조적 차이가 있으며, 그 차이는 어디에서 비롯되었을지 추론하도록 한다. 또 일반적인 사람과 특정 색을 잘 구별하지 못하는 사람이 색깔에 대한 정보를 어떻게 다르게 처리하는지 그 방식의 차이도 생각해 보도록 한다.

학생들에게 지문의 내용을 풀어 설명하는 것 이외에도 내용과 관련된 주제를 던져 주는 것이 중요하다. 어떤 부분이 가장 신기한지 질문한 뒤 학생들 개개인의 관심사를 파악하고 관심사가 비슷한 학생들을 같은 모둠으로 구성한다. 그리고 모둠별로 더 알아보고 싶은 부분을 간단히 조사해 다음 시간에 발표하도록 한다.

비문학 속 생명과학 발표하기

학생들의 수준과 흥미에 따라 준비한 발표를 관찰해 보면 발표 주제가 다양하고, 이해의 깊이가 다르다는 것을 알 수 있다. 대부분 지문에서 자신이 이해했던 내용을 확인하는 수준이었지만 지문의 내용과 범위를 넘어서는 발표도 많았다. '맹점'의 발견과 맹점이 무엇인지에 대해 발표하기도 했고, 자신이 좋아하는 고양이와 같은 야행성 동물의 눈과 사람의 눈, 시력이 좋다고 알려진 조류의 눈과 사람의 눈을 비교한 발표도 있었다. 지문에서 일부 다루었던 색깔 인식과 관련해 '색약'과 '색맹'을 자세히 조사해 교사인 나도 잘 모르는 CNGB3, GNAT2(상염색체에 존재하면서 열성으로 유전되는 색맹과 관련된 유전자들로, CNGB3 유전자는 8번 염색체에, GNAT2 유전자는 1번 염색체에 존재함) 등과 같은 유전자까지 거론해 가며 발표한 모둠도 있었다. 초록색과 빨간색을 구별할 수 없는 '반려견의 눈으로 바라본 세상'에 관한 발표를 들고 있던 한 학생이 "제가 좋아하는 보라색이 초코(반려견) 눈에는 별로겠네요."라며 반려견의 옷을 고를 때 취향을 존중해 줘야겠다고 했던 말이 기억에 남는다.

Tip 발표 주제 선정에 도움 주기

과학을 좋아하는 학생들에게도 지문과 관련된 발표 주제를 선정하는 것은 어려울 수 있습니다. 수업 시간에 교사가 다양한 가능성을 언급해 주면 좋아요. 예를 들었던 시각 정보 처리의 경우 명암과 색깔의 인식을 눈의 구조와 관련짓게 하거나, 다른 생물과 비교하는 질문을 해 보세요. '야맹증'과 같이 질환과 연결해도 흥미롭게 받아들입니다. 또 청각이나 미각 같은 다른 감각기관과 비교하는 방법도 있습니다. 이렇게 큰 틀을 제시해 주면 학생들은 모둠별로 토의하고 아이디어를 내며 자신의 관심사와 쉽게 연결할 수 있습니다.

다른 교과에는 이렇게 적용할 수 있어요!

영어 교사: 〈영어〉 수업을 할 때 말하기와 쓰기 역량을 기르는 수업을 위해 우리말로 내용 자체를 이해시키는 데 많은 시간을 할애합니다. 같은 학년의 다른 과목에서 어떤 내용을 배우고 있는지 미리 확인한다면 〈영어〉 시간에 말하기, 토론, 글쓰기가 가능하겠네요. 깊이

있는 지식을 기반으로 사고를 확장하면서도 영어과에서 추구하는 역량, 활동들에 초점을 맞출 수 있을 것 같아요.

보건 교사: 질병은 우리 인체의 생물학적 기전에 대한 이해를 바탕으로 학습해야 하는데 〈생명과학〉 수업 시간에 배운 내용을 〈보건〉 교과에서 '질병'과 연결해 수업을 진행하면 학생들의 이해도를 높이는 데 큰 도움이 될 거예요.

음악 교사: 이 수업은 '패러다임의 융합'이라는 측면이 신선했어요. 〈전자〉 과목 수업(납땜과 회로)과 〈음악〉 연주 수업(악기로 연주하기)을 융합해, 학생들과 〈전자〉 교과와 〈음악〉 교과를 연결하는 수업을 해 보고 싶어요. 회로도 분석, 납땜하기 활동을 통해 전자피아노를 만들고, 이를 〈음악〉 수업 시간에 모둠별로 연주한다면 두 과목의 역량을 모두 키울 수 있을 듯합니다.

미래 교육을 향한 디딤돌 놓기 제안

2020년 한 해 동안 온라인으로 수업을 하며 교사가 아닌 단순히 출결을 관리하는 사람처럼 느껴진 적이 많았다. 자체 영상을 제작하는 과정에서도 '내용을 어떻게 재구성해 볼까?', '어떻게 학생들의 참여를 유도할까?'보다는 '동영상을 찍고 편집하는 프로그램을 익히는 것'에 더 많은 시간을 할애했음을 깨달았다. 수업의 방법과 형식에 얽매여 본질을 놓친 것이다. 온라인 수업은 오프라인으로 하는 수업과 여러모로 다르지만 그 본질은 같다. 바로 '학생들이 단편적인 지식을 단순히 기억하는 활동을 넘어 과학적으로 사고하고 스스로 지식을 구성할 수 있도록 하는 것'이다. 이를 위해 학생들의 수준과 관심을 파악하고 그들이 가진 신념에 비추어 스스로 지식을 구성할 수 있도록 돕는 것이 중요하다. 학문의 영역을 넘나들며 융합적으로 사고할 수 있도록 다양한 기반을 제공해 주어야 하며, 비판적인 사고를 할 수 있도록 끊임없이 질문하고 피드백하며 학생들과 소통해야 한다. 때로는 이론과 법칙을 벗어나지 않는 범위에서 자유롭게 상상하고 표현하며 스스로 지식을 재구성할 수 있도록 돕는 것도 필요하다.

우리는 끊임없이 배우고 도전하며 전문성을 키우기 위해 자발적으로 모임을 만든다. 이러한 집단 지성을 통해 지금보다 더 발전된 모습으로 미래 교육의 가치를 실현할 수 있지 않을까?

3부

협력적 문제 해결 능력을 키우는 교육

1장
코로나 시대와 협력적 문제 해결 능력

나길우(성남외국어고등학교 교사)

역량, 가치, 개념 등 어떤 범주의 표현을 사용해 미래 세대들을 위한 교육의 지향점을 설명해도 교육의 목적은 결국 '어떻게 사는 것이 잘 사는 것인지 고민하는 민주 시민'을 키워내는 과정으로 수렴될 것이다. 전문성, 자기 주도성, 창의성, 의사소통 능력 등 미래 사회를 살아가는 데에는 다양한 능력이 요구된다. 하지만 그중에서도 스스로 문제점을 찾아내고 이의 해결 과정에 협력적으로 참여하는 능력의 중요성은 더욱 증대될 것이다.

왜냐하면 학제 및 분야별로 개별화와 전문화의 속도가 빨라짐에 따라 혼자서는 할 수 없는 일이 대폭 증가했으며, 자연스럽게 개인들의 개별적 역량을 하나로 묶어 줄 수 있는 일종의 바인더 역량의 중요성도 커졌기 때문이다. 이러한 역량을 '협력적 문제 해결 능력'이라고 한다.

보편화되고 있는 협업 속의 협업

영화만큼 다양한 사람들이 협력해야 하는 영역도 드물다. 그런데 최근 영화 제작 방식마저 달라지고 있다. 한 편의 영화 대본을 제작하는 과정에 두 명 이상의 작가가 공동으로 참여하는 일종의 '협업 속의 협업'이 보편화되고 있다. 이처럼 협력적 문제 해결 능력을 요구하는 분야는 어느새 우리 생활 영역 전반으로 확장되었다. 원하든 원하지 않든 이미 우리는 협업이라는 울타리 안에서 살아가고 있는 것이다.

이와 관련해 2007년 노스웨스턴대학교의 스테펀 우치티(Stefan Wuchty), 벤저민 존스(Benjamin F. Jones), 브라이언 우지(Brian Uzzi) 교수 연구 팀은 1955년 이후 50년 동안 발표된 논문 약 2000만 편에 대한 조사를 통해 공동 저자가 쓴 논문이 점진적으로 증가했을 뿐만 아니라 공동 저자의 논문이 개별 저자가 쓴 논문보다 인용 지수가 높다는 연구 결과를 발표했다. 멀리 갈 필요 없이 이 책도 여러 교사의 협력으로 만들어졌다.

협력적 문제 해결 능력은 "두 사람 이상이 지식과 정보를 공유하고 서로의 이해와 노력을 함께 모아 어떤 문제에 대한 성공적 해결책을 찾는 능력"으로 정의된다.[1] 어떤 방법으로 협력적 문제 해결 능력을 키울 것인가에 관한 논의에 앞서 협력적 문제 해결 능력의 진정한 의미에 관한 고민이 중요하다고 생각한다. 그래서 협력적 문제 해결 능력의 정의 중 일부 표현들을 조금 더 자세히 톺아보고자 한다.

'협력적 문제 해결 능력'이란 어떤 의미인가?

먼저, '협력적'이라는 단어의 진의(眞意)에 대한 고민이 필요하다. 어떤 용어를 번역해 사용할 때 우리는 종종 그 단어에 드리워져 있는 우리말의 정서를 과잉 투영하게 된다. 이 경우 자칫 용어의 진정한 의미를 곡해할 가능성이 커진다. '협력적(collaborative)'이라는 단어를 해석하는 데 있어 신중해야 하는 이유도 바로 이 때문이다. 우리는 '협력적'이라는 표현에서 흔히 됨됨이가 착하고 인간적으로도 따뜻할 것 같은 느낌을 받는다. 의도를 가지고 생각하지 않아도 무의식이 그렇게 작동한다.

왜냐하면 '친숙한 사람 = 협력적 관계'라는 일종의 경험칙이 작동하기 때문이다. 물론, 문화권마다 정도의 차이는 있지만 원활하고 친숙한 관계에서 문제 해결에 필요한 동력이 쉽게 생겨나는 것도 사실이다. 그러나 '협력적'이라는 말의 영어 표현인 'collaborative'는 '함께(com-)'와 '일(labor: 노동, 출산 등)'을 하는 관계에 중점을 둔다. 부드러운 관계가 바람직하지만 인간적인 친숙함이나 친근함이 절대적 요소는 아니다. 다른 말로 표현하면, 우리말의 '협력적'과 영어의 'collaborative'는 각각의 언어 표현 안에서 '인간적 친밀함'이 차지하는 기대 수준과 함량이 다르다. '협력적 능력'이란 비록 인간적으로는 친숙하지 않거나 심지어 적대 관계에 있을 때조차 공동의 목표를 위해 능력과 역량을 모을 수 있는 자질이다. 다시 말해, 협력적 문제 해결 능력은 '협조적 문제 해결 능력' 또는 '협업적 문제 해결 능력'으로 이해할 수 있다.

'문제 해결'이라는 단어가 지닌 의미도 재고(再考)의 여지가 있다. 어떤 문제가 제대로 해결되었는지의 여부는 시간이라는 엄격한 검증의 과정을 통과해야 한다. 지금의 해결책이 시간의 흐름에 따라 새로운 문제를 일으키는 경우가 있다. 이를테면 어떤 질병에 대한 예방 백신 개발에 성공한 상황을 가정해 보자. 일단은 문제가 해결되었다고 볼 수 있다. 그러나 이 백신이 다른 질병을 예방하기 위한 또 다른 백신의 효능을 무력화한다는 사실이 밝혀진다면, 이는 결국 문제가 해결된 것이 아니라 오히려 악화되는 결과일 것이다. 종합해 보면, '협력적 문제 해결 능력'이라는 표현의 표층을 살짝만 걷어 내도 새로운 이해를 요구하는 기저부가 펼쳐진다.

빌 게이츠(마이크로소프트사 설립자), 일론 머스크(테슬라 최고 경영자), 토드 하워드(게임 개발자이자 PD), 스티븐 스필버그(영화감독), 스티브 잡스(애플사 공동 창업자) 등은 모두 각자의 분야를 대표하며 시대의 변화를 이끌어 가고 있는(또는 이끌었던) 인재들이다. 이 말에는 이견의 여지가 거의 없다. 그런데 이들에게는 자기가 속한 분야에서 뚜렷한 발자취를 남겼다는 점 말고도 공통점이 또 하나 있다. 바로 그들이 모두 학창 시절에 지독한 '왕따'였다는 점이다. '협력적 문제 해결 능력(CPS, collaborative problem solving)'의 차원에서 보자면 이들은 협력은 고사하고 다른 학생들과의 교류 기회 자체가 거의 없었던 셈이다. 그들이 한 인터뷰 내용을 보면 어차피 친구가 없었기 때문에 방에 틀어박혀서 자기만의 세계에 빠져 지냈거나, 하루 종일 도서관에서 책을 읽으며 시간을 보냈다는 고백이 많다. 그럼에도 바로 그들이 선구자적인 존재가 되었다!

무엇인가 납득되지 않는 지점이 있다. 이 때문에 미래 인재의 핵심 역량 가운데 하나로 협력적 문제 해결 능력을 강조하면서도 '이에 대한 우리의 이해에 근본적 오해가 있는 것은 아닐까?'라는 의문을 품을 수밖에 없다. 왕따였던 그들에게는 협력적 문제 해결 능력이 없었을까? 아닐 것이다. 오히려 혼자 보내야 했던 시간 동안 자신이 좋아하는 일에 몰두하면서 언젠가 누군가와 협력할지 결정해야 하는 중요한 시기가 왔을 때, 그 순간에 선택과 집중을 할 수 있는 능력을 키워 나가고 있었던 것은 아닐까? 협력적 문제 해결 능력에 대한 심층적인 이해와 학생 개인을 중심으로 한 섬세한 접근 없이 정책적 구호와 교육 어젠다(agenda) 차원으로만 접근하고 있지는 않은지 돌아보아야 한다.

'세계 몇 위'라는 듣기 좋은 허울

협력적 문제 해결 능력과 관련해 2017년에 발표된 2015년 피사(PISA: 국제 학업 성취도 평가) 결과도 들여다보면 고민해야 할 부분이 많다. 이 평가에서 우리나라는 거의 모든 영역에서 순위가 하락했다. 하지만 새로 반영된 협력적 문제 해결 능력 부문에서 4위를 기록한 것을 그나마 위안거리로 삼았다. 그러나 피사가 협력적 문제 해결 능력을 어떤 방식으로 평가하고 있는가와 피사의 해당 능력에 대한 응답자들의 설문 결과 등을 좀 더 분석적으로 살펴보아야 한다. 이와 관련해 평가 결과 가운데 몇 가지 주목해야 할 지점이 있다. 전체적으로 남자보다 여자가 협력적 문제 해결 능력이 높다는 결과가 나왔다.[*]

---

[*] 핀란드는 남녀 학생 간 협력적 문제 해결 능력의 격차가 큰 것으로 나타났다. 이와 관련해 예전부터 핀란

또한 일본이 우리나라보다 협력적 문제 해결 능력이 높은 것으로 평가되었다. 그러나 협력적 문제 해결 능력에 대한 평가의 일부가 컴퓨터를 이용해 가상의 동료를 가정하고 그들과 어떻게 협업해 갈 것인지를 평가하는 선다형 문항으로 구성되어 있다는 점에 주목해야 한다. 이러한 방식으로 평가할 경우 선택지 가운데 자신의 주관이나 판단보다는 다른 사람들이 바람직하다고 생각하는 선지가 무엇일지 고민하고 답을 골랐을 가능성을 배제할 수 없다. 또한 자신의 주관보다는 다른 사람들의 의견을 경청하는 자세를 더 강조하는 문화권(자기주장을 되도록 삼가는 자세, 대표적으로 일본이 그렇다)에 속한 학생들이 실제 협력적 문제 해결 능력의 수준과는 별도로 높은 점수를 받을 가능성도 있다.

아울러, 우리나라는 '나는 다른 사람의 이야기를 잘 들어 주는 사람이다.'라는 평가 항목에서 싱가포르와 함께 1위를 차지했다고 한다. 협업에서 경청의 자세는 중요하겠지만 '다른 사람의 이야기를 잘 들어 주는 사람'으로 자신을 정의할수록 과도하게 높은 점수를 받을 수 있도록 평가가 설계된 것은 아니었는지에 관한 연구도 필요할 것으

드에서는 말 많은 남자를 비꼬는 다양한 농담이 있을 정도로 남자들의 과묵함을 당연한 것으로 받아들이는 문화가 있다. 협력적 문제 해결 능력을 평가할 때 대화를 통한 문제 해결의 자세를 중요한 요소로 평가한 점과 남녀 간의 과묵함에 대한 기대 차이가 평가 결과에 끼친 영향을 분석해 보는 것도 흥미로운 작업이 될 것이다.

로 보인다. 다른 모든 것을 떠나 경쟁보다는 협력이 핵심인 이 능력에 대한 평가에 있어서마저 '세계 몇 위'라는 등수를 통해 위로받는 우리의 모습과 이 위로가 지닌 자체모순에 대한 고민의 목소리가 우리 안에서 거의 들리지 않는 점이 안타깝다.

개인에 대한 긍정과 개성에 대한 포용

스스로 문제점을 찾아내고 협력적으로 문제를 해결하는 능력을 키우려면 무엇보다도 먼저 개인과 개성을 지금보다 더 존중하는 사회적·문화적 분위기가 형성되어야 한다. 진정한 협력적 문제 해결 능력은 개인에 대한 '긍정'과 개성에 대한 '포용'이라는 토양에서 자라나는 까닭이다. 서로의 개성을 떠나 문제를 해결하기 위해 하나 된 모습을 보여 주려면 오히려 한 사람의 개성을 소중히 여기는 문화, 타인의 개성과 영역을 함부로 재단하지 않는 문화적 성숙함이 필요하다. 이러한 차원에서 개인의 가치를 간과하고 개인이 자유롭게 자신의 의견을 펼칠 수 없게 만드는 사회적 분위기는 협력적 문제 해결 능력을 키우는 데 걸림돌로 작용할 것이 분명하다. 지금과 같은 문화적 분위기에서는 개인이 건강하게 자랄 수 있는 여지도 그만큼 줄어든다.

우리는 '협력'이라는 단어의 의미를 곡해해서 개인(타인)이라는 독립적 주체에 대한 존중의 계단을 오르지도 않았다. 그럼에도 교육이라는 이름으로 수직 상승을 시도하고 있는 것이다. 그러나 우리 사회의 개인 경시 풍조에 개선이 필요한 부분이 많다고 해서 지나치게 우리 자신을 비하할 필요는 없다. 오히려 코로나19 사태에 대한 우리나라와 다른 여러 나라의 대응 방식을 비교해 볼 때, 또 국가 단위의 문제 앞에서 타인에 대한 배려의 정신을 바탕으로 방역에 힘쓰는 모습을 볼 때, 우리에게는 협력적 문제 해결 능력이 배양될 수 있는 기초 환경이 조성되어 있는 것인지 모른다.

협력(또는 협조)적 능력은 타인에 대한 포용력이라는 자양분을 먹고 자랄 것이다. 이러한 관점에서 볼 때 협력적 문제 해결 능력을 키우고자 하는 교육은 민주 시민을 키워 내는 교육과 맞닿은 지점이 넓다. 타인의 의견과 존엄성을 인정하고 서로 연대하면서도 권위와 평판보다는 자신의 주관을 벼려 가는 민주 시민으로서의 삶의 태도가 협력적 문제 해결 능력의 정의와 겹치는 부분이 많은 까닭이다.

이러한 차원에서 3부에서 소개하는 두 선생님의 수업에 주목해 주기 바란다. 손진 선생님의 수업은 과학기술 관련 사회 쟁점(SSI) 가운데 맞춤형 아기를 둘러싼 논쟁으로 학생들을 끌어들여 다양한 의견을 제시하는 기회를 충분히 제공한다. 학습자가 수업에 몰입하는 동시에 서로 협력하는 유기적 관계를 형성하는 데 도움을 주기 위해 교사가 무엇을 해야 하는가에 관해 시사하는 바가 크다.

또한 서미란 선생님은 코딩과 관련한 모둠별 프로젝트 수업의 과정에서 학생 대 학생, 교사 대 학생 간에 어떻게 협업과 관련한 능력이 성장해 갈 수 있는지, 그리고 교사가 취해야 하는 균형 잡힌 자세에 관해 구체적인 사례를 들어 설명하고 있다. 두 분 선생님의 수업이 모두 협력적 능력은 협력적 과정에 대한 체험을 통해 더 빨리 성장해 간다는 점을 명확히 드러내고 있다.

학교와 교사는 무엇을 해야 하는가?

학교와 교사는 스스로 문제점을 발견하고 함께 해결하는 능력을 키우기 위해 무엇을 해야 하는가? 먼저, 특정한 문제나 과제를 앞에 두고 성실한 토론이나 협의를 거쳐 일정한 해결책을 제시하는 과정을 통해서만 협력적 문제 해결 능력이 키워진다는 정형화된 이미지에서 벗어나야 한다. 오히려 학교라는 공간의 일상적 문화 속에서 펼쳐지는 소소한 대화의 가치와 경청의 힘을 믿는 것부터 시작해야 한다고 생각한다. 형식에 앞서 일상이 협력적 문제 해결의 시간이어야 함을 깊이 깨달을 때 유연한 사고가 가능해진다. 유연한 사고가 가능해진 교사는 어떤 수업이 협력적 문제 해결 능력을 키워 줄 수 있는지 고민하면서 동시에 내 수업에 이미 협력적 문제 해결 능력을 키워 주는 요소가 있는지도 살펴볼 것이다.

협력해서 특별한 문제를 해결하는 수업에 대한 고민 이전에 교사 자신은 일상 속에서 언제 인정받았다고 느끼는지 생각해 봐야 한다. 그리고 학생에게도 그런 마음을 느낄 수 있도록 해 주기 위해 언제 무엇을 해야 할지 작은 것들부터 고민해 보자. 무엇이든 첫걸음은 어렵고 의심스러운 법이다. 학생들도 주저할 때가 많을 것이다. 누구도 제시하지 않았던 발전적 과제를 제시하고 친소 관계를 떠나 문제 해결을 위해 협력할 수 있는 사람이 필요하다. 이를 위해서는 개인이 소중하다는 생각, 미래 사회에는 모난 돌도 지금과는 다른 방식의 협력을 통해 활약할 수 있다는 믿음을 가지고 수업하자. 우리는 이미 그런 인재들을 키워 내고 있지 않은가?

2장
자발적으로 참여하는
온라인 토의·토론 수업

손진(김포제일공업고등학교 과학 교사 / 〈고급 화학〉)

"교육이 한 인간을 양성하기 시작할 때의 방향이 훗날 그의 삶을 결정할 것이다."

플라톤이 남긴 말이다. 내가 좋아하는 명언이자, 학교생활을 하면서 수업 준비에 어려움을 겪거나 아이들을 지도하는 데 있어 회의감이 들 때마다 떠올리는 말이다. 교육의 방향이 학생의 삶까지 결정한다니, 교사로서는 참 무서운 말이다. 미래 사회가 어떤 모습일지 아무도 정확하게 알 수는 없지만, 교육의 방향이 변화해야 한다는 것은 모두 느끼고 있다. 교육이 변하려면 교사들의 작은 노력과 변화가 선행되어야 한다. 이 장에서 다루는 내용이 선생님들의 수업에 조금이나마 도움이 되었으면 좋겠다. 그리고 플라톤이 말한 것처럼, 많은 선생님의 교육 방향이 미래 사회 아이들을 풍요로운 삶으로 이끌 수 있었으면!

함께 해결하자! 과학기술 관련 사회 쟁점(SSI)을 활용한 협력적 문제 해결 수업

학년(군)	고등학교 2학년	교과	고급 화학	차시	4차시

교육과정 성취 기준 및 배움 목표 수립[기대]

성취 기준	• 탄소화합물이 다양한 이유를 설명하고, 구조식을 그려 특징을 설명할 수 있다. • 여러 가지 분자 간 상호 작용의 원리를 설명할 수 있다. • 산과 염기에 대한 아레니우스, 브뢴스테드-로리, 루이스 정의를 설명할 수 있다.
배움 목표	• 생체 내 화학물질의 구조와 기능을 알 수 있다. • 과학기술 관련 사회 쟁점(SSI)에 대한 토의·토론 활동을 통해 과학, 기술, 사회의 관련성을 이해하고, 협력적 문제 해결 능력을 기를 수 있다. • 공동의 문제를 협력적으로 해결하는 과정을 통해 과학 탐구에서 상호 협력이 중요함을 인식할 수 있다.

교수 학습 및 평가 과정[행동]

교사	피드백	피드백	동료 평가 및 자기 평가	관찰 평가	동료 평가 및 자기 평가
학생	관계 맺기	문제 인식 및 공동의 문제 설정	자료 조사 및 정보 공유	찬반 토론	해결책 탐색 및 선택

피드백 계획[성찰]

· 교사는 허용적인 분위기를 조성해 학생들이 자유롭게 소통할 수 있도록 돕는다. 수업 내용과 관련된 개념을 자유롭게 이야기하는 활동을 하면서 학생들은 서로 관계를 맺고, 교사는 학생들의 교과 지식 수준을 미리 파악한다.

· 교사는 각 활동의 방향을 안내하되 학생들이 협력적 상호 작용을 통해 스스로 문제를 해결할 수 있도록 수업 내용과 관련된 인지적 측면의 피드백은 최소화하고 협력 과정에 적극적으로 참여할 수 있는 동기 유발적 피드백을 활성화한다.

· 각 활동에서 자기 평가와 동료 평가를 활용해 수업에서뿐만 아니라 평가에서도 학생들이 협력 관계를 구축할 수 있도록 한다.

- 교사는 각 활동에 대한 평가 기준을 미리 만들어 활동 전 또는 활동 과정 중에 제시함으로써 학생들이 자신의 학습 과정을 점검하고 학습 동기를 높일 수 있도록 한다.
- 각 활동을 마친 뒤에는 학생들에게 패들렛(padlet.com)을 이용해 수업 과정에서 알게 된 내용, 배우고 싶은 내용, 느낀 점 등이 포함된 배움 일지를 쓸 것을 요청하고, 교사는 이를 바탕으로 학생들의 요구와 배움의 정도를 파악해 교수 학습 개선에 활용한다.

소개할 수업은?

과학기술 관련 사회 쟁점(SSI, Socio-Scientific Issues)을 주제로 글 쓰기, 토의, 찬반 토론, 발표 등의 활동으로 구성한 협력적 문제 해결 수업이다. 이 수업의 핵심은 협력적 문제 해결 과정을 통해 '과학 지식(knowledge in science)'뿐만 아니라 '과학에 관한 지식(knowledge about science)'을 배우는 것이다. 다시 말해, 과학기술과 사회와의 관련성을 이해하고 SSI 문제를 함께 논의하는 의사 결정 과정을 거치면서 협력적 문제 해결 능력을 기르고, 과학과 관련된 사회적·윤리적·도덕적 측면들을 이해하는 것이 수업의 주된 목적이다.

미국 피어슨출판사의 교과서나 국내의 교육 연구에서 소개되고 있는 협력적 문제 해결 수업의 교수 학습 방법을 살펴보면, 수업 사례마다 세부 절차는 다르지만 크게 공동의 문제 인식, 의견 교환 및 해결책 제시, 해결책 선택 및 비평이라는 일련의 과정으로 구성되어 있음을 알 수 있다. 따라서 이를 바탕으로 온라인 수업 환경, 학생들의 활동 등을 고려해 '관계 맺기, 문제 인식, 자료 조사, 찬반 토론, 해결책 탐색 및 선택'의 0~4단계로 협력적 문제 해결 수업을 구성했다.

협력적 문제 해결 수업 절차

차시	문제 해결 단계	수행 내용
1차시	관계 맺기	· 간단한 과학 주제로 친구들과 소통하기(모둠, 개인)
2차시	문제 인식 및 공동의 문제 설정	· 유전자조작 기술 관련 영상 시청 후 문제 상황 파악하기(개인) 　-영상에서 문제가 되는 상황은 무엇인가? · 문제 상황에 대한 하위 질문 작성하기(개인) 　-문제 해결에 필요한 질문은 무엇인가? · 공동의 문제 설정하고, 자신의 입장 밝히기(모둠, 개인) 　-유전자조작 기술을 활용한 맞춤형 아기에 대한 입장은 무엇인가?
3차시	자료 조사 및 정보 공유	· 문제에 대한 긍정적·부정적 측면 조사하기(모둠, 개인) · 토의 활동을 통해 조사 과정 및 결과를 모둠원들과 공유하기(모둠)
1주일	찬반 토론	· 웹 기반 비실시간 온라인 찬반 토론하기(모둠) 　-유전자조작 기술을 활용한 맞춤형 아기, 허용해야 할까?
4차시	해결책 탐색 및 선택	· 찬반 토론 활동에서 나온 의견을 바탕으로 대안 탐색하기(모둠) · 선택한 대안에 대해 모둠별 발표하기(모둠)

'관계 맺기' 단계에서는 협력과 소통을 위해 학생들 간 관계를 형성할 수 있는 활동을 진행한다. '문제 인식 및 공동의 문제 설정' 단계에서는 학생들이 문제 상황을 인식하고, 문제에 대한 자신의 입장을 밝힌 뒤, 토의 활동을 통해 공동의 문제를 설정한다. '자료 조사 및 정

보 공유' 단계에서는 문제 해결에 필요한 다양한 측면을 조사하고, 모둠원들과 조사한 자료에 대해 논의하면서 관련 지식을 구성한다. '찬반 토론' 단계는 1주일의 시간을 두고 패들렛에 의견을 게시하는 비실시간 온라인 토론 방식으로 진행한다. 마지막으로 '해결책 탐색 및 선택' 단계에서는 '찬반 토론' 단계에서 알게 된 다양한 의견들을 바탕으로 모둠별 토의 과정을 거쳐 최적의 해결책을 탐색하고 선택한다.

이 수업은 온라인으로만 진행했으며, 1차시를 90분으로 구성했다. 온라인에서만 할 수 있는 수업이 아니므로 온·오프라인 블렌디드 수업 또는 교실 수업에서도 협력적 문제 해결 단계에 따라 이를 바탕으로 한 수업을 구성하고 활용할 수 있을 것으로 보인다.

〈과학〉 수업에서 함께 문제를 해결하는 것이 왜 중요할까?

과학기술의 발달은 인간에게 편리함과 번영을 가져다주지만, 그에 따른 질병, 환경오염, 인간성 상실 등 다양한 문제를 발생시키는 양면성을 지닌다. 미래 사회에는 급격한 과학기술의 발달로 지금보다 더 많은 문제점에 직면할 것으로 보인다.

과학기술의 발달로 야기되는 문제점에 대한 의사 결정은 정부, 기관, 관련 과학자들뿐만 아니라 개인에게도 주어진다. 우리나라도 시민 참여 과학기술 정책을 확대하고 있고, 실제로 환경 보건 정책이나 직업병 문제 해결 등 다양한 분야에서 시민들의 의사 결정이 상당히 반영되고 있다. 따라서 미래 사회를 살아갈 아이들에게 다른 사람들과의 '협력'을 통해 지식과 경험을 공유하고 복잡한 과학적 문제들을 효과적으로 '해결'할 수 있는 능력을 길러 주는 것은 〈과학〉 수업의 매우 중요한 역할이다.

또한 협력을 통한 문제 해결 능력은 〈과학〉 수업에서 학생들이 지식을 구성하는 데에도 중요하다. 사회적 구성주의 관점에서 볼 때 과학 지식 학습이란 사회적 구성물인 언어를 이용해 사람들의 합의에 따라 구성되는 것이므로 사람 간 사회적 상호 작용이 필요해진다.¹ 학생들은 협력해 과학적 문제를 해결해 나가는 과정에서 서로의 지식과 경험을 공유하고, 소통을 통해 지식의 구성 과정에 서로 도움을 주고받을 수 있다.

과학기술 관련 사회 쟁점(SSI)을 활용한 토의·토론

협력적 문제 해결 수업에서 중요한 부분 중 하나는 학생들의 자발적인 참여와 협력을 이끌어 낼 수 있는 주제를 선정하는 것이다. 나는 주제에 대해 고민하다가 SSI로 수업을 진행하면 좋겠다고 생각했다. SSI는 과학, 인간, 사회 등의 융합적·복합적 주제이므로 학생들에게서 다양한 의견과 문제 해결 방안이 나올 수 있기 때문이다.

또한 SSI 중에서도 '유전자조작'과 관련된 주제를 선택했는데, 그 이유는 이전에 '2020년 노벨 화학상'을 주제로 수업한 적이 있었기 때문이다. 당시 수업 주제는 '유전자 편집 기술(CRISPR)'이었는데 학생들이 매우 흥미로워했었다. 더구나 〈고급 화학〉 수업임에도 〈생명공학〉이나 〈환경공학〉 분야의 진로를 희망하는 학생들이 다수 있었기에 〈화학〉과 〈생명과학〉의 융합적 주제로 수업을 진행하는 것도 좋겠다고 생각했다.

Tip 협력적 문제 해결 능력을 기르기 위한 문제 선정하기

1. 학생들의 자발적 참여와 협력을 이끌어 내려면 난이도 있는 단순 지식 활용 문제가 아니라 과학자, 과학사, 과학기술 문제, 실생활 등과 관련 있는 적당히 복잡한 문제가 좋습니다.
2. 학생들이 수업 후에 작성한 '배움 일지'를 활용해 평소에 학생들의 수준과 요구를 파악하고, 이를 바탕으로 문제를 선정하는 것도 좋은 방법입니다.

0단계: '협력'은 '관계'에서 나온다

협력적 문제 해결 수업이 제대로 이루어지려면 학생들 사이에 사회적 관계가 형성되어 다른 학생들과 함께 문제를 해결하고 싶다는 생각이 들어야 한다. 학생들과 함께 토의·토론 수업이나 협동 학습 등을 진행할 때, 모둠원 학생들이 서로 어색해하며 소통이 제대로 이

루어지지 않는 모습을 경험해 보았을 것이다. 협력을 위해서는 소통이 필요하고, 소통을 위해서는 먼저 관계가 형성되어야 한다. 학생들이 같은 교실에서 지낸다면 학생들 사이에 친해질 기회가 많지만, 온라인으로만 진행되는 수업에서는 교사가 소통할 기회를 마련해 주지 않으면 학생들끼리 관계 맺기가 어렵다.

이를 위해서는 먼저 교사가 허용적인 분위기를 만들어야 한다. 딱딱한 수업 분위기에서는 관계 맺기가 일어나기 힘들다. 따라서 평소 수업을 할 때 부드럽고 편안한 분위기를 만들려고 노력했다. 예를 들어 수업 전후나 쉬는 시간에 지난주에 있었던 일들을 서로 이야기하거나, 최근에 학생들이 관심을 가지는 주제들로 이야기를 나눴다.

그리고 본격적으로 수업에 들어가기 전에 간단한 토의, 발표 활동을 하는 것도 좋은 방법이다. 예를 들어 '유전자조작'과 관련된 문제해결 수업을 하기 전에 'DNA'라는 단어를 들으면 어떤 것들이 생각나고 그 이유는 무엇인지 학생들이 서로 발표하는 시간을 가졌다. 이때는 '멘티미터(www.mentimeter.com)'라는 사이트를 활용했다. 멘티미터는 학생들이 작성한 단어나 문장을 모아서 실시간으로 화면에 보여 주므로, 다른 학생들이 뭐라고 썼는지 알 수 있어 아이들이 흥미로워한다. 활동을 하다 보면 '방탄소년단', '출생의 비밀' 등 생각지도 못한 단어들도 나와서 아이들과 웃으면서 소통할 수 있다.

DNA와 관련된 개념 연상하기 활동

1단계: 문제 상황을 인식하고 공동의 문제 설정하기

학생들이 '유전자조작'과 관련된 문제를 인식하는 데 도움을 줄 수 있는 영상을 제작했다. 글로 제시하는 것보다 학생들이 좀 더 몰입해서 문제 상황을 인식하도록 하기 위해서였다. 또한 온라인 수업의 경우 컴퓨터 접근성이 좋아서 글보다는 영상을 활용하는 편이 더 효율적일 것이라고 판단했다. 이에 따라 유전자조작 관련 영화 〈가타카〉(1997년), 〈마이 시스터즈 키퍼〉(2009년), 〈스플라이스〉(2009년)를 편집해 10분 안팎의 영상을 만들었다.

1. 시청한 영상에서 문제가 되는 상황은 무엇인가요?

영화 〈가타카〉에서는 유전자를 조작해 우수하게 태어난 사람들과 그렇지 않은 사람들을 차별했다.

영화 〈마이 시스터즈 키퍼〉에서는 언니의 치료를 목적으로 유전자를 선별해 동생이 태어나는데, 질병 치료를 위해 인간을 도구처럼 활용한다는 점이 문제가 된다.

영화 〈스플라이스〉에서는 동물 유전자와 인간 유전자를 조합해 괴물에 가까운 생명체가 태어나게 했다. 태어난 괴물은 인간을 공격하는 등 많은 문제를 낳았다.

2. 문제 해결에 필요한 핵심 질문에는 어떤 것이 있나요?

유전자를 마음대로 조작해서 새로운 동물 또는 인간을 태어나게 해도 될까?

영상을 본 뒤 영상에 나타난 문제 상황과 문제 해결에 필요한 핵심 질문을 활동지에 개인별로 작성하도록 한다. 문제 상황에 대한 핵심 질문을 작성하게 하는 이유는 자신이 생각한 문제 상황을 해결하기 위해 핵심적으로 논의해야 할 부분은 무엇인지 생각해 볼 기회를 제공하기 위해서다. 문제가 되는 상황은 학생들이 대부분 비슷하게 파악하지만, 작성한 핵심 질문은 다양하게 나타난다.

- 유전자를 마음대로 조작해서 새로운 동물 또는 인간을 태어나게
  해도 될까?
- 질병 치료를 목적으로 유전자조작 기술을 활용해도 될까?
- 유전자조작 기술을 사람에게 이용해도 될까?
- 유전자를 조작해서 내가 원하는 사람을 만드는 것은 윤리적으로
  문제가 없을까?
- 유전자조작 기술을 허용해야 할까?

학생들은 자신이 작성한 활동지를 바탕으로 영상에서 알 수 있는 '문제 상황'과 이를 해결하기 위해 수업에서 논의해야 할 '핵심 질문'을 발표한다. 발표를 마치고 나면 문제 해결을 위한 공동의 문제 하나를 설정하기 위해 토의를 한다. 토의 활동은 학생들의 다양한 의견에서 공동의 문제 요소를 추출하는 활동이다. 학생들은 토의 활동을 통해 의견을 추리고 문제를 점점 더 구체화해 나가게 된다.

예를 들어 "질병 치료를 목적으로 유전자조작 기술을 활용해도 될까?"라는 질문은 세 가지 영상에 나온 상황을 모두 포함할 수 있는 질문이 아니므로 제외하는 식이다. 실제 수업에서는 활발한 토의 끝에 영상들에 나온 문제 상황을 모두 포함하면서 학생들이 말한 핵심 질문을 대부분 포함할 수 있는 "맞춤형 아기, 허용해야 할까?"라는 공

동의 문제가 설정되었다.

2단계: 자료 및 정보 공유를 통한 협력적 지식 구성

"맞춤형 아기, 허용해야 할까?"라는 문제에 대해 학생들이 생각하는 개개인의 입장과 그 이유를 활동지에 작성하게 한다.

활동지: 문제 상황에 대한 자신의 입장 밝히기(실제 예시)

유전자조작 기술을 적용해 원하는 아기를 만드는

'맞춤형 아기'에 대한 자신의 입장은 무엇인가요?

반대한다. 유전적 이상이 없는 배아를 만들기 위해 유전자조작을 하는 세상이 온다면 그 아기는 물론 누군가가 원했던 완벽한 인간이 될 수도 있겠지만 모든 경우에 있어서 완벽하게 조작할 수는 없을 것이다. 기술적 오류로 유전적으로 이상이 있는 아기가 태어날 수도 있고, 이 밖에 다른 문제들이 발생할 수도 있기 때문이다. 또한 이러한 아기들이 만들어지는 과정에서 인간 고유의, 즉 본래의 유전자를 잃게 되고 인간의 고유성이 사라지게 될 것이다. 지속적으로 유전자조작 기술을 적용하다 보면 미래에는 인간이 아닌 다른 개체가 탄생하게 되며, 인간이 사라질 수도 있다.

학생들이 한 명씩 자신의 의견을 발표한 뒤, 찬성 측 의견 학생 3명, 반대 측 의견 학생 3명으로 모둠을 구성한다. 이후 주제에 대한 긍정적인 측면과 부정적인 측면에 대한 자료 조사 활동을 한다. 이때

두 가지 측면을 모두 조사하도록 해서 자신의 의견 쪽으로 치우치지 않고 균형 잡힌 시각을 가지도록 한다. 자료 조사 및 조사 결과 정리는 개인적으로 활동지에 작성하되, 혼자 해석하기에는 어려운 자료나 애매모호한 개념 등은 자유롭게 모둠원들과 조사한 자료를 공유하며 의논하도록 한다.

학생 A 유전자 가위 기술을 배아 상태 말고 우리 같은 사람의
체세포에도 적용할 수 있어?

학생 B 기술적으론 가능할 거 같은데……?

학생 A 그럼 유전자가 있는 모든 체세포에 다 적용해야 할 텐데,
불가능하지 않을까?

학생 C 여기 내가 보낸 링크 봐 봐. 태어난 이후에 적용하는
유전자 가위 기술은 한계가 있대.

학생 A 그러네. 몸에서 새로운 세포가 계속 생겨나니까 적용하는
게 불가능하겠네.

학생 B 불가능한 건 아니야. 내가 찾은 글에는 몸에서 분리하기
쉬운 혈액 속에 있는 면역세포에는 적용되고 있다고 나왔어.

위와 같이 학생들은 자료 조사를 하다가 모르는 개념이 있으면 친구들과 의견을 교환해 해결해 나가는 모습을 보인다. 단순히 학생들의 주관적인 생각만을 공유하는 것이 아니라, 객관적인 과학 근거를

찾아 문제를 해결해 나간다. 특히 온라인 수업에서는 인터넷에서 찾은 자료를 채팅창에서 바로 공유할 수 있으므로, 학생들끼리 과학 지식을 주고받으며 서로 도움을 주는 분위기가 쉽게 만들어진다.

만약 학생들이 자료 조사 활동에 너무 많은 시간이 걸린다면 관련된 과학 사이트, 유튜브 과학 채널 등을 제시해 주는 것도 좋은 방법이다. 사실 학생들 대부분이 인터넷에서 자료를 찾는 방법은 구글, 네이버 등에 의존하는 것이므로, 시간이 오래 걸리거나 다양한 자료를 접하지 못하는 경우가 많다. 따라서 필요한 자료를 수집할 수 있는 원천(source)을 안내해 도움을 주는 것이다. 단, 활동과 관련된 구체적인 자료를 직접 제시해서는 안 된다.

〈과학〉 수업에 활용할 수 있는 유튜브 채널로는 Kurzgesagt(쿠르츠게작트), 안될과학, ytn사이언스, 카오스사이언스 등이 있고, 과학 사이트로는 동아사이언스, 사이언스타임즈, 브릭, 미래과학 등이 있다.

활동지: 문제에 대한 긍정적·부정적 측면 조사하기(실제 예시)

2. '유전자조작을 통한 맞춤형 아기 허용'에 대한 부정적인 측면은?

1) 유전자조작 도중 의도하지 않았던 부분을 조작해 돌연변이가 발생할 가능성이 현재의 기술로서는 높기 때문에 위험성이 있다. 그리고 이 기술이 발달함에 따라 외모와 지능, 건강 또한 조작할 수 있을 것이고, 이는 사회적 불평등을 심화할 수 있다.
관련 근거: https://www.incheon.go.kr/moo/MOO040401/1956973

위의 예시처럼 학생들은 자료 조사와 토의 활동을 통해 긍정적인 측면과 부정적인 측면을 각각 조사해 활동지에 작성했다. 이는 다음에 진행할 찬반 토론에서 자신이 주장할 내용의 준거이기도 하다. 또한 각 측면에 대한 내용을 작성할 때, 가능하면 자료를 수집한 출처 사이트를 함께 기록하도록 한다. 이렇게 하면 학생들이 신뢰 있는 사이트에서 자료를 조사하고, 다양한 사이트에서 자료를 수집하도록 유도할 수 있다. 교사의 입장에서는 학생들이 조사한 사이트에 직접 들어가 과학적으로 근거가 있는 내용인지 확인할 수 있어 평가 등에 활용하기 좋다.

학생들이 자료 조사 활동을 마친 뒤에는 찬반 토론 활동을 진행한다. 찬반 토론을 위해 찬성 측 의견 3명, 반대 측 의견 3명의 학생을 각각 하나의 모둠으로 구성한다. 찬반 토론은 온라인 게시판 사이트 '패들렛' 등을 활용하며, 1주일의 시간을 두고 그 기간에 언제나 자유롭게 글을 게시할 수 있는 '비실시간' 형태로 진행한다. 비실시간 온라인 토론 활동은 일정 기간을 두고 진행되므로 토론 주제에 대해 탐색할 시간을 많이 줄 수 있고, 자신의 글과 다른 학생들의 글을 점검하고 검토하며 반성적 사고의 기회를 제공할 수 있다. 따라서 SSI 문제와 같이 협력적 문제 해결 수업에서 다루는 복잡한 요소가 포함된 토론 주제에 적합하다.

3단계: 웹 기반 비실시간 온라인 찬반 토론

온라인 비실시간 토론 활동은 수업 내에 이루어지는 것이 아니라, 학생들이 원하는 시간에 스스로 글을 게시해야 하므로 자기 주도성이 더욱 요구된다. 따라서 토론의 활성화를 위해 몇 가지 토론 규칙을 정하는 것도 좋은 방법이다.

주어진 문제에 대한 찬반 토론 활동은 협력적 문제 해결 수업에서 핵심적인 활동이다. 협력적 문제 해결 수업에서는 학생들이 문제를 해결하는 과정에서 다양한 시각을 고려하는 관점을 가질 수 있도록 해야 한다.[2] 공동의 문제를 해결하려면 자신의 주장과 반대되는 의견들을 들어 보고 비판 및 수용해 균형 잡힌 시각을 갖는 것이 중요하기 때문이다.

패들렛을 활용한 찬반 토론

1. 게시글의 최소 개수 정하기
   - ㉑ 입론 1개, 반론 및 답변 3개, 마무리 발언 1개
2. 글의 분량 정하기
   - ㉑ 말로 할 때 1~2분 정도의 분량으로 작성
3. 글의 순서 남기기
   - ㉑ 글 제목에 '글 번호', '작성자 이름', '○○○(상대편 이름)에게 답변 및 반론' 남기기
4. 자신의 주장과 관련된 자료 남기기
   - ㉑ 영상, 사진, 표, 사이트 링크 등을 함께 첨부

4단계: 문제에 대한 해결책 함께 생각하기

찬반 토론 활동을 마친 뒤에는 토론을 통해 알게 된 다양한 의견과 정보를 바탕으로 문제에 대한 해결책을 함께 찾아보고 활동지에 정리해 발표한다. 찬반 토론에서 구성했던 찬성 측 3명, 반대 측 3명으로 이루어진 모둠원들이 해결책을 찾기 위한 토의 활동을 진행한다. 이 활동은 전에 진행했던 찬반 토론과는 성격이 다르다. '맞춤형 아기'를 허용하느냐 마느냐를 결정하는 것이 아니라, 찬반 토론에서 제시되었던 긍정적인 측면과 부정적인 측면을 검토하고, 가장 최적의 해결책을 찾아보는 것이다. 이 과정에서 학생들은 상대편의 의견을 반박하는 것이 아니라, 상대편의 의견을 보완할 수 있는 탐색적 대화

(exploratory talk)를 하면서 하나의 해결책을 결정하게 된다.

협력적 문제 해결 수업에 대한 평가는 어떻게 해야 할까?

협력적 문제 해결 수업에서의 평가는 '무엇을 평가해야 하는지'에 대한 어려움이 있다. 협력적 문제 해결 능력과 관련된 평가 요소가 무엇인지 알아야 활동에 적절한 평가 기준을 세울 수 있기 때문이다. 협력적 문제 해결 수업과 관련된 평가 영역은 크게 개인과 집단, 협력 수준과 인지적 수준, 과정과 결과물로 나눌 수 있다. 이러한 평가 영역을 바탕으로 만든 세부 평가 요소는 다음과 같다.

협력적 문제 해결 수업에서의 평가 영역 및 평가 요소

평가 영역			평가 요소
과정	협력 수준	개인	공동 문제에 대한 관심, 다양한 의견 제시, 경청, 비판과 수용 등
		집단	집단 상호 작용, 대화 점유, 방향 설정, 집단의 중심, 책임의 균형 등
	인지적 수준	개인	문제 인식, 자료 변환 및 해석, 의사 결정, 문제 해결, 결론 도출 등
결과	결과물	개인	개인 활동지, 발표, 자료 제작 등
		집단	계획서 작성, 역할 배정, 발표물, 결과물 등

평가의 객관성 또한 평가에 어려움을 만든다. 학생들이 활동 과정에서 보여 주는 협력의 정도에 대한 평가 기준은 학생들에게 평가 기준을 미리 제시해 참여 동기를 촉진하거나 활동의 방향을 잡아 주는 등의 피드백 역할을 할 수 있다. 하지만 교사의 주관적인 관찰에 의해 평가가 이루어진다는 점에서 평가의 객관성이 낮아질 수 있어 실제 성적 반영에는 어려움이 있다. 이때 평가의 낮아진 객관성을 집단 결과물에 대한 평가로 확보할 수 있다.[5]

협력적 문제 해결 활동 평가표 예시

1. 자기 모둠 평가하기

평가 영역	평가 내용	상	중	하
협력의 수준	구성원들 사이에 상호 작용이 빈번했다.			
	구성원 전체가 대부분 이야기했다.			

평가 요소	평가 내용	상	중	하
협력의 수준	구성원들이 집단 활동의 방향을 함께 설정했다.			
	구성원 전체가 의사소통의 대부분을 책임졌다. (질문하기, 답변하기, 설명하기 등)			
	구성원들 사이에 의견에 대한 건설적 비판과 수용이 이루어졌다.			

※ 종합 의견

2. 다른 모둠이 선택한 해결책 평가하기

평가 요소	평가 내용	상	중	하
집단 결과물	해결책이 실현 가능하다.			
	해결책으로 문제 해결이 가능하다.			
	해결책이 추상적이지 않고 구체적이다.			
	해결책에 대한 과학적 근거가 타당하다.			
	해결책은 도덕적·사회적·윤리적 문제를 고려했다.			

※ 종합 의견

협력적 문제 해결 수업에서 자기 평가와 동료 평가를 활용하는 것은 평가에서 학생들의 협력적 관계를 구축할 수 있다는 점에서 좋은 방법이다. 위의 표는 마지막 활동인 '해결책 탐색 및 선택'에서 활용했던 평가표의 일부를 나타낸 것이다. 학생 개인의 역량보다는 집단 구성원들의 협력 수준과 선택한 해결책에 초점을 두고 평가 기준을 만들었다. 학생들은 자기 모둠의 협력 수준을 평가함으로써 수행 과정을 반성적으로 성찰하고 스스로 성취를 확인할 수 있었고, 모둠에서 나온 해결책을 다른 모둠원들이 평가하고 그 결과를 공유함으로써 학생들 사이에 피드백이 이루어질 수 있었다.

다른 교과에는 이렇게 적용할 수 있어요!

사회 교사: 꼬마 과학자를 기르는 〈과학〉 수업이 아닌, 윤리적 감수성을 지니고 소통과 협력으로 문제를 해결하는 능력을 키워 민주 시민을 길러 내는 데 중점을 둔 〈과학〉 수업 같아요. 〈사회〉 수업에서도 토론 주제를 선정할 때, 학생들이 관심 있는 주제를 수렴하는 방향으로 적용하면 좋을 듯해요.

보건 교사: 청소년들의 건강 문제를 확인하고, 이에 대한 건강 문제 해결 방안을 찾도록 한 뒤 친구들과 협력해 교내 캠페인 활동을 하는 방식으로 응용하면 좋을 것 같아요. 이를 통해 질병을 예방하고 건강을 증진하는 분위기를 형성하는 데 도움이 될 것으로 보입니다.

동아리 지도 교사: 우리 주변에 의미 있는 변화를 스스로 만들어

내는 일련의 체인지 메이커 동아리 활동에 적용 가능한 구체적인 방법이네요. 학생들이 협력적으로 공동의 문제를 설정해 토의·토론을 할 때 활용하면 좋겠어요.

미래 교육을 향한 디딤돌 놓기 제안

최근 온라인 수업의 활성화와 함께 '미래 교육'이라는 말도 자주 접하게 되었다. 그리고 미래 사회에 필요한 역량을 기를 수 있는 교육이 학교와 교사들에게 요구되고 있다. 하지만 미래 교육에서 말하는 '역량'이라는 개념은 어렵기만 하다. 지금까지 설명한 협력적 문제 해결 역량만 보더라도 이 역량의 정확한 개념은 무엇인지, 수업에서 필요한 요소는 무엇인지, 무엇을 평가해야 하는지 등 교사 혼자서 교육을 만들어 가기에는 공부할 것이 너무 많고 시간도 오래 걸린다. 이럴 때 필요한 것이 '교사의 협력'이다. 교사들이 미래 교육을 위해 함께 모여 교육에 대해 고민하고 소통하며, 자신의 수업을 나누고 함께 배워 가는 것, 그것이 협력적 문제 해결 능력을 기르는 수업의 토대이다. 교사부터 더 나은 교육을 위해 동료와 협력하는 것을 경험하고, 그 결과와 경험을 학생들과의 수업에서 녹여 냄으로써 문제 해결을 위한 수업을 실천할 수 있다.

3장
함께 해결하는 프로젝트 수업

서미란(수일고등학교 정보 교사 / 〈프로그래밍〉)

대학을 갓 졸업한 나에게 좋은 교사란 교과에 대한 전문 지식을 학생들에게 잘 전달하는 '일타강사' 같은 존재였다. 이후 20년이라는 시간이 흘렀고, 그동안 사회와 교육 환경은 끊임없이 진화했다. 사람의 '인지능력도 자동화'가 가능한 사회에서 살아갈 학생들에게는 단순히 지식을 기억하는 능력보다 다른 역량들이 더 많이 요구될 것이다. 그리고 수업을 통해 자신의 삶을 풍요롭게 할 수 있는 경험을 쌓는 것은 아주 중요하다. 교과 지식 안에서 학생들이 체험 가능한 경험을 삶으로 확장하는 것이야말로 진정한 배움이라고 할 수 있다. 온라인 공동 교육과정 수업 시간에 진행했던 프로젝트 학습을 협력적 문제 해결 능력 관점에서 살펴보며 여러 선생님의 미래 수업에 작은 아이디어를 제공할 수 있기를 바라 본다.

생활 속 문제를 코딩으로 해결하는 즐거운 도전

학년(군)	고등학교 2학년	교과	프로그래밍	차시	7차시

교육과정 성취 기준 및 배움 목표 수립[기대]

성취 기준	주어진 문제를 분석하고 이를 해결하기 위한 프로그램의 구조, 자료, 알고리즘 등을 설계하며, C 언어를 사용해 프로그램을 구현할 수 있다.
배움 목표	생활 속 문제 상황을 C 언어로 자동화해 친구와 함께 해결하는 학습 경험을 통해 협력적 문제 해결 능력과 민주적 의사소통 능력을 기른다.

교수 학습 및 평가 과정[행동]

교사	형성 평가	형성 평가	형성 평가	피드백
학생	개인별 문제 찾기 및 계획서 작성	개인별 계획 공유와 주제별 모둠 구성	모둠 주제 선정과 프로그래밍	발표 및 피드백

피드백 계획[성찰]

개인별 문제 찾기
교사는 학생들이 활동의 목표를 인지할 수 있도록 하고, 학생이 생각한 문제 상황을 '현재 상태', '목표 상태'로 구체화하도록 하며, 자동화 요소를 찾도록 한다.

개인별 계획 공유와 주제별 모둠 구성
교사는 개인별로 작성한 문제 해결 알고리즘의 논리성을 검토하고 코드로 구현할 수 있도록 피드백을 통해 구체화한다. 주제별 모둠 구성이 쉽지 않다면 사용할 수 있는 명령어나 알고리즘의 공통성을 바탕으로 모둠을 구성할 수 있다는 것을 안내한다.

모둠 주제 선정과 프로그래밍
교사는 학생들이 개인별 문제를 바탕으로 모둠의 주제를 선정하는 것을 관찰하고, 피드백을 통해 잘못된 지식을 바로잡도록 하거나 오류를 해결할 수 있는 팁을 제공한다.

발표 및 피드백
교사는 학생들이 서로 긍정적 피드백을 하도록 안내하고 활동 결과를 배움 목표 관점에서 피드백하며 활동 과정에서 보인 노력을 칭찬하고 개선에 도움이 될 만한 정보를 제공한다.

학생들은 수업 과정에서 알게 모르게 여러 경험을 한다. 이런 경험은 학생 개개인의 내면에 차곡차곡 쌓여서 성장의 밑거름이 되며, 해당 학생이 사회로 나아갔을 때 그의 판단과 행동에 커다란 영향을 준다. 따라서 학생들이 사회에서 요구하는 역량을 갖추도록 다양한 경험을 할 수 있는 수업 활동이 이루어져야 한다. 또한 삶이 복잡해질수록 실생활에서 만나는 문제를 혼자서 해결하기 어려우며, 다른 사람과의 협력이 필요하다. 이에 대비하기 위해 수업 과정에서 학생들이 협력적 문제 해결을 경험하는 것은 중요하다.

〈프로그래밍〉은 특성화고등학교(특성화고)에서 배우는 전문 교과이다. 교과 목표는 프로그래밍에 대한 일반적인 지식과 기술을 습득하고, 이를 기초로 응용 프로그래밍 개발 및 실무 능력을 익히는 것이다. 수업을 통해 컴퓨팅 사고력(CT, computational thinking: 컴퓨터가 효과적으로 수행할 수 있는 문제 해결 과정으로, 문제 분해, 자료 표현, 일반화, 모델링, 알고리즘이 필요함)을 기를 수 있어서 전문 프로그래머를 꿈꾸는 학생이 아니더라도 선택해 수업을 듣기도 한다. 그 이유는 프로그래밍은 수학이나 과학의 문제 해결에 사용되기도 하지만 일상생활에서 벌어지는 문제를 자동화해 해결하는 데에도 유용하기 때문이다. 또한 〈프로그래밍〉교과는 컴퓨터와 대화하는 새로운 언어의 학습을 통해 비판적·창의적 사고력뿐 아니라 친구, 컴퓨터와 협력해 문제를 해결해 봄으로써 다양한 협업이 가능한 미래 인재의 기본 소양을 경험할 수 있다.

프로젝트를 진행하기 전에 학생들에게 알고리즘(algorithm: 문제 해결을 위한 정해진 절차나 방법을 공식화한 형태)의 개념과 프로그램 작성 과정에 대한 이해, C 언어의 기본 명령어 사용법을 익히게 한다. 이어서 코드를 작성하고 기계어로 번역(컴파일)하며 디버깅(오류 수정)하는 실습 과정을 통해 주어진 문제를 코드로 작성할 수 있는 핵심 지식과 기능을 학습한다. 학생들은 교과 지식을 실제 문제 해결에 활용하는 프로젝트를 통해 지식을 심화하고 전이하는 경험을 할 수 있다.

프로젝트는 일상생활에서 문제를 찾고, 프로그래밍 가능한 자동화 요소를 구상하며, C 언어를 활용해 모둠별 프로그램을 제작하는 과정을 거친다. 그래서 프로젝트를 개인별 문제 찾기 및 계획서 작성, 개인별 계획 공유와 주제별 모둠 구성, 모둠 주제 선정과 프로그래밍, 발표 및 피드백과 같은 일련의 과정으로 계획했다. 이 장에서는 전체 프로젝트 과정 중 학생 개개인이 주도적으로 참여하며 공동체의 협력이 일어나도록 하기 위해 '개인별 계획 공유와 주제별 모둠 구성' 부분을 구체적으로 설명하도록 하겠다.

수업 진행 배경(동기)

프로그래밍 언어를 배우는 것은 영어나 일본어 같은 외국어를 배우는 것과 비슷하다. 외국어 학습에서는 외국어 단어를 익히고 문법 규칙을 이해할 뿐 아니라 그 언어가 필요한 상황, 예를 들어 외국인을 만났을 때 배운 내용을 적절하게 사용해 의사소통하는 것이 중요한 부분을 차지한다. 평생 외국인을 만날 계획이 없는 아이들에게 외국어를 배우라고 하는 것은 학습 동기가 없으므로 학습의 집중력을 유지하기도 힘들고 배움 목표를 성취하는 것도 어려울 수밖에 없다. 하물며 프로그래밍은 의사소통의 대상이 사람이 아니라 컴퓨터이다. 현재 컴맹이고 미래의 컴맹이 될 것을 선언하며 학습을 회피하는 학생들은 교사에게 종종 다음과 같은 질문 아닌 질문을 던지며 학습 자체를 거부한다.

"선생님, 왜 수학을 영어로 배워요?"
"이거 배워서 어디다 쓸 수 있어요?"
"저는 프로그래머가 될 생각이 없는데요?"

〈프로그래밍〉 수업의 학습 효과를 다양한 사례를 들어 가며 한 시간 동안 설명해 줄 수도 있다. 하지만 위와 같은 질문을 던진 학생들이라면 대부분 귀를 막고 교사의 설명을 듣지 않을 가능성이 크다. 학생의 자발적 참여 없이 교사의 의지만으로 학습을 진행하는 것이 교사와 학생 모두에게 얼마나 힘든 일인지 알고 있고, 그런 수업은 하고 싶지 않아서 교과 지식의 쓰임에 대해 고민하지 않을 수 없었다.

이런 고민 끝에 프로젝트를 통해 학생들이 스스로 문제를 찾고 그 문제의 해결 방법을 친구들과 함께 고민하며 프로그래밍 언어를 사용해 프로그램을 제작하는 등 수업 시간에 배운 내용을 활용할 수 있는 수업을 계획했다. 처음 프로젝트를 진행했을 때에는 수업 시간에 모두 배운 내용이니 학생들이 스스로 각 단계의 과정을 척척 해 나갈 것이라는 희망에 부풀어 있었다. 그러나 시간이 지날수록 모든 모둠의 프로그램 코드를 교사인 내가 작성하고 있는 기이한 경험을 하게 되었다. 학생이 문제에 봉착했을 때 기다리지 못하고 오류를 찾고 본격적으로 코드를 작성하고 있는 나를 만나는 것이다. 그 결과, 교사는 점점 더 프로그래밍을 잘하게 되고 학생은 교사에게 의지해 쉽게 문제를 해결하는 형태로 프로젝트가 끝났다. 강의식 수업이 훨씬 힘이 덜 들었을 텐데 학생들의 주먹구구식 계획을 프로그램으로 만들기 위해 교사만 종종거렸고 학생들에겐 계획한 배움이 일어나지 않았던 것이다.

그리고 여러 학기 프로젝트 수업을 진행하면서 고민스러웠던 것은 능력 있는 학생 몇 명이 학습을 주도하는 경우이다. 주도하는 학생들도 힘들지만 아무것도 하지 않고 무임승차하는 학생들 역시 마음이 편할 리 없다. 그런 상황을 어찌하지 못하고 지켜보는 교사도 힘이든다. 그래서 이 프로젝트 수업에는 모든 학생이 주도적으로 참여하도록 이끄는 수업에 대한 기본적인 고민이 녹아 있다. 수업 대상인 온라인 공동 교육과정에 참여한 학생들은 기본적으로 〈프로그래밍〉 수업에 관심을 가지고 스스로 신청한 학생이므로 일반 수업에서 만나는 학생들보다 교과에 관심이 높고 주도성을 갖추고 있는 경우가 많다. 하지만 교과목을 잘못 선택해서 온 학생도 있었고, 중도에 그만두고 싶었으나 출결 처리 때문에 억지로 수업을 계속 들은 학생도 있었다. 인원이 8~15명으로 적은 것만 빼면 학습 의욕이 높은 학생과낮은 학생이 섞여 있는 학교 수업 상황과 비슷하다고 볼 수 있다. 수업이 온라인으로 진행되었지만, 플랫폼이 온라인이라는 점을 제외하고 오프라인 프로젝트 수업과 그 과정이 크게 다르지 않다고 생각한다.

준비

모두가 참여하는 프로젝트 수업을 위해서는 기본 학습 지식을 통해 활동에 자신감을 가지도록 하고, 소통하는 학급 문화를 형성하는것이 필수이다. 학습 내용에 자신이 없는 학생은 지식을 기본으로 하는 활동에 주도적으로 참여하기 힘들다. 어렸을 때부터 프로그래밍에 관심이 많아 흥미를 느끼고 계속 공부해 왔던 학생과 고등학교에 들어와서 관련 진로를 선택하게 되어 수업을 신청한 선행 지식이 전혀 없는 학생 사이에 나타나는 학습 차이는 프로젝트 수업의 방해 요인이 된다. 그래서 학습 지식을 완벽하게 이해할 수 있도록 코드업(codeup.kr) 온라인 저지 시스템(online judge system)처럼 학생들 스스로 프로그래밍 언어를 공부할 수 있는 사이트를 활용해 기본 지식을 갖출 수 있도록 수업을 구성했다. 이런 온라인 플랫폼은 수업 시간 이외에도 공부를 할 수 있는 데다 어려움이 생기면 SNS로 교사에게 질문하고 교사는 시간이 될 때 피드백을 해 주는 보조 학습 도구도 운영하므로 활용하기에 좋다. 이처럼 수업을 시작하기 전에 프로젝트에 활용되는 기본 지식을 학생들이 충분히 학습할 수 있도록 했다.

프로젝트 수업에서는 또한 서로 협력하고 소통하는 문화가 중요하다. 수업이 진행되는 동안 코딩 실력뿐 아니라 협업의 중요성을 계속 강조하면서 서로 함께 수행할 수 있는 작은 활동을 끊임없이 제시했다. 정해진 시간 동안 자신의 잘못으로 프로젝트가 부유하게 되면 원인을 제공한 학생은 의기소침해질 수밖에 없고, 시행착오 과정도 혼자서 감당하는 것이 아니라 함께해야 하므로 이런 학습 과정에 부담을 느낄 수 있다. 따라서 힘들 때 서로를 북돋우며 자연스럽게 대화할 수 있는 문화를 조성해야 한다.

모든 학생이 참여하는 프로젝트 수업을 진행할 때에는 수업 초반에 배움 목표를 명확하게 인지시키고 프로젝트 관련 필수 지식을 미리 익히게 하는 등 몇 가지 주의 사항을 당부한다. 특히, 협동 프로그래밍 프로젝트를 진행하기에 앞서 개별 활동과 모둠 구성에 더 많은 관심과 에너지를 쏟았다.

Tip 프로젝트를 계획할 때 주의할 점

1. 모든 학생들이 주도성을 발휘할 수 있는 과정을 프로젝트에 포함시키는 것이 좋습니다.
2. 프로젝트 과정 안내뿐 아니라 학생들이 배움 목표를 명확하게 인지할 수 있도록 합니다.
3. 학생들이 프로젝트 전에 프로젝트 필수 지식을 충분히 학습하도록 합니다.
4. 프로젝트를 진행하는 동안 수행할 구체적이고 난이도가 적당한 할 일을 작은 단위로 구분해서 제시합니다.
5. 학생들에게 결과물의 완성도에 대한 압박을 조금 낮게 제시해야 할 필요도 있음을 염두에 두세요. 또한 완성된 결과물이 나오지 않을 때를 대비해 피드백과 지원 계획을 세워 두어야 합니다.

활동 따라가 보기

① 개인별 문제 찾기 및 계획서 작성

본격적으로 모둠 활동을 시작하기 전에 프로젝트와 관련한 개별 활동을 계획했다. 모든 학생들이 개별 활동을 통해 일상생활에서 만나는 문제를 찾고, 프로그래밍 가능한 요소를 추출하고, 수행 가능한 알고리즘을 작성하는 과정과 목표를 체험적으로 인지하게 된다. 배움 목표는 학습지 상단에 기재해 학생들이 수시로 볼 수 있게 하고 꼼꼼하게 설명한다. 단순히 주의 사항을 안내했을 때보다 배움 목표에 도달하기 위해 더욱 노력하는 모습이 관찰되었다.

프로젝트 과정뿐 아니라 학생들의 배움 목표 인지는 전체 활동이 배움 목표 달성으로 귀결되도록 하는 지표가 되므로 무척 중요하다. 개인 계획서의 질문은 프로젝트가 진행되는 동안 학생이 탐구해야 하는 요소로, 문제 상황에서 컴퓨팅 가능한 요소 찾기(활동지 문항 1), 알고리즘 설명을 통한 구현 계획 수립하기(활동지 문항 2), 프로그래밍 기능을 구현할 명령어 확인하기(활동지 문항 3), 수업 시간에 배우지는 않았지만 프로젝트 구현에 필요한 명령어(활동지 문항 4)로 구성된다. 특히, 3번과 4번은 학생들이 아는 것과 알아야 할 것을 준비하도록 할 뿐 아니라 교사가 학습 과정에서 발생할 수 있는 학생들의 요구를 미리 들여다볼 수 있는 질문이기도 하다.

배움 목표

· 일상생활의 문제를 선정해 자동화 가능한 요소를 추출한 뒤 현재 상태와 목표 상태를 분석할 수 있다.
· 분석한 내용을 바탕으로 목표 상태에 도달 가능하도록 구체적인 알고리즘을 구상할 수 있다.
· 프로그램 구현에 필요한 프로그래밍 요소들, 즉 변수, 입력, 출력, 선택문, 반복문, 함수, 구조체, 배열을 적절하게 활용할 수 있다.

1. 일상생활에서의 문제 상황을 구체적으로 설명하고, 이 중 자동화 가능한 요소를 추출한 뒤 현재 상태와 목표 상태를 분석하시오.
   · 문제 상황: _____
   · 자동화 가능 요소: _____
   · 현재 상태: _____
   · 목표 상태: _____

2. 위 문제 상황으로 프로그램을 작성한다면 해결 가능한 알고리즘을 설명하시오.
   (글이나 그림으로 작성)

3. 수업 시간에 배운 프로그램 구현에 필요한 요소를 서술하시오.
   · 변수: _____
   · 입력: _____
   · 출력: _____
   · 선택문: _____
   · 반복문: _____
   · 함수: _____
   · 기타: _____

4. 계획 구현을 위해 수업 시간에 배운 내용 이외에 추가로 더 공부해야 할 사항을 서술하시오.
   _____

자기가 내놓은 주제가 모둠 프로젝트로 선정되면 곧바로 코딩을 시작할 수 있을 정도로 구체적으로 작성하는 게 좋다. 모둠 프로젝트 활동도 주제만 다르지 비슷한 과정을 거치므로 개인 계획서를 작성하는 활동은 협동 활동에서 어떤 일을 하게 될지 학생들이 구체적으로 인지하게 해 줄 뿐 아니라 학습 동기를 유발한다.

모두 7차시에 걸쳐 진행되는 프로젝트 안에서 한 시간 동안 주제를 탐색하고 계획서를 작성하는 이 활동은 계획한 프로그램을 코딩하지 않기 때문에 무의미해 보일 수 있다. 그러나 학생 개개인이 누구나 프로젝트에 관심을 가지고 자기 힘으로 문제를 추상화해 보는 중요한 학습 과정이 된다.

Tip 배움 목표를 명확히 하는 전략

1. 탐구 질문을 개발해 보세요. 학생들에게 제시해도 좋고, 교사가 숙지해 질문해 보면서 프로젝트가 흔들리지 않도록 도와줄 수 있습니다.

   "○○ 문제의 자동화를 위한 프로그램을 제작하려면 어떻게 해야 할까?"

   "○○ 문제 상황에서 프로그램을 제작해 해결하려면 어떤 알고리즘으로 코드를 작성해야 할까?"

   "○○ 상황에서 사용할 수 있는 자동화된 프로그램은 어떤 명령어를 사용해 작성할 수 있을까?"

2. 학생들이 아는 것과 알아야 할 것을 인지할 수 있도록 도와주세요. 학생들이 스스로 무엇을 더 준비해야 하는지 깨달아 더욱 주도성을 발휘할 수 있어요.

② 개인별 계획 공유

학생 개인별 계획 작성이 완성되면 전체 발표를 진행한다. 아래 사례 1과 사례 2에서 보는 것과 같이 학생들은 자신이 일상생활에서 경험한 내용을 바탕으로 프로그래밍 가능한 요소를 찾고, 그것을 추상화(abstraction: 복잡한 것에서 핵심적인 것을 간추려 내는 것)하는 과업을 달성했다. 이로써 자동화 요소를 찾는 것을 어렵게 생각했지만 생활 속의 사소한 것들도 가능하다는 것을 깨닫는다. 사례 1의 발표를 듣고 약을 제시간에 꼭 먹어야 하는 환자들에게도 유용할 것이라는 의견도 나왔다. 사례 2는 수업에서 가장 인기가 있었는데, 발표자의 경험을 공감했기 때문이다. 발표를 듣는 친구들이 궁금한 점을 질문하며 발표에 집중하자 발표를 하는 학생들도 더욱 자신감 있는 모습으로 아이디어를 구체화하는 모습을 관찰할 수 있었다.

사례 1

문제 상황　아침 등교 전에 등교 준비를 하느라 바빠서 약(비타민, 비염약 등)을 챙겨 먹는 것을 자주 잊는다.

자동화 가능 요소　정해진 시간에 알람이 울리게 하고, 오늘 날짜를 입력하면 먹어야 할 비타민과 약을 알려 준다.

현재 상태　아침잠이 많아 늘 정신없는 등교 준비 때문에 약을 제때 챙겨 먹지 못한다.

목표 상태　아침마다 꼬박꼬박 약을 챙겨 먹을 수 있도록 방에 있는 컴퓨터가 알람 역할을 하게 한다. 알람이 울리고 오늘 날짜를 입력하면 먹어야 할 약을 알려 준다.

사례 2

문제 상황　집에 가는 버스를 첫 번째로 타고 싶다.

자동화 가능 요소　특정 시간에 버스가 서는 위치 기록하기, 일정 기간이 지난 기록 없애기, 통계 내기

현재 상태　감에 의존해서 자리를 잡는다.

목표 상태　통계에 근거해 최근 일정 기간에 버스가 가장 많이 섰던 곳에 자리를 잡는다.

③ 주제별 모둠 구성

성공적인 프로젝트 수업을 위해서는 팀 빌딩(team building)이 무엇보다 중요하다. 팀 빌딩이란 팀원들의 작업 및 커뮤니케이션 능력, 문제 해결 능력을 향상해 조직의 효율을 높이는 조직 개발 기법으로, 협동 학습의 모둠 세우기와 비슷하다. 팀 구성 방법은 교사가 임의로 나누는 방법, 학생들이 스스로 팀을 구성하는 방법, 학생이 결정하고 교사가 관리하는 방법 등으로 다양하다. 교실 수업보다 온라인 공동 교육과정 수업에서 모둠 구성에 교사의 개입이 조금 더 필요했는데,

역량별 구성과 주제별 구성의 두 가지 방식으로 시행해 보았다.

첫 번째는 역량별 팀 구성이다. 프로그래밍 실력 차이를 바탕으로 우수한 학생과 부족한 학생을 고루 한 팀으로 꾸린다. 이 경우 프로젝트의 결과물은 대체로 우수하다. 하지만 능력이 부족한 학생이 모둠 활동에 적극적으로 참여하지 못하는 모습이 관찰되었고, 우수한 학생은 부족한 학생에게 협동할 것을 제안하지 못하는 문제가 발생하기도 했다.

그래서 다음 학기에는 주제별 팀 구성을 시행해 보았다. 13명의 학생이 발표한 주제를 아래와 같이 수학적 문제, 게임, 일상 문제, 생명공학 문제로 나누고, 같은 문제 영역을 한 모둠으로 구성한다. 학생들이 찾은 문제들은 주제나 알고리즘이 비슷한 경우가 많고, 개인 활동 내용을 모둠 프로젝트에 응용할 가능성이 커서 모두 적극적으로 참여하기가 쉽다.

2020년 1학기 개인별 주제와 모둠 구성

모둠	개인별 주제		모둠 구성
A조	학생 1: 삼각함수 그래프 개형 알아보기 학생 2: n번째 수열 값 찾기 학생 3: 암산 연습하기	⇨	수학적 문제
B조	학생 4: 컴퓨터가 생각한 숫자 맞히기 게임 학생 5: 가위바위보 게임 학생 6: 영어 단어 맞히기 게임	⇨	게임

C조	학생 7: 자동 노트북 쿨링 패드 프로그램 학생 8: 재난 지원금 선정 프로그램 학생 9: 전기 절약 엘리베이터 프로그램 학생 10: 엘리베이터 도착 시간 안내 프로그램	⇨	일상 문제
D조	학생 11: 혈액형 판정 및 수혈 가능 혈액형 안내 프로그램 학생 12: 수명 예측기 학생 13: 혈압 판정 프로그램	⇨	생명공학 문제

모둠 구성에서 한 가지 주의할 점은 모둠 구성 시기이다. 개인 계획서 작성 전에 모둠을 역량별로 구성했더니 링겔만 효과(Ringelmann effect: 단체의 구성원 개개인이 자신들이 속한 단체의 크기가 커질수록 점점 덜 생산적으로 변화되는 경향)로 개인 활동을 소홀히 하는 학생들이 개인 계획서 작성 이후에 팀을 구성한 경우보다 많이 나타났다. 이로써 개인 계획서 발표 이후 주제별로 모둠을 구성하는 것이 학생 개개인의 참여를 높이는 데 더 효과적이라고 판단할 수 있었다.

> **Tip** 효과적인 팀 빌딩을 위한 노하우
>
> 1. 학생들이 스스로 모둠을 만들 수도 있지만, 배움 목표 도달을 위해 조정 가능하다는 것을 교사가 미리 안내하고 관리를 하는 것이 좋습니다.
> 2. 다양한 방법으로 모둠을 구성해 본 결과, 학생이 관심 있어 하는 분야(주제)를 친구들과 함께 협업하도록 하는 형태가 학생들의 주도적 참여도가 가장 뚜렷하게 나타났습니다.

3. 개인 활동이 계획되어 있다면 개인 활동 이후로 팀 빌딩을 미루어도 좋습니다.

④ 모둠 주제 선정과 프로그래밍

모둠 구성이 끝났다. 본격적으로 협업 활동이 시작되면 학생들이 할 일은 모둠 프로젝트 주제를 정하는 것이다. 모두 공통 관심사를 알고 있어서 아무것도 없는 상태에서 논의하는 것보다 시간이 덜 걸린다. 하지만 여러 명의 의견 중에서 함께 코드를 작성할 주제를 정해야 하므로 학생들의 의사소통과 발산적 사고가 빛을 발해야 하는 시간이다. 잘못된 지식을 가지고 있거나 어려워하는 문제에 대해서는 바로 피드백을 해 주어 주제 정하는 것을 돕는다. 다시 말해 학생과 학생, 교사와 학생 간의 의사소통을 통해 모둠의 주제가 정해진다.

어떤 모둠은 모둠 친구들의 의견들을 모두 모아서 하나의 프로그램을 작성하기로 결정했고(B조), 어떤 모둠은 투표를 통해 가장 괜찮은 주제를 하나 선정했다(A조, D조). 그리고 논의를 거쳐 전혀 새로운 주제를 선정한 모둠도 있었다(C조). 이렇게 한 시간 동안 협동 프로젝트의 모둠별 주제 선정을 마무리할 수 있었다.

2020년 2학기 개인별 주제와 모둠 주제

모둠	개인별 주제		모둠 주제
A조	**학생 1:** 러시안룰렛 게임 프로그램 **학생 2:** 마피아 게임 프로그램	⇨	러시안룰렛 게임 프로그램
B조	**학생 3:** 미분 함수 계산기 **학생 4:** 물리학 계산기	⇨	다양한 계산을 하는 계산기
C조	**학생 5:** 비밀번호 해킹 방지 프로그램 **학생 6:** 분리수거 안내 프로그램	⇨	섭취량에 따른 운동법 안내 프로그램
D조	**학생 7:** 영어 단어 암기 프로그램 **학생 8:** 버스 서는 위치 안내 프로그램 **학생 9:** 약 먹기 알람 프로그램	⇨	영어 단어 암기 프로그램

학생들은 이제부터 C 언어로 치열하게 코드를 작성해 프로젝트를 완성한다. 프로젝트의 대가 마이클 맥도웰(Michael McDowell)은 학생들이 학습 과정에서 겪는 실패의 성찰을 통해서도 배움이 일어난다고 말했다. 프로그래밍 활동에서 문법적 오류와 논리적 오류는 배움의 구덩이가 된다. 지금까지 배운 내용과 새로운 지식을 모아서 심사숙고하는 과정을 통해 이 구덩이를 잘 빠져나오면 프로그래밍 능력이 한 단계 높아진 것 같은 자신감을 얻게 된다. 혼자서는 외롭고 힘들 수 있는 이 배움의 구덩이에서 친구와 함께 어떻게 빠져나올지 고민하고 애쓰는 것은 힘들지만 즐겁다. 함께 코드의 오류를 찾으며 마치 프로그래머가 된 듯한 느낌을 받으며 협업의 진정한 힘을 느끼는 것이다. 이 과정에서 교사의 역할도 중요하다. 자칫 학생들의 프로그

래밍에 직접 뛰어들어 마치 한 명의 모둠원이 된 것처럼 '활약'하게 될지도 모르기 때문이다. 그래서 교사는 스스로 탐구 질문을 되뇌며 학생들의 학습을 돕는 형성 평가자의 자세를 잊지 않아야 한다. 적절한 피드백은 학생들의 학습을 돕겠지만 지나치면 학생들의 주도성을 해치고 학습을 방해할 수 있다.

Tip 프로젝트에서 형성 평가의 중요성

1. 프로젝트 수업에서 형성 평가란 학생들이 무사히 배움 목표를 달성할 수 있도록 도와주는 코칭을 말합니다.
2. 프로젝트를 실제로 진행하는 동안 교사의 역할은 훌륭한 형성 평가자가 되는 것입니다.
3. 학생이 목표를 잊지 않고 있는지 확인하고, 탐구 질문을 끊임없이 내면화하며 학생에게 물어보는 것, 학생이 핵심 지식을 올바르게 활용하는지 점검하는 것, 지원이 필요한 부분을 살펴보는 것, 수준 높은 결과물을 만들 수 있도록 조언하는 것, 포기하지 않고 결과물을 완성할 수 있도록 격려하는 것이 형성 평가에 해당합니다.

---

⑤ 발표 및 성찰, 피드백

협력 프로젝트 코드 작성을 마무리했다면, 마지막 시간에 구글 공유 드라이브나 구글 문서를 활용해 모둠별로 작성한 설명서와 코드 창을 화면에 띄우고 팀원들의 성과를 발표한다. 온라인 그룹 토의 기능을 실행 중인 학생들은 다른 모둠들의 진행 과정을 전혀 알 수 없다. 자기 모둠의 프로젝트에만 몰두하던 학생들이 다른 모둠들의 결과물을 발표를 통해 함께 확인하는 시간이다. 학생들의 역량과 노력에 따라 놀랄 만큼 괜찮은 프로그램도 있고, 정말 기초적인 프로그램도 있지만, 이 프로그램을 제작하기 위해 얼마나 많은 어려움을 겪었는지 누구보다 잘 알기에 모두에게 아낌없이 힘찬 박수를 보낸다. 다른 모둠이 만든 프로젝트에 어떤 기능을 추가하면 좋을지, 프로그램을 더 확장해 활용할 수 있을지를 자유롭게 이야기하며 다른 모둠의 프로젝트에도 아이디어를 더해 본다. 친구들이 전한 아이디어나 시간이 부족해서 구현하지 못한 기능 또는 현재 능력이 되지 않아서 못한 부분은 공부를 지속할 수 있는 끈으로 남겨 놓는다.

이렇게 많은 좌절과 어려움을 겪으며 제한된 시간의 압박감에 시달리면서도 협력 프로젝트 활동을 끝내고 나면 학생들은 성장한 본인을 만나게 된다. 그래서 모든 수업 활동 중 이 프로젝트 수업을 가장 인상 깊은 활동으로 꼽는다.

Tip 수업 마무리 단계에서 학생들의 성찰 돕기

1. 첫 번째 발표자에 따라 성찰의 방향이 결정되어 버리니 상황에 알맞은 성찰 질문을 준비하세요.

2. 수업을 통해 알게 된 점(학습 내용), 더 알고 싶어진 점(학습 전이),
   학습 과정에서 부족했던 점(반성적 사고), 부족한 점을 개선할 방안
   (의식적 연습), 우리 모둠원들의 태도(협업)와 관련해 성찰을 안내하는
   것도 한 가지 방법입니다.
3. 성찰할 시간이 넉넉하지 않다면 패들렛과 같이 실시간으로 학생들의
   생각을 공유할 수 있는 플랫폼을 사용합니다.

수업의 가장 마지막 단계인 프로젝트가 끝나면 수업도 종료된다.
그래서 프로젝트와 함께 수업 전체를 통틀어 성찰한다. 학생들이 소
감을 발표할 때 모두 울컥하는 지점이 있다. 나의 수업을 통해 학생들
이 이런 것들을 경험했다면 교사로서도 진정 기쁜 일이 아니겠는가!

"프로그래머라는 꿈을 가지고는 있었지만, 어떻게, 무엇부터
시작해야 할지 항상 고민했는데 수업에 참여해 다른 친구들과
코드를 비교해 보고 의견을 들어 보면서 나의 부족함을 알게
되었고, 더욱 성장할 수 있는 통로가 되었습니다."

"다른 친구들보다 프로그래밍을 잘해서 수업 시간에 협동 학습을
하면 항상 나 혼자서 모든 것을 다 하게 되어 화가 날 때도 있었는데,
이 수업에서 진정한 협동을 경험했습니다. 나의 잘못된 부분을
친구가 수정해 줄 수도 있고, 나도 친구 것을 수정해 줄 수 있어서
서로 좋은 상승효과가 나오는 것 같습니다."

"수업이 끝난 뒤 나는 내 프로그래밍 실력이 성장할 줄 알았는데 나의 생각이 성장했다는 것을 느꼈습니다."

"수업 시간에 배운 내용을 도대체 어디에 쓸지 알 수 없었는데 나의 의견이 모둠 주제로 채택되어 친구들과 함께 하나씩 완성해 나가면서 프로그래밍이 실제 문제 해결의 도구가 될 수 있다는 점을 깨달았습니다."

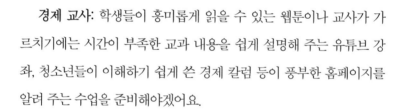

다른 교과에는 이렇게 적용할 수 있어요!

경제 교사: 학생들이 흥미롭게 읽을 수 있는 웹툰이나 교사가 가르치기에는 시간이 부족한 교과 내용을 쉽게 설명해 주는 유튜브 강좌, 청소년들이 이해하기 쉽게 쓴 경제 칼럼 등이 풍부한 홈페이지를 알려 주는 수업을 준비해야겠어요.

일본어 교사: 아무리 유능한 교사라도 세상의 온갖 지식을 알고 있을 수는 없고, 온라인에는 자료와 플랫폼이 무궁무진하지요. 서미란 선생님의 수업을 통해 스스로 호기심을 가지고 모르는 것을 찾아 프로젝트에 적용하는 학생들을 보며 어떻게 자신에게 필요한 공부를 할 수 있는지 연습할 기회를 가지게 되는 것 같아요. 이런 점은 〈일본

어) 수업에도 활용할 수 있겠다는 생각이 들었어요.

교육학 교사: 최근 대다수 업무가 프로젝트 방식으로 진행되고 있는데, 서미란 선생님의 사례를 보니 교실 현장에서도 좀 더 적극적으로 활용하고 싶어집니다. 다만, 교사로서 조급증을 버리고 적절한 개입의 순간 등에 유의하면서 과정 속 어려움조차 그것을 해결해 내는 힘은 학생에게 있다는 믿음을 가져야겠어요.

미래 교육을 향한 디딤돌 놓기 제안

사회, 산업, 교육의 모습은 서로 나누어서 생각할 수 없다. 2016년 인공지능(AI) 알파고와 이세돌 9단의 대국으로 사람들은 미래가 이미 성큼 다가왔음을 깨달았고, 사회의 다양한 분야에 4차 산업 기술이 적용되며 교육에도 변화의 요구가 높아졌다. 새로운 패러다임이 등장할 때마다 '반발'과 '적응'은 항상 문제가 되어 왔다. 19세기 초 영국의 러다이트(Luddite) 운동°처럼 변화에 대한 반발은 변화 속도를 늦

---

* 19세기 초반 영국에서 일어난 반(反)자본주의 사회운동으로, 급진파가 섬유기계를 파괴하는 것으로 시작되었다. 1811년에서 1816년까지 이어진 지역적 폭동으로 절정에 이르렀으며, 시간이 지나면서 이 용어는 일반적으로 산업화, 자동화, 컴퓨터화 또는 신기술에 반대하는 사람을 의미하게 되었다.

추긴 했어도 변화를 막지는 못했다.

　인공지능 사회에서 학생들에게 문제 풀이 능력은 의미가 없다. 분석, 계산, 추론, 문제 해결은 기계가 더 잘하는 영역이 될 것이다. 따라서 인공지능으로 대체할 수 없는 공감 능력, 창의력, 협업 능력, 주도성 등을 갖춘 인재의 필요성이 높아질 것이라는 예측을 어렵지 않게 할 수 있다. 그렇다면 사회의 체험장인 학교에서 학생들에게 이런 경험을 제공하는 것은 선택이 아니라 교육의 실천 지표가 될 것이다. 이를 위해 협동과 의사소통이 함께 요구되는 협력적 문제 해결 활동을 미래 교육의 디딤돌로 조심스레 제안해 본다.

4부

소통하고
관계 맺는 교육

김혜진(송양고등학교 교사)

"공동체 속에서 서로 배려하고 존중하는 것을 배울 수 있는 곳", "개별 학생들에게 관심을 쏟으며 이해와 소통을 하는 교사". 「'미래교육체제 탐색을 위한 조사' 결과 보고서」*에서 정리한 학생과 학부모가 각각 미래 교육에 기대하는 학교와 교사의 모습이다.

요즈음 학교에서 일어나는 다양한 학교 폭력 사건들은 수위가 더욱 높아지면서 심각한 사회문제로 떠오르며 우리를 혼란스럽게 하고 있다. '광주 여중생 집단 폭행 사건', '인천 여중생 집단 성폭행 사건'

---

* 대통령 직속 국가교육회의가 4차 산업으로의 이행, 교육 환경 변화 등에 따른 학교 역할의 변화, 교육과정 혁신, 교원 발전 방향에 대한 일반 국민 및 교육 관계자 여론을 파악하기 위해 2020년 10월 3일부터 10월 16일까지 실시한 여론 조사 결과 보고서이다.

등을 보면 학생들은 아무런 죄책감도 없이 범죄를 저지르는 모습을 보인다. 학교 폭력 가해자들은 타인에 대한 배려와 공감 능력이 부족해 인간관계에 어려움을 느끼는 경우가 많다. 이러한 상황에서 여전히 교육은 개인의 개성과 인성이 무시된 입시 위주의 학습을 강조해 이기주의적 사고의 경쟁 속으로 학생들을 몰아넣고 있다. 그로 인해 학생들이 겪는 정서적 문제는 점점 심각해지고 있다.

그렇다면 학교는 무엇을 해야 할까? 교사는 학생들이 무엇을 배울 수 있게 이끌어야 할까?

'인간다움'을 요구하는 미래 사회

박영숙, 제롬 글렌이 쓴 저서 『세계미래보고서 2021』에서는 많은 직업이 인공지능으로 대체될 미래를 위해 의사소통 능력을 높이려는 노력이 필요하다고 단언한다. 이 책의 저자들은 미래 사회 인재들에게 요구되는 것은 전문 기술이나 지식이 아니라 인간다운 면모, 인간 본연의 창의성, 공감 및 의사소통 능력이라고 적고 있다. 미래 사회가 우리에게 요구하는 것은 '인간다움' 그 자체이다.

교육은 무언가를 이루기 위한 도구가 아니다. 결국엔 교육의 본질을 회복해야 한다는 명제와 만나게 된다. 다양한 가치관이 공존하며 서로의 다름을 수용할 수 있음을 가르치는 교육, 생각과 입장이 서로 충돌할 때 상대편에 대한 개방적 태도와 배려의 마음을 키우는 교육으로 돌아가야 한다. 교육을 통해 학생들은 자신과 타인의 감정이나 행동에 공감하고, 그러한 이해를 바탕으로 인간관계를 형성할 수 있다.

미래형 의사소통은 수평적 관계에서 시작된다

의사소통은 사람 사이의 관계를 맺고 인간성을 발전시키는 매개체이므로 인간관계에서 무엇보다 중요하다. 교사와 학생 사이의 의사소통이 어떻게 이루어지냐에 따라 관계가 좋아지기도 하고 나빠지기도 한다. 현재 학교는 과거보다 질문이 있는 교실과 소통하는 문화를 형성하려고 노력하고 있다. 그러나 학교에서의 의사소통은 학생을 교사의 의도대로 이끌고자 전략적으로 사용되는 경우가 많다. 교사와 학생 사이의 상호 이해를 위한 '소통'이 아니라 교사의 '권위'에 바탕을 둔 의사소통이 대부분이다. 미래 교실에서는 이런 권위적 의사소통이 아닌 수평적 관계에서 형성되는 미래형 의사소통이 이루어져야 한다. 하지만 미래형 의사소통이란 자유로운 분위기에서 상호 이해를 바탕으로 한 쌍방향 소통을 말한다. 문제를 제기했을 때 상대편을 이해하고 대화를 통해 합의점을 도출해 행동의 변화를 일으킬 수 있는 소통이며 교사와 학생이 모두 바라는 관계여야 한다.

교사들도 소통하는 교실을 경험해 보지 못했기에 어떻게 해야 학생들의 의사소통 능력을 높일 수 있는지 모르는 경우가 많다. 학생들과 소통하고자 노력하지만 어디까지 소통해야 하는지, 그저 대화를 많이 하면 되는지, 무엇을 어떻게 해야 하는지 교사들에게는 어렵게만 느껴진다. 하지만 소통이 있는 미래의 교실을 만들려면 교사들 세대가 겪었던 경직된 교실이 아닌, 교사와 학생이 편하게 이야기할 수 있는 경험을 제공해야 한다. 재미있는 농담을 던지며 이야기를 끌어내거나 친구처럼 친근하게 대하는 것도 소통을 배우는 방법일 수 있다. 그러나 근본적으로 우리가 추구해야 하는 미래 교육의 방향은 수업을 통한 소통이다. 관심사와 개성이 다른 개인이 협업하며 소통하는 수업, 집단으로 함께 활동하지만 모든 학생이 자신의 목소리를 낼 수 있는 수업이 필요하다. 이러한 수업에서 교사는 학생 개개인의 잠재된 능력과 가치를 끌어낼 수 있는 촉진자가 되어야 한다.

개개인의 잠재력과 특별함을 일깨우는 수업

성적 미달로 고등학교를 중퇴했지만 그 이후 꾸준한 노력으로 현재 하버드대학교 교수로서 교육신경과학 분야를 선도하는 사상가 토드 로즈는 『평균의 종말』에서 '개개인성'의 중요성에 대해 말한다. 개인은 모두 특별한 존재이며, 개인마다 가장 잘 맞는 길이 있다는 것인데, 그 길이 무엇인지 알려면 가장 먼저 내가 어떠한 사람인지 아는 것이 중요하다고 로즈는 설명한다.

학생들에게 자신이 좋아하고 잘하는 것에 대해 적는 활동을 시키면 대부분 좋아하는 음식이나 색깔, 연예인 이름을 적는다. 자신이 어떤 분야에 관심이 있는지 무엇을 하면 행복한지 말하는 학생은 거의 없다. 여태껏 아무도 질문해 주지 않았고 경험해 보지 못했기 때문이다. 자신의 내면에 귀 기울이기보다 외부의 기준과 일률적인 학교 교육에 위축되어 진짜 '나'를 찾지 못하는 것이다. 따라서 교사는 학생들 개개인의 잠재력과 특별함을 일깨워 주기 위해 학생들을 바라보고 소통할 수 있는 수업을 생각해야 한다. 그러한 수업 안에서 교사는 학생에 관한 관심과 공감을 통해 학생들이 자신만의 생각과 자아를 확립할 수 있게 도와야 할 책무가 있다. 교사는 또한 학생들이 미래에 한 개인으로서 자존감을 가지고 다양한 수준과 방법으로 사회 활동에 참여할 수 있도록 멘토가 되어야 한다.

하지만 단순히 학생의 특별함을 찾아낸다는 관점으로만 수업을 구성해서는 안 된다. 미래 사회에는 지금보다 더 다양한 문화로 구성된 공동체 속에서 타인과 더욱 협력하며 살아가야 한다. 따라서 교사는 불확실성과 복잡성이 높은 미래 사회에 공동체의 일원으로서 공존할 수 있는 구성원을 키워 낸다는 사회적 책무를 가지고 수업에 임해야 한다. 학생들이 더불어 살아가는 민주 시민으로 성장해 나갈 수 있도록 다양한 사람들과 상호 작용을 하며 나눔과 배려의 과정을 경험하도록 해야 한다. 그렇기에 자신과 타인의 감정에 공감하고 각자의 생각과 인식을 공고히 한 가운데 서로 어우러져 소통하며 함께 활동할 수 있는 수업을 계획해야 한다.

소통과 공감, 배려를 배우는 교실을 만들려면?

4부에서는 학생 모두를 존중하며, 학생과 교사 사이, 학생과 학생 사이에 소통과 배려가 이루어지는 수업을 소개하고자 한다. '꿈과 진로를 연결하는 온라인 클러스터 수업'은 학업이 자신의 삶과 연결되어 있지 않다고 생각하는 학생들을 무기력함에서 깨워 학업과 삶을 연결 짓도록 하고, 한 걸음 더 나아가 학생 스스로 자신의 진로를 찾아 나가는 모습을 보여 준다. 학생들의 꿈을 이해하고 소통하며 잠재력을 일깨워 줌으로써 학생이 스스로 교사에게 다가오는 모습을 확인할 수 있다.

또 '학생들과 함께 만드는 거꾸로 수업'은 교실 안에서 한 명의 학생도 소외되지 않고 각자의 학습 속도에 맞추어 공부할 수 있도록 함께하는 교사의 노력을 보여 준다. 모든 학생이 멘토가 되어 학생이 선생님의 역할을 하는 수업을 통해 학생들은 공감과 배려를 배운다. 스스로 학습하는 '5분 티처', 학습 내용을 확인할 수 있는 '1분 스피치'와 같이 학생의 눈높이에 맞춘 다양한 활동을 통해 학생 몇몇이 주연인 교실이 아니라 모두가 함께 만드는 교실로 탈바꿈할 수 있다.

학습자 중심의 관점을 더욱 강조한 학생과 소통하는 미래 수업을 통해 교실에서 침묵하던 학생들이 수업에 주체적으로 참여하기 시작했다. 먼저 표준화·획일화된 수업에서 비롯된 학습에 대한 무관심이 눈에 띄게 줄어들면서 활동에 능동적으로 참여했다. 이와 더불어 학생들이 자신의 미래를 생각해 보고, 배움에 재미를 느끼며 배울거리를 스스로 찾아 교사에게 제시하는 모습을 보였다. 교사에게서 학생으로의 일방적인 가르침 전달이 아니라 교사와 학생이 함께 만드는 수업으로 변화한 것이다. 이러한 과정에서 교사와 학생 모두 소통하면서 더불어 살아가는 미래 사회에 알맞은 사회인으로서 성장하는 모습을 보여 준다.

2장
꿈과 진로를 연결하는 온라인 클러스터 수업

손윤정(보영여자고등학교 보건 교사 / 〈보건〉)

'내 꿈은 뭐지? 졸업하면 어떤 일을 해야 하나?' 학창 시절 누구나 한 번쯤 이런 고민을 해 봤을 것이다. 그러나 진로 탐색과 관련한 구체적인 정보가 없는 상태에서 진로를 결정한다는 것은 그리 쉬운 일이 아니다. 진로 선택을 하는 데 있어 방향이나 목표를 뚜렷하게 정하지 못하고 갈팡질팡하는 학생들을 보며 어떤 방법이 도움이 될지 고민했다. 그러다 시작한 것이 바로 보건·의료 진로 탐색 활동이다. 좀 더 구체적으로 창체〈보건〉수업, 방과 후〈보건〉수업, 보건·의료 동아리 활동 등을 통해 학생들과 보건·의료와 관련된 진로·진학 탐색 활동을 시작했다. 그리고 이러한 활동들을 바탕으로 경기도 교육청이 운영하는 온라인 공동 교육과정인 '온라인 교육과정 클러스터' 수업을 진행했다. 이제 그 경험을 이야기하고자 한다.

학년(군)	고등학교 2학년	교과	보건	차시	6차시

교육과정 성취 기준 및 배움 목표 수립[기대]

성취 기준	· 자기 탐색 활동을 통해 자신의 특성을 이해할 수 있다. · 보건·의료 직업 탐색을 통해 자신의 꿈과 진로를 발표할 수 있다.
배움 목표	· 자기 탐색 및 직업 탐색을 바탕으로 자신의 진로 계획을 세울 수 있다.

교수 학습 및 평가 과정[행동]

교사	기질 특성 질문지 제시하기	꿈을 가져야 하는 이유 제시하기	직업군마다 필요한 준비 요소 제시하기	계획 수립 시 우선순위 설정 방법 제시하기
학생	나의 특성 확인하기	나의 꿈 확인하기	꿈을 위한 준비 요소 확인하기	진로 계획하기

피드백 계획[성찰]

나의 특성 확인하기
학습자가 자기 탐색을 통해 스스로를 이해하는 시간이 되도록 적절한 질문을 하여 자기 탐색이 원활하게 이뤄지도록 한다.

나의 꿈 확인하기
학습자가 자신의 꿈이 무엇이며, 꿈을 갖게 된 이유는 무엇인지 더욱 깊이 생각하는 시간을 갖도록 안내한다.

준비 요소 확인하기
자신의 꿈을 위해 준비할 요소에 대해 단기 및 장기 계획을 세울 수 있도록 적절하게 안내한다.

진로 계획하기
우선순위에 따라 진로 계획을 세울 수 있도록 적절하게 안내한다.

　다양한 주제로 이뤄지는 〈보건〉 수업의 궁극적인 수업 목표는 건강 지식의 습득을 바탕으로 자기 건강관리 능력을 기르는 데 있다. 바로 여기에 이러한 목표와 연결해 학생들의 진로·진학을 위한 새로운 수업을 구성하는 방법이 있다. 이를테면 학교 안에서는 창체 시간, 동아리 활동, 방과 후 수업 등을 통해 가능하고, 학교 밖에서는 온라인 클러스터 수업을 통해 가능하다. 지금부터 온라인 클러스터 수업에서 학생들에게 건강 지식을 어떻게 전달하고 진로 탐색을 위한 활동들을 어떻게 전개했는지 안내하고자 한다.

　온라인 클러스터 〈보건〉 수업은 고등학교 2학년을 대상으로 주 1회 2시간씩 한 학기 동안 진행됐다. 수업을 진행하면서 무엇보다 수업의 질을 높이기 위해 매시간 학생들의 요구에 지속적으로 관심을 가지고 적절한 피드백을 하며 끊임없이 소통하려고 노력했다.

　첫 시간에는 먼저 학생들을 수업의 주체로 세우기 위해 학생들이 배우기를 희망하는 내용에 대한 의견을 받고 이를 적극 수렴해 차후 수업 내용을 구성하고 방법도 변경했다. 이어지는 시간에는 구체적인 진로 탐색 활동을 실시하며, 한편으로 지식과 지식의 연결을 통해 융합적 사고를 꾀하고 배움을 확장할 수 있도록 수업을 진행했다. 마지막으로 수업에서 배운 모든 내용을 바탕으로 '나만의 소책자 만들기'

활동을 통해 건강 지식에 대한 종합적 사고력을 기를 수 있도록 했다.

온라인 클러스터 〈보건〉 수업의 전체적인 흐름

수업 흐름	학생이 만드는 수업(2시간)	진로를 탐색하는 수업(6시간)	지식을 연결하는 수업(16시간)	배움을 실천하는 수업(10시간)
상위 목표	수업 주도성을 가지는 태도 함양	진로 설정 및 계획 수립 능력 획득	융합적 사고력 함양	종합적 사고력 함양
관련 활동	내가 배우고 싶은 수업 제시하기	나의 특성 확인 및 진로 로드맵 작성하기	지식과 지식을 연결하며 사고 확장하기	소책자 만들기

위의 표와 같은 흐름으로 진행된 전체 수업 중에서 6시간에 걸쳐 학생들과 함께한 '진로를 탐색하는 수업'의 세부 활동들을 소개하면 다음과 같다.

수업의 진행 배경

"제 꿈은 간호사이지만 이게 제 적성이랑 맞는지는 잘 모르겠어요."

"아직 꿈이 없어요. 하지만 취업이 잘 된다고 해서 그냥 물리치료학과에 가려고요."

"진로를 아직 못 정했어요. 근데 부모님은 제가 수의사가 되기를 바라세요."

학생들은 대부분 자신의 꿈이 무엇인지 찾고 진로를 결정하는 데 고민을 많이 한다. 그러나 이런 고민을 속 시원하게 해결하고 결정을 내리기란 결코 쉽지 않다. 자신이 원하는 꿈이나 직업을 직접 체험할 기회가 있다면 진로 설정을 하는 데 매우 도움이 되겠지만 현실은 그렇지 못하다. 그래서 〈보건〉 수업을 통해 진로를 보다 구체적으로 탐색하는 데 필요한 정보를 제공하고, 이를 바탕으로 실질적인 고민을 하며 자신의 꿈을 찾고 진로를 결정할 수 있도록 수업을 구성했다.

인간은 누구나 불확실한 상태에서는 목표를 설정하기 어렵고 의욕마저 떨어질 수 있다. 학생들도 마찬가지이다. 따라서 학생들이 자신의 진로에 대한 방향을 확실히 설정하고 진학을 결정한다면 학교생활을 하는 데 있어 심리적 안정감을 느끼고 학업에 집중하는 데에도 크게 도움이 된다.

학생들에게 있어서 자신의 꿈과 진로를 확인하는 과정은 진로를 고민하느라 방황하는 시간을 크게 줄여 줄 최선의 수업이 될 수 있다. 더불어 이러한 학생들의 마음속 고민을 꺼내 함께 탐색하는 시간을 갖는 것만으로도 '학생들의 미래를 준비하는 교육'이라는 교육의 역할 수행 측면에서 의의를 찾을 수 있다.

어떤 수업인가?

진로 발달 이론에 따르면, 고등학교는 직업 가치를 명료화하면서 전공, 대학, 그리고 직업을 탐색하는 시기이다.[1] 그러나 정작 학교 현장에서는 입시 위주의 수업 때문에 이러한 방향을 제시하는 데 어려움이 있는 게 사실이다. 그러다 보니 학교에서 많은 학생이 진학을 위한 진로 설정에 어려움을 느끼고, 종종 자신의 꿈이나 적성과는 관계없는 진학을 선택하기도 한다.

진로란 앞으로 나아갈 방향을 뜻하며, 이는 곧 삶의 방향을 의미하기도 한다. 그렇기에 청소년기에 꿈을 찾는 것은 매우 중요한 일이다. 그 이유는 꿈이 있다면 진로를 설정하기가 쉽고 이와 관련된 직업을 가지려면 어떤 학과에 진학해야 하는지 결정하는 데에도 도움이 되기 때문이다. 설령 꿈이 없더라도 어떠한 직업을 갖고 싶은지 결정할 수 있다면 향후 진로 설정이 쉬워지니 그나마 다행이다. 그러나 꿈도 직업도 결정을 내리지 못한다면 청소년기의 상당 시간을 진로를 고민하느라 방황하며 보낼 수밖에 없다. 그리고 이런 방황은 결국 목표를 갖고 학업에 정진하는 데 걸림돌이 된다.

학생들에게 꿈과 진로를 연결하는 수업을 마련해 주어야 할 필요성은 분명 있다. 이는 곧 학교에서 배우는 수업은 결국은 더 나은 미래를 위한 진학에 필요한 것이며, 진학을 위해서는 진로 설정에 대한 뒷받침이 있어야 하고, 이는 궁극적으로 학생들이 스스로 미래를 준비하도록 돕는 과정이기 때문이다.

이 수업에서는 먼저 학생들이 스스로 자신이 어떤 기질과 특성을 가진 사람인지 탐색해 보는 시간을 갖는다. 이러한 탐색을 통해 자신이 가진 특성이 어떠한 직업군에 맞을지 고민해 보고 자신이 원하는 꿈은 무엇인지 생각해 보도록 한다. 그다음으로 자신의 꿈을 이루는 데 필요한 준비 요소와 이에 따라 진학하려면 어떤 준비를 해야 하는지 확인하도록 한다. 이러한 수업 과정을 차근차근 따라가다 보면 수업의 최종 목표인 나만의 진로 로드맵을 작성하는 활동에 이르게 되며, 이 활동을 통해 자신의 꿈과 진로를 가시화할 수 있다.

이 수업의 목적은 학생들이 진로에 대한 마음속 고민을 멈추고 자신에게 맞는 진로를 결정함으로써 청소년기를 행복한 미래와 삶을 준비하며 보낼 수 있도록 하는 데에 있다.

어떤 준비를 했나?

〈보건〉 수업에서 진로 탐색 활동을 한다고 하면 의아해할지도 모르겠다. 그러나 분야별 전공자들이 해당 분야의 진로 상담을 하는 것이 가장 효과적일 수 있다. 그 분야를 직접 전공하고 경험했으니 실제로 도움이 되는 조언과 격려를 해 줄 수 있기 때문이다.

나는 교사이기 전에 의료인으로서 근무했던 경험을 되살려 보건·의료 관련 직업들에 관한 최신 정보들을 새롭게 수집하고 정리했다. 이를 위해 간호사나 물리치료사의 해외 취업 정보를 포함해 학생들이 희망하는 보건·의료 분야의 직업들을 세밀하게 사전 조사했다. 학생들이 스스로 이러한 정보들을 수집하고 판단하기에는 여러 어려움이 따르므로 이럴 때 교사가 학생에게 필요한 정보 제공 및 조언을 충분히 해 줄 수 있도록 준비해야 한다.

이와 함께 교사는 몇 가지 진로 상담 이론과 진로·진학 상담 기법에 대한 선행 공부를 준비해야 한다. 이와 관련한 이론은 교육학에 이미 많이 제시되어 있기에 조금만 관심을 가지면 어렵지 않게 수업에 적용할 수 있다. 그리고 수업에 필요한 이론의 일부만 발췌하는 것도 한 가지 방법이다.

이 수업을 준비하는 데에도 몇 가지 이론을 적용했다.

첫째, 프랭크 파슨스(Frank Parsons)가 제안한 특성 요인 이론이다. 특성 요인 이론이란 개인의 성격을 특성에 비추어 기술하고 설명하는 성격 이론으로, 직업을 선택할 때 개인의 특성과 직업을 구성하는 요인과의 관련성이 직업적 성공에 영향을 끼친다는 내용이다. 이를 바탕으로 학생들에게 자신의 특성을 파악하는 것이 왜 중요한지 설득할 수 있기에 미리 익혀 두면 좋다.

둘째, E. 긴즈버그(E. Ginzberg)의 진로 선택 발달 이론이다. 진로 선택은 인간 발달 과정의 한 측면이며, 청소년기에 꿈을 찾고 진로를 설정하고 직업을 선택해야 하는 이유에 대한 근거로 설명할 수 있다.

셋째, 에릭 에릭슨(Eric Ericson)의 심리 사회적 발달 이론이다. 이 이론을 학생들에게 제시함으로써 인간의 발달 과정을 이해함과 동시에 현재 자신이 인생의 어느 발달 단계에 있는지, 그리고 현재의 발달 단계에 맞춰 지금 자신이 무엇을 해야 하는지에 대한 이해를 꾀할 수 있다.

교사가 이러한 이론들을 바탕으로 설명하면 학생들은 자신의 진로를 탐색하는 활동에 보다 객관적인 이해와 심층적인 접근을 할 수 있으며, 그 결과 진지한 태도로 수업에 참여하게 된다. 이를 위해서는 무엇보다도 이론들을 학생들의 눈높이에 맞춰 전달할 수 있도록 내용을 구성하고 수업에 사용할 설문지를 작성하는 등 교사의 준비와 노력이 필요하다.

나만의 진로 로드맵 만들기

| 활동 1
나의 특성 확인 | ▶ | 활동 2
나의 꿈 확인 | ▶ | 활동 3
준비 요소 확인 | ▶ | 활동 4
진로 계획 수립 |

활동 1: 나의 특성 확인하기

평소 자신이 어떠한 특성을 가진 사람인지 확인하는 활동이다. 단순히 취미나 특기만을 말하는 것이 아니다. 예를 들어 나는 어떠한 일을 할 때 즐거움을 느끼는지, 흥미를 느끼는 분야는 무엇인지, 정말 싫어하는 활동은 무엇인지, 나에 대한 타인의 평가와 스스로에 대한 평가는 어떻게 다른지 등을 점검하며 나의 기질과 특성을 파악하고 그에 맞는 직업은 무엇인지 고민하고 탐색하는 시간이다. 만약 이미 꿈이나 희망하는 직업을 결정했다면 나의 특성이 해당 직업의 특성 요소들과 맞는지도 다시 점검하는 시간을 가지도록 한다. 이를 위해 교사는 사전에 만든 설문지를 제시해 학생들이 체계적이고 구체적으로 확인할 수 있도록 돕는다. 이때 꼭 표준화된 설문지를 제시할 필요는 없다. 이 수업에서는 어떠한 객관적 기준에 따라 평가된 결과물이 나의 특성임을 받아들이는 것이 아니라 학생들이 스스로 자신의 특성을 파악하고 이해하는 자기 탐색 시간을 갖도록 하는 데 의미를 두는 것이 중요하다.

활동 2: 나의 꿈 확인하기

자신의 꿈과 그 꿈을 갖게 된 이유에 대해 패들렛에 글을 작성한 뒤 발표하도록 한다. 만약 아직 꿈을 발견하지 못했다면 자신이 관심 있는 직업에 대해 쓰고 발표하게 한다. 이 활동에서는 꿈을 갖게 된 배경과 이유를 말하도록 하는 것이 매우 중요하다. 명확한 이유가 있어서 선택하는 경우와 그렇지 않은 경우는 향후 자신의 꿈을 추진하는 데 있어 의욕에 차이가 나타날 수 있는 데다 변수가 작용할 가능성도 크기 때문이다. 이따금 자신의 내부적 동기에서 비롯된 것이 아니라 주변의 환경적 요인에 따라 꿈을 갖게 되는 경우가 있다. 이를테면 취업이 잘된다거나 부모님이 추천해서라는 이유를 말하기도 하는데, 이는 나중에 진로를 변경하는 원인이 될 수 있다. 따라서 꿈과 함께 반드시 그 꿈을 갖게 된 자신의 내적 동기를 확인하도록 학생들에게 묻고 확인하는 과정이 무엇보다 중요하다.

> **Tip** 꿈을 구체적으로 생각하게 하는 발문
>
> 1. 나는 ~라는 꿈이 있다. 이 꿈을 갖게 된 이유는 ~ 때문이다.
> 2. 나의 꿈은 나의 삶에 ~한 영향을 끼치게 될 것이다.
> 3. 나의 ~라는 특성이 나의 꿈과 적합하다고 생각한다.
>   그 이유는 ~ 때문이다.

활동 3: 꿈을 이루기 위한 준비 요소 확인하기

이 수업에서 학생들은 자신의 꿈을 이루는 데 필요한 요소들에 대한 자료를 검색한다. 예를 들어 관련 전공 분야, 자격증, 면허증, 갖춰야 할 기본 소양 및 자질 등 다양한 자료를 수집하고, 수집한 내용을 간단한 카드 뉴스 형태로 정리하도록 한다. 이 과정에서 학생들은 의지만 앞섰던 자신의 꿈을 좀 더 구체화하면서 현실에 직면하게 된다. 예를 들어 간호사가 꿈인 학생이라면 간호학과에 진학해야 한다는 것을 알고, 간호학과 관련 대학의 정보들을 탐색하면서 현재 자신의 학업 계획까지도 재설정하게 된다. 이때 학업 계획서를 다시 작성해 보게 함으로써 자연스럽게 학업에 대한 동기부여를 해 줄 수도 있다. 이런 과정만 보더라도 꿈과 진로가 진학으로 연결되는 것은 당연한 일이며, 얼마나 많은 정보 탐색 활동이 이뤄져야 하는지를 알 수 있게 된다. 교사는 학생들이 희망하는 꿈과 직업에 귀 기울이고 그에 대한 취업 전망, 연봉, 직업에 요구되는 자질과 특성 등 현실적인 정보를 구체적으로 제공할 수 있도록 한다.

> **Tip** 직업 자료 탐색 시 반영해야 할 요소
>
> 관련 학과, 관련 면허증과 자격증, 취업 전망, 일의 특성, 근무 환경, 복지 및 고용 형태, 사회적 지위, 연봉, 승진 등

활동 4: 진로 계획 수립하기

앞에서 설명한 3단계 활동을 거쳐 자신의 특성을 확인하고 꿈을 설정한 뒤 여기에 맞춰 준비할 요소들을 확인했다면 이제 마인드맵을 이용해 자신의 진로 설정을 나타내 보도록 한다. 먼저 자신의 꿈을 중심 원에 제시한 뒤, 그 꿈을 갖게 된 이유, 꿈을 이루기 위해 준비해야 할 것, 대학, 전공 분야 등을 자유롭게 작은 원 안에 적으며 중심 원과 선으로 연결하도록 한다. 이때 우선순위에 따라 중심 원에 가깝게 그리도록 안내한다. 우선순위를 정할 때 학생들이 많이 어려워하

는데, 이는 기준을 어떻게 세워야 하는지 잘 모르기 때문이다. 우선순위를 설정하는 방법을 상세하게 안내할 필요가 있다. 로드맵 작성을 끝냈다면 스스로에게 보내는 격려와 다짐의 문구를 적도록 한 뒤 발표 시간을 가진다.

Tip 진로 로드맵 작성 시 우선순위 정하는 방법

우리는 일상생활을 하면서 매 순간 무언가를 결정해야 하는 상황에 노출되는데, 이때 우선순위를 잘 설정한다면 의연하고 침착하게 목표와 계획을 세울 수 있습니다. 이러한 방법을 학생들에게 안내하면 진로를 설정하고 계획해 로드맵을 작성하는 데 도움이 됩니다.

· 중요성: 이 꿈을 선택하는 중요한 이유가 있는지? 다른 대안은 없는지? 등
· 적합성: 나의 특성과 기질이 나의 꿈과 얼마나 적합한지? 등
· 준비성: 꿈을 이루기 위해 시기별로 준비해야 할 요소들은 무엇인지?
  단기 계획 또는 장기 계획은? 등
· 만족감: 선택한 꿈에 대한 흥미와 심리적 만족감은 어떤지? 등

위의 과정들을 진행할 때는 교사는 적절한 질문과 현실적인 정보를 제공하며, 때로는 직·간접적인 경험담을 들려주며 조언하는 것이 중요하다. 그리고 추후 진로와 관련된 질문들에는 학생들에게 지속적으로 피드백을 주어야 한다. 예를 들어 카카오톡 오픈 채팅방이나 밴드를 이용해 공식적인 의견은 공지 사항에 글을 게시하고 개인적인

질문은 개인 톡을 활용하는 식이다. 이 수업이 끝나면 학생들과 친밀감이 상당히 형성되어 개인 톡이 정말 많이 오는데, 그 질문들을 보면서 학생들의 고민이 무엇인지 이해하고 관심을 가지는 새로운 기회가 된다.

이렇게 피드백을 주는 과정에서 교사가 가장 주의해야 할 점은 꿈은 언제든 바뀔 수 있으므로 단정적으로 평가해서는 안 된다는 것이다. 가능성을 충분히 열어 둔 채로 학생들이 용기를 가지고 도전할 수 있도록 꾸준히 격려하고 정보를 안내하며 학생들에게 관심을 가져야 한다. 이를 통해 교사와 학생들 사이에 원활한 소통이 이루어질 수 있다.

Tip 지속적인 소통을 통한 진로 상담 활동

1. 카카오톡 오픈 채팅방을 이용해 일대일 상담을 꾸준히 실시합니다.
2. 원하는 대학과 관련 학과를 정하도록 한 다음 이와 관련된 입시 정보를 탐색하도록 하고 수집된 자료에 대해 적절한 정보를 안내합니다.
3. 진로 계획을 세우도록 하고 이에 대해 실질적인 조언을 해 줍니다.
4. 수시와 관련해 희망하는 학과와 연결될 수 있는 학교 활동에 대해 안내합니다.
5. 희망하는 직업의 취업, 연봉, 일의 특성 및 어려움 등 현실적인 정보를 제공합니다.

지금까지 살펴본 일련의 수업 활동들을 통해 학생들은 다음과 같은 반응을 보였다.

"제게 이런 특성이 있는지 잘 몰랐는데 이번에 알게 됐어요."

"취업이 잘된다고 해서 선택했는데 간호사라는 직업이
제 성격이랑은 안 맞는 걸 느꼈어요."

"이제 제 꿈과 이유가 확실해져서 제 점수로 갈 수 있는 대학을
찾아보려고 해요."

"무엇보다 저 자신에 대해 알게 된 것 같아 좋았고, 정말 우리에게
필요한 수업이었어요."

이처럼 학생들은 꿈이 더욱 명확해지기도 하고 몰랐던 자신의 특성을 알게 되기도 했다. 그리고 학생들 모두 전반적으로 이 수업이 자신이 진로 설정을 하는 데 정말 많은 도움이 됐다고 평가했다.

다른 교과에는 이렇게 적용할 수 있어요!

이 수업의 내용은 특정 교과와 상관없이 학생들의 진로를 위한 활동으로, 어느 수업에나 적용할 수 있다. 예를 들어 담임교사가 반 학

생들의 특성을 파악하고자 할 때 실시해도 좋고, 동아리 수업에 활용해도 좋다. 이때 교사가 수업을 준비하고 진행할 수 있는 분량에 맞추어 차시를 조정해야 한다는 점을 고려하도록 하자. 다만, 중요한 것은 몇 차시를 진행했는지 양적인 부분이 아니라 학생들이 그 시간 동안 자신의 진로를 얼마나 진지하고 깊이 있게 고민했는가 하는 질적인 문제이다.

미래 교육을 향한 디딤돌 놓기 제안

사실 많은 학교 현장에서는 〈보건〉과 같은 비교과 영역은 주요 과목이 아니라는 이유로 수업 편성에서 제외되는 경우가 많다. 그러다 보니 학생들에게 알려 줄 수 있는 교육 내용을 미처 전달하지 못하게 되는 아쉬움이 있다. 온라인 클러스터 수업에서는 이러한 아쉬운 부분들을 해결할 수 있다. 바로 교사가 역량을 발휘해 새로운 수업을 구성하고, 이를 통해 학생들에게 배움을 제공할 수 있기 때문이다. 이렇게 교사의 역량과 교육적 가치관에 따라 학생들과 소통하면서 다양한 배움을 만들어 내는 것이 결국 미래 교육에서 요구되는 자세가 아닐까 싶다.

이제 교과서에 의존해 교실에서 이뤄지는 수업의 틀에서 벗어나 학생들이 원하는 목소리를 담아내며 그들의 미래를 함께 준비하는 진정한 배움의 장이 필요한 시대가 왔다.

그리고 그들의 미래를 준비하려면 진로에 대한 안내와 탐색 활동이 반드시 뒷받침되어야 한다. 왜냐면 진로는 곧 학생들의 미래의 연장선상에 있기 때문이다. 따라서 학교는 학생들의 미래를 준비하는 배움터가 되어야 한다.

학생들의 행복한 미래를 향해 공간을 뛰어넘는 미래 수업을 준비하는 첫걸음인 온라인 클러스터 수업에 지금보다 더 많은 교사가 참여하길 바라며, 이미 다가온 미래 교육을 향한 한 단계 도약을 제시해 본다.

3장
학생들과 함께 만드는 거꾸로 수업

김경주(여강고등학교 사회 교사 / 〈통합사회〉)

"애들아, 안녕? 너희와 함께 기쁨과 슬픔을 나누고 싶은 캡틴 경주 샘이야."라는 인사말로 수업을 시작한다. 수업 시간에 잠을 자는 학생의 모습을 보는 교사나 그것을 보고 있는 학생들의 모습을 당연하게 여긴다면 교실이 붕괴될 것이라고 생각한다.

교사는 학생들과 소통하며 쉽고 재미있는 수업을 함께 만들어 나가야한다고 생각한다. 학생들과 함께 만든 수업 자료 영상을 확인하고 점검해 스스로 학습의 기초를 만들어 가야 한다. 학생이 만드는 수업 영상 자료는 진로 탐색 활동으로 이어질 수 있다. 그 과정에서 가장 중요한 것은 교사와 학생들 사이의 소통이다. 수업 내용을 미리 공부한 뒤 자신이 모르는 부분을 더욱 구체적으로 배울 수 있는 수업, 학생들과 함께 성장하며 학생들과 함께 만들어 가는 거꾸로 수업을 통해 교사와 학생의 웃음이 피어나는 수업 환경을 꿈꾼다.

학년(군)	고등학교 1학년	교과	통합사회	차시	1차시

교육과정 성취 기준 및 배움 목표 수립[기대]

성취 기준	안정적인 경제생활을 위해 금융자산의 특징과 자산 관리의 원칙을 파악하고, 이를 토대로 생애 주기별 금융 생활을 설계한다.
배움 목표	다양한 금융자산의 특징과 자산 관리의 원칙을 이해하고, 생애 주기별 금융 설계를 통한 사회 구성원의 역할을 기대한다.

교수 학습 및 평가 과정[행동]

교사	확인 학습	형성 평가	형성 평가	피드백
학생	금융자산의 특성 영상 확인 및 퀴즈·댓글 확인	개인의 생애 주기별 금융 설계를 통한 포트폴리오 작성	모둠별 문제점과 해결 방안 제시	모둠별·개인별 활동 피드백 제시 및 플립 러닝 영상 안내

피드백 계획[성찰]

금융자산의 특성 영상 확인 및 퀴즈·댓글 확인
교사는 학생들이 사전에 플립 러닝 영상을 확인하고(밴드에서 영상 확인율 체크 및 퀴즈·댓글 확인 필요) 이해가 되지 않은 부분을 키워드 위주로 확인 학습하고, 이러한 활동을 융합 인재 멘토 및 회계 멘토가 누가기록(cumulative record)할 수 있도록 한다.

개인의 생애 주기별 금융 설계를 통한 포트폴리오 작성
교사는 교과서 활동지를 기반으로 모둠별 활동 속도, 내용과 적극성 등을 관찰하며 성취 기준 도달 정도를 중심으로 준거 참조 피드백을 하며 활동을 돕는다. 활동 전에 미리 채점 기준표를 만들어 두면 피드백을 계획할 수 있고, 이를 학생들에게 제공해 수행의 질을 높일 수 있다. 채점 기준의 준거로는 '모둠별로 금융자산의 특징을 알고 있는가?', '자산 관리의 원칙을 이해하고 있는가?', '현실 가능한 생애 주기별 금융 설계인가?' 등이 있다.

모둠별 문제점과 해결 방안 제시
교사는 발표 전에 채점 기준표를 다시 한번 확인하는 피드백을 구체적으로 제공하고, 발표 중에는 학생들이 개별적으로 채점 기준표를 고려해 밴드 대화창에 발표 내용의 우수한 점,

개선할 점, 흥미롭게 와닿은 점을 남기도록 요청한다. 또 발표 후에는 일부 의견에 대해 긍정적인 피드백을 제시함으로써 동료 피드백을 지지하는 학습 분위기를 형성한다.

모둠별·개인별 활동 피드백 제시 및 플립 러닝 영상 안내
교사는 각 모둠의 활동 결과의 핵심을 기술하고 모둠별 활동 과정에서 관찰한 적극성 있는 활동을 칭찬하며, 채점 기준표에 근거해 모둠별·개인별로 개선에 도움이 되는 정보를 제공하는 피드백을 실시한다. 또한 다음 수업을 위한 플립 러닝 영상을 안내한다.

소개할 수업은?

학생과 소통하는 거꾸로 수업

수업의 주체인 학생과 교사의 의사소통이 과연 제대로 이루어질까? 의사소통이 제대로 이루어지지 않던 시기에는 일방적인 강의를 통한 주입식 교육이 중요하다고 생각해 왔다. 그러나 기존의 주입식 교육에서는 절대 원활한 의사소통이 이루어질 수 없다.

수업 중에 학생들이 조는 것은 일상이라고 이야기할 정도로 점점 더 교사는 기운이 빠질 수밖에 없다. 이러면 강의 질은 점점 떨어지게 되고, 다음 학기, 다음 해에는 점점 더 많은 학생이 수업에 집중하지 못하고 잠자는 학생이 늘어나는 악순환에 빠지게 된다.

학생들의 무기력을 깨고 싶어서 '쉽고 재미있는 수업'을 희망했다. 학생들과 소통하는 수업, 열정적으로 더 많이 배우고 교사도 덩달아 신나는 수업을 하고 싶었다. 그래서 찾은 것이 플립 러닝 수업이다. '영상 지옥'에 빠지게 되어 힘은 들지만, 학생들의 피드백과 수업 효과는 무척 만족스러워서 플립 러닝 수업을 계속하고 있다. 최근에는 플립 러닝 수업을 업그레이드해 학교 현장에서 온·오프라인 수업에 사용하고 있으며, 사교육 시장에도 플립 러닝 수업 방식을 모방한 프랜차이즈 학원이 등장하고 있다.

학생들과 교사가 교육과정의 재구조화부터 수업, 평가, 기록을 함께 해 나가는 과정에서 서로에게 기다려지는 수업으로 만들 수 있고 함께 성장하게 된다. 학생들은 교사가 만든 수업 영상을 밴드나 구글 클래스룸을 통해 미리 듣고, 이후 수업 시간에 교사는 교육과정 내용 중심으로 강의식 수업이 아닌, 학생 중심 수업으로 학생들과 상호작용하며 더욱더 심화된 다양한 수업 활동을 하는 데 더 많은 시간을 활용하는 형태로 운영한다.

이때 멘토링 수업(단원별 직업 탐구 주제 정하기, 직업인 인터뷰하기, 자기 꿈 발표하기 등) 및 5분 티처(직업 멘토링을 포함한 핵심 주제 설명 및 질의응답 피드백 등), 1분 스피치(모둠별 개념 정리), 멘토 활동(반별 구성원 모두가 멘토를 정해 활동), 하브루타 모둠 활동(짝꿍 활동과 병행), 자유 토론(사회문제 해결 방안 및 주제 정하기) 등의 주제를 학생들과 함께 정하고 공유하는 수업 시간을 확보할 수 있다.

개인의 생애 주기별 금융 설계를 통한 포트폴리오 작성하기 수업 흐름

수업 전	수업 중		수업 후
금융 및 생애 주기 포트폴리오 영상 확인 및 퀴즈, 5분 티처 순서 정하기	5분 티처 활동: 10대~노후까지 사례 분석 및 개념 정리	▷ 멘토 활동, 1분 스피치, 하브루타 모둠 활동, 문제점과 해결 방안	수업 성찰, 자기 평가, 교사 피드백 및 기록

Tip 수업 시간의 재구성

1. 거꾸로 수업 영상(10분 내외)을 미리 보고 오므로 수업 시간 50분 중 진도 및 학습 관련 피드백을 20분 이내로 끝내고 나머지 30분을 학생 중심 수업으로 진행할 수 있습니다.

2. 지필 고사에 대비, 재생률을 확인할 수 있는 플랫폼을 이용해 그동안 시청한 영상을 하나의 강의로 정리해 올리면 학업 성취도를 높일 수 있습니다. (강의식 수업 대비 평균 변동: 〈통합사회〉 40퍼센트 상승, 〈정치와 법〉 30퍼센트 상승, 〈경제〉 25퍼센트 상승, 〈사회문화〉 30퍼센트 상승)

3. 학교 학사 일정을 참고해 학생들과 발표 순서, 세부 능력 및 특기 사항 기록 활동을 함께 소통하면 학생들이 더욱 적극적으로 참여합니다.

Tip 영상 제작 및 멘토 정하기

1. 영상 제작 시 반드시 퀴즈와 핵심 용어를 정리해 수업 시간에 활용 및 확인을 해야 합니다.

2. 진로와 맞는 멘토 활동을 할 수 있도록 역할을 정합니다.
- · 학습 멘토: 수업 전후 개념 정리 자료를 밴드에 올리는 역할
- · 융합 인재 멘토: 수업 전후 발표에 대한 세특 자료를 기록하는 역할
- · 진로 멘토: 진로 탐색 활동 체크 및 블로그 자료 확인 및 횟수 점검 역할
- · 온라인 멘토: 플립 러닝 영상 체크 및 재생률 확인 소통 역할
- · 진학 관련 학과 멘토: 자신의 진학 학과에 대한 교육과정 및 졸업 후 진로 설명 역할
- · 독서 멘토: 독서 활동 주제 및 활동 피드백 역할

모두가 주인공인 수업

요즘 학생들은 검색보다는 동영상에 익숙한 Z세대이다. 이 세대의 특징은 '재미'를 중요하게 여기므로 재미없는 영상을 제작하면 '스킵'하고 넘어간다. 하지만 자신이 수업의 주인공이 되면 학생들은 적극적으로 영상 제작에 참여하며, 학습 몰입도도 높아지고, 멘토 활동도 누구보다 적극적으로 하게 된다. 다음 주제와 관련된 내용도 함께 만들어 가는 상황에서(해당 내용의 키워드를 뽑아 정리하는 방법과 내용 선택) 마치 콘텐츠 크리에이터처럼 참여하는 모습이 인상적이다.

사전에 온라인 개별 상담 등을 통해 학생들의 역량 및 관심
분야(〈통합사회〉와 진로 및 진학 분야를 연계함)를 확인하고, 학생들이 저마다
잘할 수 있는 부분(영상을 찍는 것에 소질이 있는 학생, 자막 처리와 편집을 잘하는
학생, 자료 조사를 잘하는 학생, ppt 자료를 잘 만드는 학생 등)에 따라 역할을
선정해 줍니다. 이를 모둠 활동을 할 때에도 모둠장, 자료 조사, 발표,
1분 스피치 등에 활용하면 좋습니다.

교육과정 함께 만들기

대단원 주제의 키워드를 미리 영상으로 제작해 사전에(수업 전날,
밴드 영상 도우미 멘토가 사전 공지해 영상 재생률을 확인함) 학생들에게 보
여 준다. 학생들이 미리 영상을 보며 각 과목에서 어려운 부분과 관
심 있는 부분을 댓글 달기를 통해 언급하게 한다(의무적으로 한 개 이
상). 융합 인재 멘토가 학생들의 댓글 횟수와 내용을 카테고리별로 정
리해 담당 교사에게 제공하면 세부 능력 및 특기 사항의 기초로 사용
한다. 그리고 각 학급에서 반복해 나오는 댓글은 별도 영상을 만들어
추가 영상을 올려 주고, 수업 시간에 확인 및 구체적 질문을 받는다.
교과 회장과 부회장은 멘토들과 영상으로 대체할지, 아니면 수업 시
간에 정리 및 피드백을 할지 점심시간 교과 모임 활동을 가져서 함께
결정한다.

학생들이 먼저 주제를 정하는 동반 성장 이야기

수업 준비하기

단원별로 중요한 키워드를 뽑고 영상을 만든 뒤, 사전에 보여 줄
'맛보기 강의'를 쉽고 재미있게 구성하면 자연스럽게 소그룹이 만들
어지고 5분 티처의 주제와 순서를 정할 수 있다.

1년 과정의 교육과정을 재구조화해 꼭 필요한 수업 주제를 선정
하고, 교사의 역할과 학생들이 참여할 수 있는 내용을 미리 확인하는
단계가 무엇보다도 중요하다.

교사가 준비할 영상 자료와 학생들이 함께 만들 수 있는 영상 자
료, 주제별로 만드는 영상 관련 활동을 사전에 제작해 올리고, 학생들
이 수업 관련 영상을 보고 밴드 댓글로 질문과 퀴즈를 달게 한다.

학생이 선생님이 되는 수업

학생들이 중심이 되는 수업이 선생님이 주도하는 수업과 다른 점은 교사와 학생이 서로 관계를 맺고 소통하는 과정의 시작이라는 점이다. 학교생활의 75퍼센트를 차지하는 수업의 주체가 여전히 교사라는 점에 주목해 '교실을 뒤집어 보자! 내가 재미있고 즐거워야 학생들도 기다려지는 수업이 되지 않을까?'라고 생각했고, 학생들이 선생님이 되어 보는 '5분 티처' 시간을 마련했다.

> **Tip** 5분 티처 활동
>
> 학생들과 밴드, 카카오톡, 구글, 블로그 등을 이용해 미리 소통한 스토리를 바탕으로 시간에 얽매이지 않고 발표, 토론, 질의응답, 영상 설명식 등 다양한 형태로 활동을 진행합니다. 처음에는 낯설어해도 차차 학생들 스스로 자신에게 의미 있는 수업을 자연스럽게 만들어 나갑니다. 순서도 멘토 학생들에게 역할을 주면 사전 조율 및 다양한 아이디어가 나옵니다.

먼저 교사가 해당 교육과정의 중요한 소단원 내용을 영상(10분 이내)으로 제작해 학생들이 수업 전에 미리 보고 오게 한다. 예를 들어 1단원이 소단원 5개로 이루어져 있으면 소단원별로 영상을 만들고 그 영상을 미리 밴드에서 보고 오게 하고, 그 영상 속에 질문을 넣어서 학생들이 영상에서 본 글에 영상과 관련된 질문과 퀴즈를 댓글로

다는 것을 의무적(나중에는 서로 반별 경쟁으로 이끈다)으로 하게 한다. 본수업은 키워드로 정리하고 질문 정리는 학생들과 함께 한다.

캡틴 경주 샘: 오늘 1-3반 모든 학생들이 수업 영상을 보고, 퀴즈와 답을 달아서 매점 상품권 쏘겠습니다.

1301(온라인 멘토): 캡틴 샘, 재생률이 70% 넘지 않는 학생이 7명 있어요.(1308……)

♥ 온라인 멘토 활동: 거꾸로 수업에서 가장 중요한 것은 사전 영상 보기라고 할 수 있습니다. 물론 교사의 역량도 중요하겠지만, 학생들이 주도적으로 체크하고 점검할 수 있는 온라인 멘토 활동이 아주 중요합니다. 이 과정에서 발생하는 문제들은 학생들이 스스로 해결할 수 있도록 동기부여를 해 주면 좋습니다.

캡틴 경주 샘: 그것도 하나의 과정이라 인정할게용. 오늘 5분 티처 준비되었나요? 융합 인재 멘토는 활동지 기록 부탁합니다.

1315(5분 티처): 안녕, 오늘 5분 티처 샘이야. 내가 사전에 밴드에 올린 영상과 자료 보았지? 모둠장 주제는 확인했는데 한번 이야기를 해 주세요.

1319(모둠장): '용기' 모둠장이야. 오늘 주제에서 금융상품과 현실적인 생애 주기 설계도 함께 설명해 주세요.

♥ 모둠장 활동: 모든 학생이 학기 중에 1회 이상 모둠장 활동을 하게 함으로써 배려와 나눔을 실천할 기회를 줍니다.

1315(5분 티처): 자, 그럼 시작할게. 수업 중에 질문과 댓글은 대화창에 올려 주면 샘이 모둠 활동으로 이어서……

캡틴 경주 샘: 와우, 고생하셨어요. 샘보다 더 멋진 수업 감사합니다. 땡큐. 그럼 5분 티처 발표 중에 나온 안정성과 수익성에 대해 설명할 모둠은?

1321(정치 멘토): 저희 모둠에서 발표하겠습니다. ……그런데 저는 이 주제와 관련된 해결 방안을 법률로 만드는 활동을 하고 싶습니다.

캡틴 경주 샘: 그럼 이 활동은 정치 멘토님이 5분 티처 시간에 하면 좋을 것 같은데 사전에 영상 및 자료를 블로그에 올리고 알림에 공지해 주세요. 학습 멘토님, 언제 하면 되죠?

1304(학습 멘토): 5월 셋째 주나 지필 고사 지난 이후에 가능합니다.

♥ 학습 멘토 활동: 수업이 끝난 이후에 내용 정리를 밴드에 올려 주면 학생들이 시험 대비 및 질의 응답 활용도가 아주 좋습니다.

캡틴 경주 샘: 오키오키, 그럼 협의 후 밴드에 올려 주세요.

영상 확인하기

학생들의 영상 재생률(회계 멘토 및 영상 멘토)과 퀴즈·댓글(시사 멘토 및 정리 멘토)을 해당 멘토들과 확인하고, 수업 주제에 맞는 학습지를 제작[학습 멘토 및 조력자 멘토(교사)]해 사전에 공지한다. 학생들의 질문을 카테고리별로 정리하고, 댓글의 횟수와 재생률을 제출하도록(클래스룸) 하며, 학생들의 생각(궁금한 점과 이해 안 되는 부분, 함께 토론할 문제 등)을 파악한다.

학생들을 주인공으로 만드는 퀴즈와 댓글

밴드에 올라온 퀴즈와 댓글을 정리해 그 내용을 짧게 한번 피드백해 준다. 물론 바로 온라인에서 할 수 있는 것은 반드시 수업 전에 확인해 개인적인 것은 개인 채팅창에서 처리하고, 공통되는 것은 밴드에 올려서 모든 학생이 함께 확인하게 한다.

이때 시사 멘토 및 정리 멘토의 공통된 부분과 '생각하기' 주제를 1분 스피치(하브루타 모둠 활동)에 활용한다.

Tip   발표 순서 및 대상 정하기

회계 멘토 및 융합 인재 멘토에게 도움을 받아 발표 횟수와 질문 횟수를

확인하고, 참여 기회를 골고루 만들어 주어야 모든 학생들이 적극적으로 참여할 수 있습니다.

평가 및 기록과 연관 지어 내용 설명하기

수업 시간에 이미 사전 영상으로 제작해 올린 부분을 다시 정리(시험 기간에 학생들이 반복해서 본다)하는 것보다 학생들이 잘 이해하지 못한 부분(설문지와 퀴즈, 댓글)을 확인한다. 함께 소통한 내용을 바탕으로 학생들이 이 시간에 꼭 정리해야 할 것들을 서머리 노트 형태로 정리한다. 10개를 설명했는데 학생들이 기억하는 숫자가 3이라면 학생들은 7의 의미를 찾지 못할 것이다. 모두가 기억할 수 있는 3을 가지고 수업을 하자. 그 설명에 해당하는 문제를 평가에 반영한다는 것을 학생들에게 꼭 이야기하고 이를 실천한다. 그에 따른 멘토 활동과 질문 및 퀴즈 활동은 반드시 세특에 (횟수를) 기록해 준다.

Tip 평가 및 기록과 관련된 영상 제작

교육과정을 재구조화해 100의 내용을 30으로 줄이고, 평가와 관련된 영상을 제작하는 것이 좋습니다. 플립 러닝 수업의 효과를 극대화하려면 학생들이 자발적으로 참여할 수 있는 동기의 구조화가 필요합니다.

1분 스피치 및 하브루타 모둠 활동

1분 스피치는 멘토들의 역할에 맞추어 발표 형식으로 진행할 수도 있고, 5분 티처 시간에 나온 주제와 플립 러닝 수업 영상으로 확인 학습을 할 때 정리한 내용을 활용할 수도 있다.

반드시 1분이라는 시간을 정하고 게임을 하면 좋다. 1분 스피치를 하는 학생이 있는 모둠의 발표 시간을 회계 멘토가 타이머로 잰 다음 모둠별 기록에 따라 매점 상품권 등으로 보상한다.

수업 시간에 꼭 정리해야 하는 중요한 내용으로 1분 스피치를 할 경우 하브루타 활동을 통해 짝꿍에게 설명하고, 그 내용 중 핵심 사항을 패들렛에 올려 학생들이 서로의 생각을 공유하고 함께 중요한 내용을 노트에 정리하게 한다. 게임(자신이 중요하다고 생각한 키워드가 몇 개 선택되었는지 확인한다)을 하고 역시 보상을 한다.

> **Tip** 게임 활동의 필요성
>
> 게임 멘토 또는 레크리에이션 멘토가 주관하는 것이 중요합니다. 객관성보다는 주체적으로 활동하는 것이 중요하며, 교사는 뒤에서 소외되는 학생들이 없도록 꼼꼼히 확인합니다. 집중력이 떨어지는 시간이나 주의 환기가 필요할 때 활용하면 좋습니다.

캡틴 경주 샘: 오늘도 회계·영상·정리·시사·조력자 학습 멘토의 도움으로 수업을 진행하겠습니다. 댓글과 퀴즈 발표를 하겠습니다.

1201(퀴즈 댓글자): 제가 올린 퀴즈에 답변이 달려서 약간의 수정을 하도록……

1208(융합 인재 멘토): 각 멘토들의 기록과 순서에 따라 1207 학생이 내용을 정리하도록 하겠습니다.

⤷ 융합 인재 멘토 활동: 수업에 참여한 모든 학생의 발표 횟수 및 퀴즈 댓글 횟수, 내용 등을 융합 인재 멘토 기록지에 기록해 세부 능력 및 특기 사항 기록에 참고 자료로 활용할 수 있습니다.

1207(순서에 따른 정리 발표): 오늘 수업 내용의 키워드는……

캡틴 경주 샘: 오늘도 열심히 참여한 모둠과 학생에게 매점 상품권을 아시죠? 늘 감사합니다. 오늘의 핵심 용어 정리를 하도록 하겠습니다.

캡틴 경주 샘: 1분 스피치 시작합니다.

1212(레크리에이션 멘토): 1분 스피치 게임은 타이머로 재서 60초에 가장 근접한 모둠에게 캡틴 샘이 아이스크림을 쏘겠습니다. 가즈아……!

⤷ 1분 스피치: 핵심 용어 정리를 모둠별로 정해 1분 동안 정리하면서 스피치 능력 및 설명 방법에 대한 능력도 발표 횟수가 지나갈수록 향상되는 것을 알 수 있습니다.

-1모둠 스피치 발표 / 2모둠 스피치 발표 / 3모둠 스피치 발표 / 4모둠 스피치 발표

캡틴 경주 샘: 모두 다 퍼펙트! 감사합니다. 선생님의 자리가 점점 위협받고 있네요……

캡틴 경주 샘: 다음으로는 짝꿍 하브루타 모둠 활동을 하겠습니다. 키워드는 학습 멘토와 조력자 멘토가 설명 및 안내하겠습니다.

⤷ 하브루타 모둠 활동: 짝꿍에게 개념을 설명하면 구체적으로 정리가 된 부분과 그렇지 않은 부분을 확인할 수 있고, 사고력 향상에도 도움이 됩니다.

- 소회의실로 초대해 제한 시간을 설정하고 활동을 한다.

캡틴 경주 샘: 모둠별로 패들렛에 올린 내용을 정리하면서 세특에 기록할 내용도 설명하겠습니다.

1208(융합 인재 멘토): 평가 내용도 정리해 주세요.

캡틴 경주 샘: 역시 융합 인재 멘토님! 감사합니다. 오늘의 수업 내용과 평가 내용은……

모든 활동을 학생들 스스로 계획하게 하면 책임감이 커짐과 동시에 자기 만족도도 커지는데, 이를 학생과 부모님의 피드백을 통해 확인할 수 있다. 학생들의 변화와 성장 활동에 대해 밴드, 카카오톡, 클래스룸에서 지속적으로 피드백하면 학생 스스로 점검하고 확인한다. 플립 러닝의 시작과 끝은 학생의 참여이다.

여기서 중요한 것은 기록하고 점검하는 것이다. 하지만 온라인 수업과 오프라인 수업에서 모든 학생들의 활동을 점검하고 확인하기란 쉽지 않아서 멘토들의 도움이 절대적이라고 할 수 있다. 처음에는 모든 것을 교사가 스스로 계획하고 통제하려고 하지만, 완벽할 수도 없고 학생 중심의 참여도 이끌어 낼 수 없다. 시간이 지나면서 교사는 체력적·정신적으로 지치고, 또 미처 확인하지 못하는 부분이 생기기 마련이다. 하지만 학생들과 함께 고민하고 계획해서 만들어 내면 수업하기 전과 수업 시간, 그리고 수업 후에도 많은 부분을 소통할 수 있다.

동반 성장하는 학생들

플립 러닝 수업을 할 때 학생들의 변화는 교사가 만들어 가는 수업을 따라가는 것이 아니라 학생들이 주체가 되어 수업 설계 및 교육과정 재구조화에 참여하는 것에서부터 시작된다. 학습 내용의 비중을 줄이는 대신 과목에 대한 지적 호기심을 키울 수 있도록 하며, 자신이 잘하는 부분과 부족한 부분을 친구들과 공유하고, 교사는 그런 환경을 만들어서 가이드만 하면 된다.

이때 멘토들의 활동이 절대적이다. 학생들의 역량은 교사가 생각하는 것보다 몇 배는 높다. 플립 러닝 수업을 통해 이를 경험하면서 교사들 또한 새로운 행복감을 맛볼 수 있다. 물론 학생들의 다양한 참여를 이끌기 위해서는 매점 신공, 세특 신공, 포인트 신공 등을 적절히 활용하는 센스도 필요하다.

학생들이 주도적인 역할을 할 수 있는 부분은 직접 참여하게 해서 스스로에 대한 만족도와 변화 가능성을 점검하는 기회를 제공하는 것이 아주 중요하다. 또한 날마다 '수업 일지'를 기록하고, 학생들과 함께 만들어 가는 '소통 일지', 멘토들이 만들어 가는 '활동 일지'와 '멘토 일지' 등으로 서로 소통하고 공유하다 보면 때론 웃기도 하고 때론 새로운 도전도 하면서 학생들과 교사 모두 많이 성장한다. 가능성은 학생 누구에게나 열어 주어야 한다. 열린 가능성에서 나올 수 있는 결과는 그야말로 무궁무진하다는 점을 기억하면 좋겠다.

강의식 수업 vs 학생 중심 수업

	강의식 수업		학생 중심 수업
교사	· 군림하는 교사 수업		· 코칭과 가이드 수업
학생	· 교사가 정한 수업 주제를 따라가는 방식		· 영상을 만들고, 퀴즈 - 댓글 달기 · 하브루타 수업, 멘토 수업, 블로그에 활동(수업 일지) 정리 등

수업의 시작과 끝을 항상 블로그에 정리하기

블로그 활동은 스스로를 점검하고 확인하는 과정이며, 서로에게 동기부여가 되는 아주 중요한 활동 중 하나라고 할 수 있다. 수업 일지, 소통 일지, 활동 일지, 멘토 일지를 기록하는 카테고리를 만들고, 이를 학습 플래너와 포트폴리오에 자연스럽게 연결 지을 수 있다. 이를테면 아침 조회 시간을 이용해 그날 배운 교과 수업 내용을 학습 플래너에 정리하고 점검을 받는다. 포트폴리오에는 수업 시간에 발표한 내용(수업 일지, 소통 일지, 활동 일지, 멘토 일지)을 정리하고 교과 선생님에게 피드백 사인을 받는다.

학생들과 이웃 추가를 하고, 학생들끼리 확인하고 피드백한 것을 수업의 주제 학습과 프로젝트 학습으로까지 연계하면 아주 다양한 활동(다른 교과와 연계한 진로 활동, 조회 시간과 교과 시간에 진로 활동으로 발표 수업 자료, 동아리 활동 자료 등)으로 활용할 수 있다.

차시별로 학생들이 수업 일지, 소통 일지, 활동 일지, 멘토 일지를 기록하는 습관과 블로그에 기록하는 습관을 점검하고 확인하면 학생들의 만족도와 변화 내용을 확인할 수 있다.

거꾸로 수업을 두려워하지 말자

처음에 거꾸로 수업을 접했을 때 '내가 할 수 있을까?' 하는 생각을 했다. 결론은 누구나 할 수 있다는 것이다. 모든 교과의 모든 단원을 할 필요는 없다. 학생들이 관심이 있고 참여도를 높일 수 있는 소단원부터 시작하면 된다. 시작하면 성공할 수 있다고 생각한다. 그 성공의 주인공은 이 글을 읽는 모두이다.

다른 교과에는 이렇게 적용할 수 있어요!

일본어 교사: 학부모 총회 전에 반 대표를 통해 학부모들의 질문을 수집한 뒤 공통 질문에 대한 답변 영상을 업로드해 두었어요. 실제 총회 날에는 추가 질문들에만 응답하는 형식이 되었고, 총회 시 학부모 대기 시간이 줄면서 간단하게 끝낼 수 있었습니다.

과학 교사: 온라인을 통해 플립 러닝(거꾸로 수업)으로 과학 이론을 학습한 뒤 등교 수업에서 실험, 활동 중심 수업을 진행하면 좋을 것 같아요. 내용을 이해하기 어려운 부분은 본인의 속도에 맞게 학습할 기회를 제공할 수 있고, 이론에 바탕을 두고 실험 활동을 하면 학생들의 집중도가 높아질 것으로 생각됩니다.

사회 교사: 자신이 관심 있는 주제를 탐구해 친구들에게 강의하고 청중의 질의에 답변하는 형태의 발표 수업에서 플립 러닝을 적용했

습니다. 강의자는 10분 정도의 강의를 미리 mp4 파일로 찍어 강연 2일 전에 단톡방에 올리고, 나머지 학생들은 질문을 한 개씩 구글 문서에 올리도록 했어요. 그랬더니 교사는 학생의 이해 수준에 맞게 수업과 피드백을 준비할 수 있었고, 학생들은 발표를 '듣는 것'이 아니라 '강의에 질문으로 참여하는 준비'를 해서 수업을 좀 더 토론 중심으로 진행할 수 있었어요.

Tip 먼저 영상을 만들고 영상 확인은 학생들과 함께

거꾸로 수업은 먼저 영상을 만들어야 합니다. 영상의 완성도는 중요하지 않다고 생각합니다. 수업의 시작은 학생들과의 소통이며, 학생들의 참여와 성장을 통해 만들어 가는 것이 거꾸로 수업입니다.
영상을 제작할 때도 학생들 중에 진로와 관련된 학생이 있을 수 있고, 교사보다도 즐겁게 할 수 있는 학생들이 있어서 그 학생에게 영상 멘토 역할을 주면 됩니다. 학생들의 참여도를 확인할 수 있는 재생률 확인과 댓글과 퀴즈도 멘토에게 역할을 주면 너무나 성실하게 자신의 역할을 하는 것을 볼 수 있습니다. 이렇게 확보한 시간을 교사는 수업의 질을 향상하는 데 쓸 수 있습니다.

항상 수업 전에 학생들과 소통하고 수업을 정리하면서 다시 학생들과 소통하도록 합니다. 이 과정에서 학생들과 교사 모두 한 걸음 성장합니다. 애초에 정해져 있는 교육과정으로 수업을 진행하는 것이 아니라, 학생들과 모든 것을 공유하고 그 과정과 결과를 예측하지 말고 그때그때 함께 고민하고 해결하고 성장하는 것이 미래 교육이라고 생각합니다. 실제로 졸업한 학생들에게 가장 많이 듣는 이야기는 "선생님과 함께 했던 수업이 대학교 생활에 도움이 무척 많이 돼요." 라는 것입니다.

사고력을 한 번에 눈에 띄게 나아지게 할 수는 없습니다. 하지만 수업 전에 학생들과 함께 고민하고 수업을 하면서 함께 알아 가고 성장하는 것이 미래 교육의 한 가지 모습이라고 할 수 있습니다. 학생과 교사가 기다리고 기대하는 수업, 학생과 함께 만드는 수업, 교사가 즐겁게 할 수 있는 수업이 앞으로 우리가 추구해야 할 수업이 아닐까 싶습니다.

우리가 교육을 이야기할 때 항상 주체가 되는 것은 학생입니다. 학생이 주체가 되는 수업, 학생이 주인공이 되어서 이끌어 가는 수업은 미래 교육에서 가장 중요한 부분입니다.

거꾸로 수업을 하다 보니 학생들이 영상을 보고(확인율) 댓글을 다는 것을 온라인으로 실시간 점검하고 피드백하기가 너무나 쉬워졌습니다. 하지만 주체인 학생들에게 도움이 되지 않거나 변화와 성장의 자극이 되지 않는다면 미래 교육을 아무리 다양하게 준비해도 현실성이 떨어질 것입니다.

주체인 학생들에게 도움이 된다는 것을 학생들이 스스로 느낄 수 있어야 합니다. 학생의 눈높이에 맞는 교육 자료를 만들어야 하며, 그 과정에 학생들을 반드시 참여케 해야 합니다. 그래야 교사가 이끌어 가는 수업이 아닌, 함께 만들어 가는 수업이 될 수 있습니다. 교사가 주도하지 않아도 할 수 있는 온라인 자기 주도 학습, 수업 내용을 스스로 탐구할 수 있는 환경을 만들고 그 과정에서 학생들 스스로 생각하는 힘을 길러 주어야 합니다.

미래 교육은 교육과정을 학생들과 함께 만들어 나가고, 수업에 필요한 다양한 수업 설계 모델을 학생들과 피드백하며, 학생들과 함께 디지털 세상에서 살아남기 위한 사고력 향상이 뒷받침되어야 합니다. 이는 그 자체가 교사와 학생이 함께 변화하고 성장하는 과정이 될 것입니다.

5부

주도성을 높이는
교육

1장

역량 교육에서
웰빙 교육으로

정은식(안산강서고등학교 교사)

우리나라 학생들은 공부를 잘한다. OECD 국제학업성취도평가 2018(PISA 2018, Programme for International Student Assessment 2018)* 결과에 따르면, 우리나라 청소년의 인지적(국어, 수학, 과학) 역량은 전체 77개국 중 4~9위로 최상위권이다. 그러나 우리나라 청소년의 삶은 우울하다. 2015년 기준, 우리나라 청소년의 삶의 만족도는 OECD 국가 28개국 중 27위, 비OECD 국가를 포함한 48개국 중 47위로 나타났으며, 2018년 순위에서도 큰 변동이 없었다. 또한 우리

---

* OECD에서는 미래 세계시민으로서 갖추어야 할 기본 소양인 인지적 역량(읽기, 수학, 과학)과 정의적 역량(삶의 만족도)을 3년 주기로 측정한다.

나라 중·고등학생의 33.8퍼센트가 '죽고 싶다는 생각을 가끔 하거나 자주 한다(최근 1년간)'고 나타났으며, 그렇게 생각한 이유는 '학업 문제(37.2퍼센트)'와 '진로에 대한 불안(21.9퍼센트)'이었다. 이는 우리 청소년들이 현재의 좋은 삶(well-being)을 유보한 채 미래의 성공적 삶(well becoming)을 위해 학업 스트레스를 받아 가며 괴롭게 공부한 결과라고 할 수 있다.[1]

미래 사회에서 학교 교육의 역할에 대한 교육 주체들의 의견은 어떠할까? 2020년 국가교육회의가 실시한 설문 조사에 따르면, '미래 사회를 살아갈 자녀들을 위해 학교가 어떤 역할을 우선시해야 한다고 생각하는지' 물은 결과, '학부모', '교사'에서는 "공동체 속 배려와 존중을 배우는 곳", "삶을 주도적으로 살아갈 힘을 길러 주는 곳"으로, 중·고등학생은 "행복한 삶의 의미를 배울 수 있도록 돕는 곳"으로 꼽은 응답이 가장 많았다.[2]

이와 같은 학교 교육에 대한 교육 주체들의 기대를 종합해 보면, 미래의 학교 교육은 '학교에서 배운 내용이 삶과 연계되고, 공동체 속에서 행복한 삶의 의미를 배워 자신의 삶을 주도적으로 살아갈 힘'을 길러 주어야 한다.

개인의 성공을 위한 교육

몇 년 전만 하더라도 대학 입시가 끝날 무렵이면 고등학교 정문에 특정 대학에 진학한 학생의 인원수나 명단을 공개하는 현수막이 걸렸다. 특정 학생의 상위권 대학 진학은 학교의 자랑거리였기 때문이다. 누구나 부러워하는 대학에 진학한 학생 개인에게도 행복한 일이었고, 그 학생을 배출한 학교도 경쟁력을 검증받는 기쁜 일이었다.

지금 이러한 현수막이 사라진 건 다행스러운 일이지만, 현실적으로 학교 교육은 여전히 서열화된 대학 진학을 준비하는 곳이며, 상위권 대학으로 진학할수록 경제적으로 풍요롭고 안정된 직업을 가질 가능성이 큰 것도 사실이다. 행복한 삶의 수준, 양극화된 직업 세계, 서열화된 대학, 학교 교육이 사슬을 이루고 있는 사회구조에서 개인의 성공적인 삶을 위해 교육을 강조할 때 '경쟁적 인간'을 키우는 교육이 될 수 있다.

미래 교육은 치열한 경쟁이 있는 직업 세계에서 승리해 사회적·경제적 지위를 거머쥐는 성공한 삶을 누리기 위한 경쟁적 교육이 되어서는 안 된다. 경쟁적 교육은 양극화된 직업 세계와 대학 서열화, 능력주의(meritocracy)를 공고히 하는 면이 있기 때문이다. 미래 교육은 자신의 삶을 주체적으로 살아갈 수 있는 힘을 기르는 교육이어야 한다.

공동체 번영을 위한 교육

OECD에서는 1997년부터 2003년까지 'DeSeCo(생애 핵심 역량) 프로젝트'를 통해 복잡하고 빠르게 변하는 미래 사회에서 누구나 책임감 있는 태도로 생애를 관리할 수 있는 핵심 역량을 제시했다. 이후 우리나라를 포함해 세계 각국의 교육과정이 이러한 역량을 중심으로 개정되었다. 그러나 막상 학교 수업에서 역량 교육을 실시하자 역량 교육에 대한 구체적 전략이 부족하다는 문제점이 드러났다. 우리나라의 '2015 개정 교육과정'을 예로 들면, 핵심 역량과 교과 역량과의 위계 문제, 역량, 능력, 기능과의 체계성 문제, 기존 학문 중심 교육과정에 맞는 내용 체계와 역량 교육의 목표 및 방법에 관한 문제 등이다.

OECD는 이러한 역량 교육의 한계를 극복하기 위한 후속 프로젝트로 'OECD 교육 2030 프로젝트(2015~)'를 추진했다. 이 프로젝트에서는 2030년에 성인이 될 학생이 직면할 환경적·경제적·사회적 위기가 첨단 기술의 발달, 사회적·문화적 다양화와 가속화, 불평등의 확대, 전쟁과 테러의 위협 등 기존 DeSeCo 프로젝트에서 상정한 사회보다 훨씬 더 복잡하고 새로운 도전이 될 것으로 전망했다. 이와 같은 전망에 따라 교육의 방향과 목표가 DeSeCo에서 규명했던 '개인의 성공을 위한 핵심 역량 함양'에서 '개인적·사회적 웰빙을 위한 변혁적 역량 함양'으로 방향을 전환하게 되었다. 여기서 교육의 목표와 방향을 '성공'에서 '웰빙(건강, 시민으로서의 참여, 사회적 연계, 교육, 안전, 삶의 만족도, 환경)'으로 바꾼 점은 경쟁적 입시 중심의 우리 교육에도 시사하는 바가 크다. 미래 사회에서 성공한 삶이란 단순히 개인의 자아 실현으로 충족되지 않고 정치적 안정, 경제적 풍요로움, 주관적 안녕감, 지속 가능한 사회 등 공동체의 번영과도 밀접하게 관련되기 때문이다.

학생 주도성 교육

교육 2030에서는 개인과 사회의 웰빙을 위한 사회변혁의 주체를 학생으로 간주하고 있다. 학생을 미숙하고 보호받아야 하는 존재가 아니라, 미래에 우리 사회를 이끌어 나갈 주인이라는 존재로 높이 보는 것이다. 다시 말해, 미래 교육은 미래 사회에 잘 '적응'하게 하는 교육이 아니라 사회변동의 참된 주체자가 되는 힘을 길러 주는 교육이어야 한다. 이를 '학생 주도성(student agency) 교육'이라고 한다.

학생 주도성 교육은 학생들이 미래를 스스로 헤치고 나아가는 것을 배워야 하는데, 단순히 교사가 가르쳐 주거나 지시하는 것을 따르는 대신에 의미 있고 책임감 있는 방식으로 자신이 가야 할 방향을 찾아야 한다. 이를 위해 갖추어야 하는 것이 '변혁적 역량'이다. 미래 교육에서 변혁적 역량 함양을 교육의 목표라고 한다면, 학생 주도성은 교육의 목표가 달성된 학생의 특징(학생상)이라고 할 수 있다. 따라서 미래 교육을 위한 학생 주도성 교육은 변혁적 역량을 기르는 교육이라고 할 수 있다.

교육 2030에서는 변혁적 역량의 하위 역량과 이러한 역량을 형성하는 데 필요한 지식, 기능, 가치 태도적 요소를 제시했다. 또한 이러한 역량 형성 요소로 변혁적 역량을 만들어 가는 학습 과정의 순환 원리를 예측, 행동, 성찰로 제시하고 있다.[4]

역량 형성 요소	변혁적 역량
1. 지식 학문적, 간학문적, 인식론적, 절차적	**1. 새로운 가치 창출하기** 적응력, 창조성, 호기심, 열린 사고
2. 기능 (메타) 인지적, 사회 정서적, 신체 실천적	**2. 긴장과 딜레마에 대처하기** 시스템적 사고
3. 가치 태도 개인적, 지역적, 사회적, 전 지구적	**3. 책임감 가지기** 자제력, 자기 효능감, 책임감, 문제 해결 능력, 자기통제

학습 과정		
예측	행동	성찰

학생 주도성 교육을 교사의 실제 수업 원리에 적용하는 데 실천적 아이디어를 주는 예측(계획), 행동(실천), 성찰(반성)이라는 학습 과정

순환 원리를 구체적으로 살펴보면 다음과 같다.

'예측'은 관점을 넓히는 단계이다. 이 단계에서는 자신이 어떤 행동을 할 경우 미래에 어떤 결과를 가져올 것인지에 대한 인식을 개발한다. 예측되는 장·단기적 결과를 자신의 동기나 의도와 비교해 보고 자신과 다른 관점을 넓혀 이해하도록 한다. 이러한 과정으로 학생은 문제를 이해하고 긴장과 딜레마를 관리하며 자신이 행동하거나 행동하지 않음으로써 발생하는 개인, 사회, 지구 수준에 영향을 주는 긍정적인 결과에서부터 아주 부정적인 결과에 이르기까지 숙고하게 된다. 자신의 동기와 무관하게 그 행동(의사 결정)으로 발생할 결과와 잠재적인 영향을 살펴보고, 또한 행동을 하지 않을 때 발생할 결과와 잠재적인 영향을 예측해 본다. 이렇게 심사숙고하는 까닭은 행동에는 책임이 따르기 때문이다.

'행동' 단계에서는 행동은 의도적이어야 하고 행동에 따른 책임을 져야 하므로 목적과 목표를 정의한다. 무엇인가를 조사할 수 있고, 책임을 지거나 새로운 가치를 창출하는 방향일 수도 있고, 변화를 만드는 방향일 수도 있다. 책임 있는 행동을 위해 새로운 가치를 창출하고 긴장과 딜레마를 조정하려면 관점에 입각해 행동해야 한다.

'성찰' 단계에서는 학생 자신이 행한 행동을 면밀히 조사하고, 그 행동의 결과가 목적에 부합하는지를 돌이켜 보아야 한다. 행동 단계가 종료되지 않은 채로 성찰을 통해 자신의 행동을 조정할 수 있다.

성찰 과정에서 메타 인지, 자기 인식, 비판적 사고, 의사 결정 능력 등이 발달하게 되는데, 이 능력은 예측 능력을 끌어올릴 수 있다. 따라서 성찰은 학습의 연속성을 가능하게 하는 실과도 같다.

소통과 공감, 배려를 배우는 교실을 만들려면?

5부에서는 'OECD 교육 2030'에서 말하는 학생 주도성을 함양하게 하는 수업을 소개하고자 한다. '큰 목표를 향해 스스로 나아가는 수업'에서는 '사업 계획서'를 작성하기에 앞서 해당 학문의 개념 지식을 탄탄하게 익히고 사업 아이디어를 구상해 발표회를 가지는 수업을 보여 준다. 일반적으로 학생 주도성 수업이라고 하면 '사업 계획서'를 작성하고 실제로 창업을 실행하는 활동이 중심이 되는 프로젝트 수업으로 생각할 수 있다. 그러나 이 수업은 한 학기라는 긴 흐름 속에서 사업 계획서 작성의 근간이 되는 경영학적 지식과 SWOT 분석, 4P 분석, STP 전략 수립과 같은 메타 인지적 기능을 학습하는 과정을 엮었다. 주제 발표회를 통해 자기 책임감을 가지도록 하고, 모둠이 재편되는 과정에서 새로운 가치 창출, 긴장과 딜레마 대처, 책임감 가지기 역량을 강화한다.

'문제와 답을 주도적으로 찾아 가는 수업'의 우리 교육 대안 찾기 활동에서 교사는 학생들이 교육의 문제를 자신에게서 시작해 우리나라, 다른 나라로 넓혀 나가면서 교육정책 제안 활동에 이르게 했다. 이 활동 과정에서 학생들로 하여금 자신의 능력과 학습 속도에 맞게 글과 이미지 등을 자유롭게 표상하도록 한 뒤 토론과 발표를 지도했다. 이를 주도성 교육 관점에서 보면 다양한 관점에 비판적으로 접근하는 과정으로 '예측' 단계에 해당한다. 두 번째 사례인 나만의 공부법 찾기 활동에서는 학생들이 교육학적 지식으로 기말고사 계획을 직접 세우고 성찰하는 수행 과정을 생생하게 볼 수 있다. 학생들 간의 대화와 학생들의 소감문을 보면 학문적 지식과 실천적 기능, 개인적 가치 태도를 역량 형성 요소로 삼아 예측, 행동, 성찰이 순환한 수업이었음을 확인할 수 있다.

2장
큰 목표를 향해
스스로 나아가는 수업

박건우(일동고등학교 상업 교사 / 〈기업과 경영〉)

　'어떻게 하면 학생들이 주체적이고 자발적으로 수업에 참여할 수 있을까?' 이는 교사 대부분이 하고 있는 고민일 것이다. 교실에서 자는 학생, 깨어는 있으나 수업에 대한 의지가 부족한 학생, 그리고 수업에 진정으로 참여하기를 원하는 학생에 이르기까지 교육 현장에서 보는 학생의 모습은 매우 다양하다. 교사가 되고 나서 이처럼 다양한 모습의 학생들이 어떻게 하면 주도적으로 수업에 참여할 수 있을지에 대한 고민을 늘 하던 중 머릿속에 문득 프로젝트 수업 모형이 떠올랐다. 이는 정해진 학습 기간의 전체를 아우르는 과제를 설정하고, 이를 학습자가 차근히 해결해 나가는 수업 모형을 의미한다. 만약 이러한 프로젝트 수업 방법을 실제 교육 현장에 적용한다면 나뿐만 아니라 다른 교사들의 고민을 해결할 수 있을 것이라는 생각이 들었다. 이 장에서는 이러한 현장의 고민을 해결해 나가는 방안으로 프로젝트 수업 모형을 바탕으로 한 주도성을 높일 수 있는 수업을 제시하고자 한다.

학년(군)	고등학교 2학년	교과	기업과 경영	차시	2차시

교육과정 성취 기준 및 배움 목표 수립[기대]

성취 기준	경영 계획의 다양한 형태를 익히고 문제 상황에 적용할 수 있다.
배움 목표	사업 계획서의 의미를 익히고 작성할 수 있으며, 사업 계획서가 창업에서 지니는 가치를 설명할 수 있다.

교수 학습 및 평가 과정[행동]

교사	사업 계획서의 전시 내용 전달하기		모둠 구성 및 추가 지식 전달		질문에 대한 상시 피드백		최종 피드백
학생	사업 계획서의 전시 내용 복습하기	▶	주제별 모둠 구성 후 역할 배분 및 활동 진행	▶	전체적인 내용의 공유 및 유기성 점검	▶	발표 및 동료 평가 진행

피드백 계획[성찰]

모둠 활동 시의 피드백

학생들의 활동 상황을 지켜보면서 수업에서 드러나는 학생들의 특징을 파악한다. 해당 수업은 전시 수업에서 이미 학습한 다양한 내용을 바탕으로 진행이 되므로 학생들의 융합적 사고력 및 전반적인 이해력을 관찰하는 것이 필요하다. 이를 위해 학생들이 교사에게 질문한 내용 또는 조별 활동 중 자발적으로 팀원들에게 공유한 아이디어 등과 교사가 사전에 파악한 학생의 수준을 비교하여 성장 지향적인 관점에서 피드백을 제공한다. 이 과정에서 성장의 신호를 드러내거나 참신한 의견을 제시한 학생들에게는 긍정적인 피드백을 제공하고 이를 기록해 둠으로써 향후 평가에 참고 자료로 사용한다.

질문에 대한 상시 피드백

학생들의 능력보다 약간 더 높은 난이도로 피드백을 해 주는 것이 중요하다. 학생들은 자신의 능력보다 높은 수준의 과제를 해결할 때 자기 효능감을 기를 수 있다. 따라서 과제 해결에 어려움을 겪는 학생에게는 적당한 비계 설정(단서 제공)을 해 주어야 하고, 과제를 해결한 학생에게는 도전적인 과제를 추가로 제공해 학습에서의 성공감을 기를 수 있도록 도와주어야 한다.

최종 발표 및 평가

교사의 피드백도 중요하지만 학생 간의 피드백이 같은 학습자 입장에서 바라봤을 때 더 유의미한 결과를 가져올 수 있다. 따라서 과목의 성취 기준 및 배움 목표 등을 고려해 교사가 학생들을 평가하기 위한 사전 평가지를 제작할 때 학생용 평가지도 더불어 제작하고, 이를 수업 전에 설명과 함께 나누어 주면 좋다. 이를 통해 학생들은 다른 학생들의 발표에도 더 관심을 기울일 수 있다. 학생용 평가지에는 주제 및 핵심 내용 정리와 친구의 발표와 관련해 느낀 점을 쓰는 칸을 만들어서 발표에 대한 주관적 피드백을 자유롭게 드러낼 수 있도록 하는 것이 좋다.

소개할 수업은?

〈기업과 경영〉은 기업이나 사업을 관리하고 운영하는 데 필요한 지식을 다루는 과목으로, 초·중등학교 교육과정의 '전문 교과 II'에 해당하며 〈경영·금융〉 교과(군)의 기초 과목이다.

해당 수업은 이러한 과목의 전반적인 내용을 소재로 한 프로젝트 수업으로, 수업의 핵심 교수–학습 방법은 '프로젝트 수업 모형'이다. 그 모형을 간단히 살펴보면 아래 표와 같다.

프로젝트 수업 모형

1단계: 학습 동기부여	2단계: 개념 학습	3단계: 심화 지식 학습
학생과 교사가 수업과 학생에 대한 기본 정보를 나누고, 학생은 향후 진행될 학습에 관심을 가지는 단계	협동 학습 등의 다양한 학습 방법을 통해 학생들이 과목에 대한 기본 지식을 학습하는 단계	과목의 핵심 내용을 심화 학습하며, 동시에 최종 결과물을 발표 및 공유해 학습자의 지식을 전이하는 단계

이 모형은 비단 한 수업에만 적용하지 않고 모든 수업에 적용해 각각의 수업을 프로젝트화했다. 수업의 주차별로 1주 차는 학습 동기 부여의 1단계, 2~11주 차는 개념 학습의 2단계, 12~14주 차는 심화 지식 학습의 3단계로 설정해 3단계 말에 이르러서는 학생들이 가장 난도 높은 프로젝트 과제를 해결할 수 있도록 수업을 구성했다. 과목의 전반적인 이해를 돕기 위해 프로젝트의 단계 및 내용 목차를 정리하면 아래 표와 같다.

프로젝트의 단계 및 내용 목차

단계	단원 내용
1단계: 학습 동기부여	경영의 개념
2단계: 개념 학습	경영 혁신, 윤리 경영
	경영 계획
	경영 조직
	경영 지휘
	경영 통제
	인적 자원 관리
	마케팅
	재무 관리 및 회계
	생산 관리
	기업의 국제 활동
3단계: 심화 지식 학습	주제 발표회
	창업 사업 계획서의 작성 1
	창업 사업 계획서의 작성 2

지금부터 전체 수업 중 프로젝트 수업 모형에서 중요한 부분을 차지하는 '주제 발표회'와 '창업 사업 계획서의 작성' 수업의 구체적인 내용과 그에 따른 세부 활동들을 자세히 살펴보자. 특히 '창업 사업 계획서의 작성'은 학기 단위의 프로젝트 수업에서 3단계에 해당하며, 학생의 수업 완성도 측면에서 가장 중요한 성격을 띠는 차시이다.

배움의 정리 및 전이를 가능하게 하는 주제 발표회

주제 발표회는 어떤 수업인가?

이 수업은 수업 일정의 마지막 부분에 배치해 학생들이 기존에 배우고 학습한 수업 내용을 스스로 정리하고 발표해 학생들 간에 지식의 전이가 일어날 수 있도록 설계한 수업이다. 수업은 1차시로 구성했으며, 수업 내용과 수업 시간에 보조 교재로 선정한 경영 관련 도서의 내용 중 자신이 가장 흥미를 느끼고 발표를 잘할 수 있는 주제를 준비해 발표하는 방식으로 진행했다.

주제 발표회를 위해 어떤 준비를 했나?

이 수업을 위한 사전 준비로는 학생들이 발표에 익숙해질 수 있도록 수업 시간마다 모둠 내 발표, 전체 발표, 질의응답 등 자신을 드러낼 수 있는 교수-학습 방법들을 사용했다. 발표 시 기본적으로는 학생들의 자발적인 의사를 바탕으로 진행했지만, 때로 특정 학생이 발표를 독점하는 듯한 경우에는 모든 학생이 자신의 의견을 이야기할 수 있도록 수업 방향을 재설정했다. 또한 학생들이 집단 지성을 토대로 수업에 참여할 수 있도록 카카오톡 단체방을 중심으로 주제 발표회의 주제 선정에 대한 의견을 자유롭게 나눌 수 있도록 했다.

Tip 학생의 주도성을 불러일으킬 수 있는 수업 내 장치

1. 필요 시 학생에게 개별 주제 부여하기
학생이 자신만의 주제로 과제를 수행한다면 개별 책무성을 지니고 더욱더 적극적으로 수업에 임할 수 있습니다.
⑩ 리더십, 회계, 경영 조직, 국제경제 등

2. 수업의 성취도가 미흡한 학생에게 조장의 역할을 부여하기
학생들의 개별 학습 상태를 파악해 상대적으로 수업 참여도 및 성취도가 낮은 학생에게 중심 역할을 부여하면 학생이 지닌 학습적·관계적 잠재 역량을 이끌어 낼 수 있습니다.

3. 무조건 긍정적인 피드백 제공하기
학생들은 교사의 칭찬 한마디에 크게 영향을 받습니다.
따라서 수업 활동 시 긍정적인 피드백, 이름 불러 주기 등의 방법을 사용하면 학생의 자기 효능감을 키울 수 있습니다.

주제 발표회에서 학생들은 어떤 활동을 했으며,
그 결과는 어떠했나?

실제 수업에서 학생들은 자신이 사전에 흥미롭게 느꼈던 주제의 내용을 정리해 이를 보조 도구를 활용해 가며 발표했다. 수업 중에 다른 친구들이 발표할 때에는 경청하며 발표 내용을 자세히 요약하고, 느낀 점을 학습지에 작성하도록 했다. 이러한 활동을 함으로써 자신이 발표한 내용 외의 10가지 주제에 대한 지식을 한 번의 수업으로 얻을 수 있도록 했다.

학생들은 대체로 자신이 관심을 가지고 좋아하는 주제에 대하여 평소보다 더 유려하고 자신감 있게 발표를 했으며, 이에 따라 수업의 전개도 더 깊이 있고 진지하게 느껴졌다. 또한 다른 친구들이 발표한 주제의 내용과 느낀 점을 적은 학습지를 카카오톡 단체 대화방에 공유함으로써 같은 주제에도 자신과 타인 사이에 생각의 차이가 있을 수 있음을 인지하고, 이를 경험하도록 했다. 이러한 과정에서 학생들은 자신이 발표한 내용과 관련한 피드백을 받아 보았으며, 이를 통해 잘한 점과 미흡했던 점을 파악할 수 있었고, 결과적으로 성찰하고 개선하는 수업 태도를 이어 나갈 수 있었다. 다음 표는 실제로 학생들이 수행한 과제의 예시이다.

학생의 프레젠테이션(실제 예시)

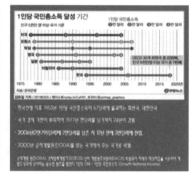

• 주제: 리더의 역할

• 주제: 한국의 국민소득 3만 달러 돌파

활동지: 학생들의 수행 학습지(실제 예시)

	〈기업과 경영〉 공동 교육과정 제1회 주제 발표회(본인 발표 내용)
주제	효과적인 광고 관련 수업 내용: 마케팅 믹스 – 촉진 믹스(광고, 홍보, 인적 판매, 판매 촉진, 직접 마케팅의 커뮤니케이션 촉진 수단으로 이루어진 것)
핵심 내용	1. 기업은 자신이 만든 상품에 관한 정보를 사람들에게 제공해 그들의 수요 욕구를 환기한다. 이 과정을 '촉진'이라고 하고, 특히 판매 촉진의 방법으로 광고를 사용한다. 2. 기업들은 다양한 광고를 제작하며, 주로 시각적인 영상이나 포스터 등의 형식으로 제작한다. 2-1. 예 LG 베가 아이언 "단언컨대, 메탈은 가장 완벽한 물질입니다" 　　　(…)

〈기업과 경영〉 공동 교육과정 제1회 주제 발표회(타인 발표 정리)	
1. 친구 이름	○○○
2. 주제 및 핵심 내용	수익 경영, 소비자가 느끼는 가치에 따라 가격을 달리 책정한다. 책의 내용에서 나아가 이를 적용한 사례인 아마존, 우버를 들어 이해를 도왔다. 또한 수익 경영을 통해 가격 책정의 혁신과 장점을 소개했다.
3. 한마디	어려운 말이 많았지만, 가격 책정이라는 우리 생활과 밀접하게 관련이 있는 주제로 같은 상품임에도 가격이 다른 이유를 납득할 수 있게 해 준 점이 좋았다.
1. 친구 이름	△△△
2. 주제 및 핵심 내용	리더에 대해 정의를 내리고 자신을 돌아보는 자아 성찰을 했으며, 리더의 정의와 역할, 종류, 그리고 자신이 생각하는 훌륭한 리더에 대해 이야기했다. 또한 조직 발전을 위해 리더가 가져야 할 마음가짐과 단계를 제시했다.
3. 한마디	수업 내용이었던 리더십에서 나아가 자신이 생각하는 리더십이 자아 성찰을 통해 발전할 수 있으며, 그 방법을 함께 제시한 것이 좋았다.

경영의 꽃 '창업 사업 계획서의 작성'

사업 계획서의 작성은 어떤 수업인가?

학생들이 한 학기 동안 배운 지식을 모두 활용해 경영의 다양한 지식을 활용하는 사업 계획서를 모둠별로 작성해 보는 수업이다. 사업 계획서에는 경영의 기본 개념부터 시장조사, 경영 분석, 그리고 마케팅을 포함한 경영 전략까지 경영의 전반을 아우르는 내용이 포함된다. 따라서 학생들은 최종 프로젝트 과제를 수행하기 위해 한 학기 동안 차근차근 지식의 조각을 모아 나가야 하며, 그렇기에 자연스럽게 각 수업에 주도적으로 참여하게 된다.

사업 계획서의 작성 수업을 위해 어떤 준비를 했나?

한 학기 전체를 아우르는 프로젝트 수업에는 세 가지 선행 사항이 요구되는데, 그것은 바로 수업 내용의 풍부화, 수업 내용의 재구성, 학생들의 학습 의지에 대한 당부이다. 먼저 수업 내용의 풍부화란 한 학기라는 정해진 시간 안에 1년 치 수업 내용을 녹여 내는 것이다. 〈기업과 경영〉 과목은 「2015년 개정 교육과정 총론」에 4개 단원으로 제시되어 있으며, 경영의 개념부터 경영 관리 방법, 구체적인 부문별 활동, 글로벌 경영에 이르기까지 그 내용이 유기적으로 구성되어 있다. 그렇기에 프로젝트 수업 내용의 풍부화를 위해, 그리고 학습의 흐름을 위해 한 학기에 과목의 모든 내용을 재구성해 녹여 냈다.

두 번째로는 최종 프로젝트인 사업 계획서의 작성과 관련한 내용들이 부각될 수 있도록 수업 내용을 재구성했다. 기본적인 교과의 흐름에 맞춘 수업을 계획하기보다는 프로젝트 과제를 해결하는 데 용이하도록 수업의 흐름을 재설계했다. 예를 들면 경영 계획 단계에서 기업을 분석하는 기법인 SWOT 분석〔강점(strength), 약점(weakness), 기회(opportunity), 위협(threat) 요인을 규정하고 이를 토대로 경영 계획을 수립하는 기법)을 강조한다든지, 마케팅 관리 단계에서 세분화 (segmentation), 타깃 선정(targeting), 위치(positioning)를 고려한 STP 전략 및 마케팅의 4요소인 제품(product), 유통 경로(place), 판매 가격(price), 판매 촉진(promotion)의 4P를 중점적으로 설명하는 등 프로젝트에 따른 중요도순으로 내용을 재구성했다.

마지막으로는 학생들에게 학습 의지에 대한 당부를 했다. 학기 전반에 걸친 프로젝트 수업은 그 수업의 흐름을 이어 나가는 것이 무엇보다 중요하며, 중간에 흐름을 놓치면 전체적인 내용을 파악하기가 어려워질 수 있다. 이는 자칫 학생들이 학습 내용을 숙달하는 데 소홀해지는 상황으로 이어질 수 있기에 학기 초반에 학생들에게 강한 의지를 지니고 수업에 임할 것을 강조했다.

사업 계획서 작성 수업에서 학생들은 어떤 활동을 했으며, 그 결과는 어떠했나?

학생들은 2차시에 걸쳐 이전 차시들에서 학습한 다양한 경영 지식을 바탕으로 '창업 사업 계획서의 작성' 활동을 진행했다. 해당 활동은 사업 계획서 작성에 필요한 기본 개념의 복습, 모둠별 역할 분담 및 역할별 사업 계획서의 작성, 유기적인 흐름의 검토, 발표 및 피드백의 순서로 이루어졌다. 학생들은 모둠 내에서 역할을 나눈 뒤 자발적으로 토의를 진행했고, 이를 바탕으로 사업 계획서의 작성을 구체적으로 진행해 나갔다.

<table>
<tr><td>학생</td><td>선생님, 자기 자금의 산출 근거는 퇴직금과 같은 형태로
할 수 있나요?</td></tr>
<tr><td>교사</td><td>만약 퇴직금을 산출 근거로 설정한다면 기업의 지속 연수
및 일정 기간 후의 퇴직 인원을 고려해 종합적으로 산출
근거를 나타내면 됩니다.</td></tr>
</table>

이처럼 학생들은 모르는 부분이 있으면 적극적으로 교사에게 질문을 하거나 서로 의사소통을 하는 모습을 보였으며, 이를 바탕으로 사업 계획서를 작성해 나갔다. 심화 지식 학습 단계의 사업 계획서 작성을 진행할 시점에 학생들은 이미 학습을 통해 경영에 대한 전반적인 지식과 그 응용력이 상당한 수준에 이르러 있었다. 따라서 대학생 수준의 실제 창업 계획서 샘플을 바탕으로 수업을 진행해도 무리가 없을 것이라는 판단하에 수준을 높여서 활동을 전개했다.

학생들은 마지막 프로젝트 수업에서 그동안 여러 주차에 걸쳐서 학습했던 내용들을 다양하게 활용하는 모습을 보였다. 적당한 가상의 기업을 선정하는 것에서부터 직급을 구분해 역할을 나누는 모습도 보였는데, 이 사례가 실제 기업의 프로젝트 수행 모습과 비슷하게 다가간 느낌을 주었다. 또한 SWOT 분석, STP 및 4P 전략 수립에 이어서 예상 판매 수량과 단가, 금액을 설정해 본 뒤 자연스럽게 자금 집행 계획까지 수립하는 모습을 나타냈다. 전체적으로 학생들의 소감을 들어 본 결과, 학기 초반보다 경영에 관한 자기 효능감이 높아졌으며, 수업에서 배운 내용을 학교 동아리 시간에 응용해 교내 수상을 이루어 낸 학생도 볼 수 있었다. 다음은 사업 계획서의 작성을 학생들이 실제로 수행한 예시이다.

활동지: 사업 계획서 작성하기-A조의 창업 아이템(실제 예시)

2. 창업 아이템의 내용		
창업 개요		
(1) 창업 아이템 소개	1) 아이템명	MiRRORA(이면을 보여 준다는 뜻의 '오로라'를 '미러'와 결합함)
	2) 아이템 설명	자신의 뒷모습을 촬영한 뒤 블루투스를 이용해 휴대 전화로 보는 등 다양한 스마트 기능을 지닌 거울
(2) 사업성 분석	1) 목표 시장: 자신의 모습에 관심이 많은 전 연령대, 패션과 뷰티, 다이어트에 관심이 많은 사람	
	2) 사업 기회: 광고 경기 실사 지수(advertising survey index)가 가장 높은 지상파 TV의 패션 프로그램을 통해 MiRRORA 제품 광고	

(3) 창업 아이템의 특징	1) 거울과 블루투스의 연결을 통해 뒷모습을 찍은 뒤 휴대전화에서 실시간으로 확인 가능 2) 조명이 있어서 어둡게 나오는 부분 없이 사진이나 눈으로 확인 가능 3) 증강 현실 기능을 이용해 거울로 미리 옷 입는 기능 추가 4) 체형 분석 기능을 이용해 나에게 필요한 옷, 맞는 옷 등의 정보 제공
(4) 제품의 시각화	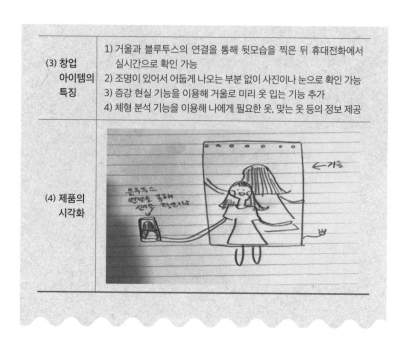

경영은 기본적으로 기업이 직면하는 다양한 문제들에 대한 가장 효율적인 방안을 공동의 노력으로 찾아 해결해 나가는 과정이다. 이에 발맞추어 매 차시 모둠 수업을 진행했으며, 수업 중 국가통계포털과 같은 정보원에서 자료를 찾는 연습 등을 통해 학생들은 구체적인 창업 아이템을 이끌어 낼 수 있었다.

3. 마케팅 계획의 구체화

(1) SWOT 분석

Strength(강점)	Weakness(약점)
· 스마트 거울로 뒷모습을 볼 수 있다는 점에서 소비자의 구매 욕구 자극 · 프리미어 심리 이용할 수 있음.	· 일반 거울에 비해 비싼 가격 · 소비자들에게 인식도가 낮음.
Opportunity(기회)	Threat(위협)
· 뷰티 시장의 성장과 확대 · 뷰티에 대한 대중들의 관심 상승	· 코로나19에 따른 외출 감소로 뷰티에 관한 노력이 일시적으로 감소함. · 뒷모습을 보지 못하는 것이 '강한 불편함'이 아니므로 가정에 이미 있는 거울을 새롭게 교체하는 것을 번거롭다고 인식할 수 있음.

(2) STP 전략 수립

1) Segmentation(시장 세분화)	10대, 20대 초반~30대 후반, 40~60대(중년 여성)
2) Targeting(목표 시장 선정)	20대 초반~30대 후반
3) Positioning(포지셔닝)	20대 초반~30대 후반을 상대로 온·오프라인 판매

(3) 마케팅 믹스 전략 수립

1) 제품 (Product)	① 제품의 수준	· 핵심 제품: 뷰티 생활 · 실제 제품: 거울 · 확장 제품: 구매 후 1년간 품질 보증 (수리 서비스)
	② 브랜드명	MiRRORA
2) 가격 (Price)	① 가격 결정 방법	원가 기반
	② 가격 전략	· 신제품 가격 전략: 시장 침투 가격 전략 (인플루언서를 시작으로 시장 침투) · 가격 조정 전략: 심리적 가격 전략 (관습 가격+촉진 가격 전략-SNS에 MiRRORA 거 울 인증샷을 해시태그 #mirrora를 사용해 업로드 하면 참여자 모두 기본 미니 거울 증정, 참여자 중 추 첨 통해 거울 품질 관리 서비스 사용권 증정 혜택)
3) 유통 (Place)	① 유통 경로의 유형	소비재 마케팅: 직접 마케팅
	② 유통 경로의 정책	전속적 유통 경로 정책
4) 촉진 (Promotion)	① 촉진 믹스	광고, 인플루언서를 통한 홍보
	② 촉진 믹스 전략	풀 전략

사전에 실시한 SWOT, STP 분석 수업을 학생들이 실제 사업 계획서 작성에 훌륭하게 응용한 모습을 볼 수 있다. 다만 전략의 선택에 있어서 전략의 선정과 더불어 전략 선택의 이유까지 드러내지 못한 점은 아쉬운 부분이다.

2. 창업 아이템의 내용

창업 개요

(1) 창업 아이템 소개	1) 아이템명	나비와 콩이(강아지와 고양이의 1위 이름을 조합)
	2) 아이템 설명	반려동물을 중심으로 한 종합 여가 시설
(2) 사업성 분석	1) **목표 시장**: 혼자 사는 가구의 경우 외로움으로 반려동물을 키우는 가구가 많기에 1인 가구에 초점을 둠. 2) **사업 전망**: 농림축산식품부에서 발표한 "전국 591만 가구에서 반려동물 856만 마리 키운다."라는 제목의 보도 자료에 따르면, 실제로 오늘날 반려동물 양육 가구와 반려동물 마릿수가 증가하고 있다고 한다. 이에 따라 동물의 펫티켓 수업, 반려동물 산책장, 동물 병원, 물품 구매처와 같은 시설의 수요 역시 높아질 것이라고 예측 3) **매장 위치**: 우리 회사는 창업 아이템을 위해 규모가 넓은 산책로와 수영장을 건설할 수 있는 토지 규모가 필요하기에 중심 도시에서 벗어난 교외 지역에 매장을 위치	
(3) 창업 아이템의 특징	1) 반려동물에 대한 지식과 정보를 배울 수 있는 수업 2) 반려동물과 함께 놀 수 있는 수영장, 실내 산책장, 야외 공원 (강아지와 고양이 장소 구분) 3) 반려동물 물품(간식, 옷, 장난감 등)을 구매할 수 있는 쇼핑몰 및 카페, 아픈 동물을 치료할 수 있는 동물 병원 4) 반려동물을 키우지 않는 사람들도 자유롭게 찾을 수 있는 공간	
(4) 창업 아이템의 구체적인 내용	1) **애견 카페**: 무설탕 체리·당근 주스, 고구마 라테 및 고구마, 연어 스테이크 및 생연어, 두부 샐러드 및 두부, 각종 커피와 과일 스무디, 빙수, 와플 등 2) **애견 쇼핑몰**: 애견 의류, 애견 보호대 및 교정기, 목줄, 유모차, 장난감 등 3) **실내·외 산책장**: 일정 포인트마다 배설물 처리를 위한 위생 도구 비치 4) **수영장**: 안전 요원 배치 및 애견용 튜브 비치	

최근 화두가 되고 있는 반려동물과 관련해 종합 애견 여가 시설의 창업 아이템을 설계하고, 이를 구체화해 나가는 과정이 인상적이다. 또한 사업 계획서를 작성할 때에는 구체적으로 작성하는 것이 좋다고 교사가 이야기했던 부분을 떠올리며 실제 작성 시 내용을 상세하게 기술한 점이 칭찬할 만하다.

활동지: 사업 계획서 작성하기-C조의 마케팅 계획 구체화(실제 예시)

3. 마케팅 계획의 구체화

(1) SWOT 분석

Strength(강점)	Weakness(약점)
· 다른 일반 쇼핑몰이나 애견 카페와는 다르게 반려동물 전문가와 함께함. · 넓은 시설을 항상 청결하게 유지함.	· 비용적인 측면 → 타 기업과 차별화를 두기 위해 기업의 규모를 늘리다 보니 기업 운영을 위해서는 일정 금액 이상의 비용이 발생할 것으로 예상됨. · 동물의 안전 문제 → 다양한 동물들이 함께 존재하는 쇼핑몰이기에 반려동물끼리의 싸움, 훈련 도중 부상 등 반려동물의 안전 문제가 많이 발생할 것으로 예상됨.

Opportunity(기회)	Threat(위협)
· 반려동물 가구 수가 해마다 꾸준히 증가하고 있어서 그에 대한 사업 규모 전망도 매우 밝음. · 각종 반려동물 관련 TV 프로그램 덕분에 반려동물에 대한 주인의 지식과 정보의 필요성, 그리고 주인과의 친밀한 관계의 중요성이 대두됨. 	· 애견 카페, 애견 수영장, 동물 병원 등 업종을 세분화해 바라보면, 비슷한 회사가 다양하게 존재함. · 코로나19와 같은 팬데믹 상황 발생 시 운영에 위협 예상됨. · 사람과 반려동물의 대규모 쇼핑몰이라는 참신하고 독창적인 접근은 자칫하면 운영에 위협이 될 수 있을 것으로 예상됨.

(2) STP 전략 수립

1) Segmentation(시장 세분화)	· 먼저 반려동물을 키우는 사람과 키우지 않는 사람으로 나눈다. 그다음에 반려동물을 키우지 않는 사람 중에서도 동물을 좋아하는 사람과 좋아하지 않는 사람으로 나눈다.
2) Targeting(목표 시장 선정)	· 20대 초반~: 외로운 1인 가구를 중심으로 · 어린아이와 동반하는 20대 중후반~40대 초반의 젊은 부모들: 동물에 호기심이 많은 어린아이의 방문 의사로 함께 방문한 부모를 중심으로 · 다양한 여가를 즐기고 싶은 10대 후반~20대 후반: 직장 스트레스를 대형 쇼핑몰에서 풀고자 하는 젊은 직장인들을 중심으로

3) Positioning(포지셔닝)		· 다른 회사보다 반려동물의 안전에 더욱 유의하고, 모든 제품은 환경적으로 인체와 반려동물에게 무해하다. 애견 종합 센터로서 사람들이 찾아오게 할 수도 있지만 우리 회사는 인터넷 사이트를 직접 운영하며 직접 와서 구매할 수 없는 고객들을 위해 배달 판매도 가능하게 한다.

(3) 마케팅 믹스 전략 수립

1) 제품 (Product)	① 제품의 수준	· 핵심 제품: 여가 생활 / 스트레스 해소 · 실제 제품: 음료수, 장난감, 의류 등 · 확장 제품: 장난감이나 카페 전 메뉴의 배달 서비스
	② 브랜드명	· 나비와 콩이
2) 가격 (Price)	① 가격 결정 방법	· 원가 기반: 인건비에 어느 정도 이익을 더해 가격을 책정한다.
	② 가격 전략	· 신제품 가격 전략: 시장 침투 +상층 흡수 가격 전략 · 기업 운영을 위해 평균보다 아주 조금 높은 가격으로 시장에 침투한 뒤 다양한 소비자층을 확보한다. 그렇게 했음에도 소비자층이 두터워지지 않으면 일정 기간 가격 인하로 새로운 소비자층을 확보하는 전략을 쓴다.
3) 유통 (Place)	① 유통 경로의 유형	직접 마케팅: 직접 마케팅 중에서도 소비자에게 직접 문자를 보내거나 전단지 등을 돌려 효과를 극대화하는 방법을 택한다.
	② 유통 경로의 정책	선택적 유통 경로 정책: 초반에는 기업의 입지를 다진 뒤 기업이 일정 수준 이상의 매출을 주기적으로 내거나 다른 점포를 관리할 여유가 생기면 그때 적당한 통제 과정을 거쳐 점포를 개방한다.

4) 촉진 (Promotion)	① 촉진 믹스	SNS 홍보를 이용해 여러 소셜 미디어에서 소비자들이 자사의 존재와 시스템, 제품들을 알게 하고 직접 찾아오게 한다. 유명 애견 유튜버에게 광고비를 지불하고 유튜브를 통한 광고를 한다.
	② 촉진 믹스 전략	풀 전략(pull strategy): 우리 회사는 반려동물을 중심으로 한 종합 여가 시설이므로 소비자들이 우리 센터를 직접 찾아오게 해야 한다.

자료를 이용해 SWOT 분석을 실시했기에 더욱 설득력이 있으며, 고객을 상세하게 분류한 점에서 효율적인 마케팅 가능성이 커졌다고 볼 수 있다. 또한 마케팅 믹스 전략 수립 시 해당 전략의 선택 이유를 상세하게 기술함으로써 전략 실행에 대한 타당성을 확보했다.

학생들의 마지막 시간 자기 성찰(실제 예시)

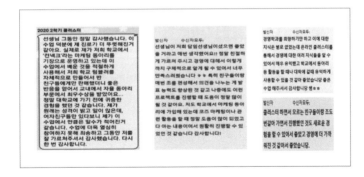

학생들을 따로 평가하지 않고 수업 시간 내에 과제 제출, 누가기록 등으로 평가를 합니다. 각 활동에서 수행한 과제가 곧장 수행 평가로 연결되는데, 과제 제출의 평가 기준을 하나만 예시로 들면 다음과 같습니다.

평가명	평가 기준
주제 발표회	1. 주제에 관해 정확히 알고 있는가?
	2. 내용 정리 대본을 작성했는가?
	3. 발표를 끝까지 마무리했는가?
	4. 자신이 느낀 점을 명확히 밝혔는가?
	5. 발표 시 보조 도구를 사용했는가?

또한 누가기록은 교과별 세부 능력 및 특기 사항란을 작성할 때 유용하게 활용할 수 있습니다. 프로젝트 수업은 기본적으로 학생들이 자발적인 주도성을 띠어야 원활하게 진행이 되기에 상시로 긍정적인 피드백을 제공해 학생들의 유능감을 유발하는 것이 좋습니다.

다른 교과에는 이렇게 적용할 수 있어요!

프로그래밍 교사: 프로젝트 과정에서 정리되지 않은 학생의 아이디어를 학생들이 서로 피드백하며 스스로 생각을 정리해 나가는 모습이 인상적이었어요. 학생에게 주도권을 넘겨준다는 것이 교사에겐 두려운 부분이기도 한데, 선생님의 수업을 통해 학생의 가능성을 믿

고 수업과 피드백의 주도권을 넘겨도 될 것 같다는 생각이 들었어요.

영어 교사: 배운 내용을 적재적소에 적용하는 능력을 키우기 위해 다양한 수업에서 이를 어떻게 확장할지 고민이 많았어요. 선생님 수업을 통해 수업 시간에 배운 학습 지식을 총체적으로 마지막 프로젝트 때 취사선택해 활용하는 방법에 대한 아이디어를 얻었습니다.

경제 교사: 학생 중심 수업에서 가장 중요한 주도성에 대해 확인할 수 있었어요. 학생들에게는 무한한 가능성을 교사가 판단하는 것이 아닌 학생 스스로 선택할 기회를 많이 줘야겠다는 생각이 들었어요. 학생들이 서로 피드백하는 모습은 교사가 동반 성장하는 데 있어서도 도움이 될 것 같습니다. 수업 시간에 바로 활용하고 싶네요.

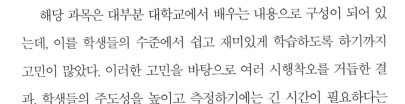

미래 교육을 향한 디딤돌 놓기 제안

해당 과목은 대부분 대학교에서 배우는 내용으로 구성이 되어 있는데, 이를 학생들의 수준에서 쉽고 재미있게 학습하도록 하기까지 고민이 많았다. 이러한 고민을 바탕으로 여러 시행착오를 거듭한 결과, 학생들의 주도성을 높이고 측정하기에는 긴 시간이 필요하다는 결론에 이르렀다. 학생과 교사가 모두 수업의 주인이 될 수 있는 '공동 주도성 수업' 방식의 대표는 뭐니 뭐니 해도 프로젝트 수업이라고 생각한다.

또한 프로젝트 수업을 학기 단위의 시각으로 바라봤을 때 그 목표에 해당하는 하나의 큰 프로젝트가 있으면 수업을 진행하는 데 유리하며, 이를 학생들이 수행하도록 하려면 세부 단위의 수업에서 그 틀을 하나씩 잡아 나가는 것이 중요하다. 코로나19라는 특수한 상황이 아니었다면 프로젝트 수업의 마무리는 실제로 사업자 등록을 경험해 보는 방식으로 진행했을 것이다. 이상적인 프로젝트 수업의 마무리는 실제 행동을 수반할 때 더욱 빛을 발한다고 생각하기에 여건이 허락한다면 실제 경험으로 마무리하도록 수업을 구성해 보는 방식도 권할 만하다.

3장
문제와 답을 주도적으로 찾아 가는 수업

정주혜(진위고등학교 영어 교사 / 〈교육학〉)

〈영어〉 수업이 한창일 때, 느닷없이 한 학생이 삐딱한 시선으로 질문한다. "영어를 왜 공부해야 해요?" 잠깐의 당황스러움을 뒤로하고 최근 신문 기사와 주변 지인의 사례까지 총동원해 애써 그럴듯한 답변을 내놓는다. '그런데 기분이 왜 이렇게 찜찜하지?' 왜 나는 학생의 질문에 모든 답을 주려는 것인가? 담임교사로서 아이들과 상담을 하며 이건 단순히 교과목에 국한된 문제는 아님을 깨달았다. 학교는 왜 다녀야 하냐고, 공부는 왜 하냐고 묻는 아이들과 상담을 하며 '그들에겐 스스로 질문하고 자신만의 답을 찾아 생각할 시간이 필요한 건 아닐까?' 하는 생각이 들었다.

학생들에게는 삶의 목적과 방향에 대해 스스로 고민하는 시간을 갖는 것이 무엇보다 중요하다. 나는 그들의 주체적 사고를 유도할 수 있는 더 명확한 방법론을 알고 싶었고, 뜻밖에 〈교육학〉이라는 교양과목이 아이들의 삶을 주도적으로 변화시킬 열쇠라는 확신이 들었다.

〈교육학〉의 재발견

학년(군)	고등학교 2학년	교과	교육학	차시	8차시

교육과정 성취 기준 및 배움 목표 수립[기대]

우리 교육의 대안 찾기	성취 기준	한국 사회가 당면한 교육 문제에는 무엇이 있는지 알아보고, 그 원인과 해결 방안을 제시한다.
	배움 목표	해외의 사례를 참고해 우리의 교육 문제를 찾아보고, 합리적이고 민주적인 소통으로 함께 해결하려는 태도를 기대한다.
나만의 공부법 찾기	성취 기준	학습을 방해하거나 촉진하는 요소들을 알아봄으로써 효과적인 학습을 위해 사용할 수 있는 방법과 전략을 이해한다.
	배움 목표	개인의 학습 상황에 맞추어 효과적인 학습을 위한 방법과 전략을 활용하기를 기대한다.

교수 학습 및 평가 과정[행동]

우리 교육의 대안 찾기

	1차시		1차시		2차시		2차시
교사	· 핀란드 사례 제시 · 개별 글쓰기 피드백	▶	· 모둠 구성 · 토의 피드백	▶	· 주제 제시 · 토론 피드백	▶	· 조별 발표 · 배움 일지 작성
학생	· 글쓰기		· 생각 나눔		· 주제 토론		

나만의 공부법 찾기

	1~2차시		3~4차시		4~5차시		6차시
교사	· 모둠 구성 · 과제 제시	▶	· 학습이론 강의 · 퀴즈 제공	▶	· 토론 주제 제시 · 동기 이론 강의	▶	· 피드백
학생	· 공부 경험 공유 · 브레인스토밍		· 학습이론 학습 · 퀴즈 풀기		· 토론 활동 · 동기 이론 학습		· 공부 계획 세우기

우리 교육의 대안 찾기
· 글쓰기 활동에서 학생들이 다양한 각도에서 문제의식을 가지고 생각을 정리할 수 있도록 가이드라인을 제시한다.
· 토의 활동에서 각 모둠의 토의를 지속적으로 관찰하면서 학생들의 토론이 한쪽으로 치우치거나 관련 없는 문제로 흐르지 않도록 질문 등을 통해 적절히 개입한다.
· 교육 문제에 관한 정책을 만드는 과정에서 교사는 학생들이 민주적이고 합리적인 방식으로 소통할 수 있도록 격려한다.

나만의 공부법 찾기
· 학생 개인이 학습에 대한 다양한 경험을 공유할 수 있는 허용적인 분위기를 조성한다.
· 학생들이 효율적인 공부법을 스스로 찾을 수 있도록 다양한 질문과 자료를 제시한다.
· 공부 계획 세우기 활동에서 현실적인 목표 설정을 할 수 있도록 개별 피드백한다.

소개할 수업은?

교육 현장에서 만나는 많은 학생들은 양육자의 일방적 교육 로드맵을 따르거나, 교사가 설계한 수업에 수동적으로 참여하는 소극적 모습을 보인다. 때로는 교육이 어느 순간 입시를 위한 레이스로 변해 "나는 누구? 여긴 어디?"라고 물어볼 겨를도 없이 그 경주에 숨 가쁘게 합류하며 선행 학습과 무한 경쟁에 내몰리기도 한다. 자신이 설정하지 않은 목표와 주도적으로 참여하지 않는 수업 안에서 진정한 배움이 일어날 수 있을까?

교과의 경계를 넘어서 학생들을 변화시키고 배움의 주체가 되도록 하는 근본적인 힘, 교육과 삶에서 목표를 설정하고 이를 달성하는 방법을 학생들과 함께 〈교육학〉 수업 안에서 실천해 보고자 한다.

교사는 수업 설계 단계에서 학생들의 목소리를 반영하고 내용의 중요성, 수업 간 연관성 등을 고려해 교과 내용을 재구성한다.

수업을 통해 교육 주체로서의 학생들은 교육의 목적과 가치를 스스로 정해 더욱 주도적인 삶의 방식을 취하며, 학습이론과 원리를 익혀 학습 당사자로서 학업 향상을 위해 능동적으로 노력해 삶에 긍정적 변화를 경험할 수 있다. 특히 과목 특성상 교육 분야로 진로를 희망하는 학생들이 많은 만큼, 교육적 문제를 스스로 해결해 보고자 노력하고 미래 교육에 대해서도 적극적으로 고민하면서 예비 교육인으로서 주도적 자세를 기를 수 있다.

한 학기 수업은 다음과 같이 진행된다.

차시	단원	주요 내용
1주	오리엔테이션	라포르 형성, 공동 수업 설계
2~6주	교육의 목적과 성격	삶의 목적 찾기, 교육의 목적과 가치, 이상적 자아상, 전인교육 사례
7~9주	교육의 역사와 공교육	교육의 역사, 한국의 공교육, 외국 교육 사례
10~13주	학습과 교수의 원리	학습·동기 이론, 나만의 공부법 찾기, 기말고사 계획 세우기, 일일 교사 체험
14~16주	미래 사회와 평생교육	미래 사회 관련 도서·칼럼·기사 리뷰, 미네르바 스쿨 온라인 탐방, 미래 교육 예측하기
17주	수업 정리	수업 나눔 및 마무리

전반적으로 수업은 학생이 중심이 되어 스스로 문제를 제기하고 해답을 찾아 가는 방식이다. 교사가 주제 관련 자료를 제시하면 학생들은 객관적이고 비판적인 사고로 문제를 제기한 뒤 각자 자료를 찾거나 '자기 능력과 속도'에 맞추어 자유롭게 사색하고 자신의 생각을 정리한다. 이후, 모둠 토론을 통해 생각을 공유하고 타협과 조율을 통해 제기된 문제에 대한 합리적 답을 찾는 시간을 갖는다. 이 과정에서 교사는 학생들이 직면한 교육 문제에 답을 찾도록 돕는 코치이자 조력자가 된다.

문제 제기 ▶ 자료 조사, 사색 ▶ 생각 공유 ▶ 해답 도출

학생이 중심이 되는 〈교육학〉 수업을 통해, 학생들이 교실에서 배운 것을 미래의 더 넓은 세상에서 활용하고, 주체적인 사고와 주도적인 자세로 '웰빙(well-being)'하는 삶의 여정을 즐겼으면 한다.

숙제는 불필요하다?: 우리의 교육, 문제 인식에서 대안까지 직접 찾아보자

교육은 나 개인의 문제이자 우리 모두의 문제

이 수업은 개인이 삶과 교육의 목적을 스스로 찾아보고, 이를 달성하기 위해 적극적으로 행동하기 위함이 목적이다. 그러나 개인적

성장에서 멈추지 않고 우리 사회가 가진 교육제도의 문제점을 공동체의 문제로 인식해 다양한 소통과 협력을 통해 민주적이고 합리적인 방향으로 구성원이 문제를 함께 해결해 나가고자 한다. 이를 위해 나는 질문과 토론 중심의 교수법에 주목했다.

하버드대학교 교수이자 PI(peer instruction: 동료 교수법)의 창안자 에릭 머주어(Eric Mazur)는 학생 스스로 생각하고 주도하는 강의 방식을 개발했다. 머주어 교수의 수업에서 핵심은 '질문'과 '토론'이다. 또한 가장 중요한 것은 학생이 창의성을 발휘하도록 '허용'하는 것이다. 다시 말해, 교사는 적절한 화두를 던지고 지속적인 질문을 통해 학생들이 문제에 대한 최선의 해답을 스스로 찾을 수 있도록 돕는 조력자가 되어야 한다. 마치 소크라테스가 산파술*로 제자들이 스스로 답을 찾게 이끌었듯이 말이다.

효과적인 토론을 위한 아이스 브레이커: 다큐 영상 이용하기

단원: Ⅲ. 교육의 역사와 공교육
자료: 다큐멘터리 〈다음 침공은 어디?(Where to Invade Next?)〉** 핀란드 편
수업 흐름: 영상 감상 → 문제의식 갖기 → 글쓰기 → 토론 → 발표

---

* 소크라테스의 대화 방법으로. 상대편이 제출한 논설이나 질문을 거듭함으로써 개념 규정을 음미하고 당사자가 의식하지 못했던 새로운 사상을 낳게 하는 문답법이다.

해외의 전인교육 사례를 다루면서 학생들과 마이클 무어 감독의 다큐멘터리 〈다음 침공은 어디?〉 '핀란드 편'을 감상했다. 이 영상에서 핀란드의 교육부 장관과 교사들, 학생들은 행복 지수와 학업 성취에서 최상위를 유지하는 핀란드 교육의 비밀을 알려 준다. 한때 교육 수준이 최하위를 기록했지만 다양한 노력 끝에 정상에 오르는 데 성공한 핀란드의 교육부 장관은 "숙제는 구시대적 산물이므로 불필요하다(No homework!)!"라고 말한다. 이러한 교육관에 따라 학교에 머무르는 시간과 숙제하는 시간을 최소화하고, 개개인의 소질과 흥미, 동기를 우선시해 놀이가 배움으로 자연스럽게 이어지는 교육, 표준화된 시험이 없고 경쟁은 무의미하며 모두의 행복을 최고의 가치로 두는 교육을 실현한다.

10분이 넘지 않는 짧은 영상이므로 수업 시간에 활용하기에 알맞다. 학생들은 영상을 본 뒤 제시된 질문에 대한 자신의 생각을 패들렛(Padlet: 하나의 공간에 여러 사람이 동시에 메모하고, 메모지를 붙이듯 공유할 수 있도록 만든 웹 애플리케이션)에 정리한다.

** 미국의 사회문제 해결을 위해 펜타곤의 전사가 된 마이클 무어가 칼 같은 비판과 핵폭탄급 유머로 전 세계를 침공하는 과정을 보여 주는 퍼니 다큐멘터리이다.

- 핀란드 교육 중 인상적인 점

- 우리의 교육을 되돌아보자. (자신의 경험, 교육제도 등)

- 핀란드의 교육 방식을 우리 사회에 적용하는 것이 가능한가?

학생들의 패들렛 정리 내용(실제 예시)

이○○   핀란드의 교육 순위는 세계 최상위이다. 핀란드의
교육부 장관이 "과제는 없다."라며 아이들에게는 자유와 삶을 즐길
시간이 필요하다는 이야기를 했을 때 한 달 동안 내가 한 과제들이
머릿속에서 스쳐 지나갔다. 핀란드에서는 학생들에게 하고 싶은
활동을 격려하고 경험의 가치를 중요시하는 것 같다. 특히 "학교에
적게 감으로써 학력을 높인다."라는 말이 인상 깊었다. 학교는
행복을 찾는 곳이라는 핀란드 선생님의 말에 깜짝 놀란 것을 보니
확실히 나도 대한민국의 주입식 교육에 많이 물들어 있었나 보다.
영상을 보며 알게 된 확실한 건 핀란드의 학생들과 교사들이 모두
행복해 보인다는 것이었다. 행복하기 위해 산다고 해도 과언이
아닌데 그들의 모습을 보니 부러웠다. 내가 다니고 있는 학교에서는
찾아보기 힘든 표정들이어서 참 인상 깊었다. 나는 꼭 아이들을
행복할 수 있게 해 주는 교사가 되어야겠다.

대부분의 학생들은 활동을 통해 '공부에 대한 자신의 고정관념'
과 마주한다. 예컨대, '적절한 경쟁은 개인의 능력을 끌어올리는 데에

기여한다.'라고 생각한 자신의 믿음이 영상을 통해 깨지고 만다. 고정 관념을 깨는 것이 새로운 배움으로 나아가는 첫 단추가 될 수 있기에 이는 수업에서 매우 중요한 순간이기도 하다.

Tip 해외 교육 사례 이해에 도움이 되는 영상

1. 유대인의 하브루타 공부법: KBS 다큐멘터리 〈공부하는 인간〉 '유대인 편'
2. 독일 교육: JTBC 〈차이나는 클라스〉 '김누리 교수 강연'
3. 미국, 독일 학교 사례: EBS 다큐프라임 〈혁신 학교: 무엇이 학교를 바꾸는가〉 '3부 혁신의 또 다른 상상'
4. 해외 학교 탐방: EBS 다큐프라임 〈교육 대기획: 다시, 학교〉 '2부 교사의 고백, 최태성의 세계 교육 탐방'

공동의 문제를 이야기하다

교사는 3~4명의 학생을 한 모둠으로 조직해 자신의 생각을 조원들과 나누도록 한다. 이때 모둠별로 진행, 발표, 기록 등의 역할을 지정해 학생들이 주도적으로 토론에 참여하게 한다.

영상을 보고 나서 느낀 소감을 돌아가며 말한 다음 각자 생각하는 대한민국 교육의 문제점을 짚어 본다. 학생들은 과열된 사교육, 대학 입시를 위한 무한 경쟁, 주입식 위주의 공부 등을 우리 교육의 문제점

으로 지적하며 교육의 당사자로서 어느 때보다 열띠게 토론을 펼친다. 여기서 교사는 학생들의 토의 활동을 관찰하며 질문 등을 통해 적절한 개입과 자극을 주어 한쪽 의견에 치우치지 않고 합리적인 해결 방안을 도출하도록 돕는다.

토의 활동에서 교사의 역할(실제 예시)

학생 A 우리는 수행 평가며 과제를 하느라 스트레스가 너무 많은데, 핀란드는 구시대적 산물이라면서 숙제도 없애고 개개인의 소질과 흥미를 존중해 주는 게 너무 부러워요.

교사 **(개입) 그럼 학교에서 숙제를 없애는 것에 찬성하나요? 초·중·고등학생 모두 숙제가 없어도 괜찮을까요?**

학생 B 제 의견은 초등학교만큼은 기초학력을 키워야 하니 어느 정도의 과제는 필요하다고 생각해요.

학생 C 실제로 초등학교 때 학교 숙제가 없었는데 중학교 가면서 학생들 사이에 학습 격차가 많이 벌어지더라고요. 하지만 학교 숙제도 없고 공부에서 자유로운 핀란드의 사례를 보니 신선했어요.

교사 **(개입) 우리나라도 숙제를 없애면 학생들은 공부에서 자유로워질까요?**

학생 A 생각해 보니 학교 숙제가 없으면 학원 숙제가 더 많아질 것 같기도 해요.

학생 B   학교에서 숙제를 없앤다고 학생들의 공부 스트레스가
          없어지는 건 아닌 것 같아요. 그보다는 우리 사회에서
          교육의 본질에 대해 논의하고 근본적인 대책을 세워야
          하지 않을까요?

예를 들어, 핀란드의 학교 평준화 정책에 관해서는 "평준화 학군
이 정말 이상적인 형태일까? 너희가 사는 곳의 상황은 어때?", "만약
그런 정책이 한국에 도입된다면 어떤 부작용이 따를까?" 등의 질문
을 던져 학생들이 다른 관점에서도 문제를 바라볼 수 있도록 한다.

다양한 의견을 나눈 뒤에는 학생들이 '내가 교육부 장관이라면?'
이라는 가정하에 한국 교육의 가장 큰 문제점을 한 가지씩 골라 그
문제를 해결할 수 있는 구체적인 정책을 만들어 본다. 이때 학생들이
내놓은 정책에 따를 수 있는 부작용과 한계점까지 고려하며 열린 사
고로 해결책을 찾아 가는 과정을 거치도록 이끈다.

활동지: 모둠 A가 제시한 교육정책과 한계점(실제 예시)

1. 대한민국 교육의 가장 큰 문제점: 한국의 대학 입시 제도

한국의 대입 제도 때문에 학교생활에서 학생들 간에 경쟁이 과도하게 벌

어지고, 이로써 다양한 문제들이 발생하는 것 같다. 그리고 공교육이 입시 위주로 진행되기 때문에 학생들이 '대학 입시'만 보고 학교생활을 한다는 점이 아쉬웠다. 또한 아무리 교육의 기회가 평등하다지만, 학교나 지역에 따라 교육 격차가 발생하므로 이 점도 개선해야 한다.

2. 내가 교육부 장관이라면?

1) 다양한 대입 선발 방식: 개개인의 개성과 특성에 따라 맞춤 교육을 진행한다면 학생들이 자신의 진로나 미래 등을 설계하는 데에 도움이 될 것이다. 대입 제도는 한 가지 방식을 고수하기보다 학생들의 다양성을 고려해 지금보다 다양한 기준을 만들어 진행해야 한다.

2) 사회적 인식 개선: 학벌 중심의 사고를 바꾸기 위해 실력에 근거해 인사 채용이 이루어지도록 기업들을 독려해야 한다. 그리고 다양한 캠페인 활동과 실력자들이 정당한 대우를 받을 수 있는 제도를 만드는 등 다양한 사회적 노력을 기울여 맹목적인 입시 위주의 교육제도가 개선될 수 있도록 해야 한다. 교육만의 문제가 아니기에 다른 부처와 협력해 사회 전반에서 변화를 이끌어 내도록 한다.

3) 교육정책에 청소년의 의견 반영: 청소년과 관련된 많은 정책이 정작 교육의 당사자인 청소년들의 의견은 배제한 채 만들어져 시행되는 실정에서 청소년들이 직접 정책에 관한 의견을 제시하고 문제점을 개선할 수 있는 자리를 마련하도록 한다.

3. 한계

서열화된 대학의 학생 선발 체계에서 모호한 평가의 기준과 다양성을 바탕으로 한 선발 기준이 학생들과 교사들에게 혼란을 야기하고 어려움을 줄 수 있다. 또한 교육을 경쟁을 통한 줄 세우기 과정으로 인식하는 사고방식의 변화를 빠른 시간 안에 기대하기는 어렵다.

특별한 온라인 플랫폼이나 다양한 도구의 도움 없이 화상 그룹 토론
기능만으로도 학생 중심의 수업을 효과적으로 구현할 수 있습니다.
교사가 랜덤으로 또는 지정해서 모둠을 만들 수 있는데, 발언권의 기회가
적절하게 돌아가며 가장 활발한 토론을 이어 가기에는 모둠별로 3~4명
정도가 가장 이상적인 인원입니다. 오프라인 토론과 비교했을 때 교사가
원하는 모둠별 토론 내용을 듣거나 마이크 기능을 사용해 토의에
개입할 수 있다는 것이 가장 큰 장점입니다.

Tip 그룹 토론에서 교사가 개입해야 하는 순간

비슷한 생각을 하는 또래끼리의 토론이다 보니 크게 네 가지 문제점이
발견됩니다. 교사는 이를 미리 염두에 두고 그때그때 적절하게 개입해
토의가 균형 있게 진행될 수 있도록 도와야 합니다.

1. 토의가 한쪽으로 치우칠 수 있어요.

→ 학생들이 다른 관점에서도 생각해 볼 수 있는 질문을 던집니다.

2. 학생들이 서로 친숙해지면서 자칫 주제에서 벗어난 수다로
흐를 수 있어요.

→ 자연스럽게 주제와 관련된 학생의 생각을 묻습니다.

3. 토의의 주도권을 가진 사람이 토의를 이끌고 가거나 목소리를
대변하게 돼요.

→ 학생들의 대화에 참여해 의견을 말하고 발언권을 얻지 못한 학생이
자연스럽게 교사의 이야기에서 아이디어를 얻어 말할 수 있도록
기회를 줍니다.

4. 토의가 활발하지 않고 소극적으로 참여할 때가 있어요.

→ 토의가 활발하지 않은 이유는 대개 토의 주제에 무슨 말을 해야 할지 모르거나 다른 사람들 앞에서 말하는 것이 어색해서입니다. 이때에는 좀 더 대답하기 쉬운 질문을 던져서 학생들의 적극적인 참여를 유도할 수 있습니다.

나만의 공부법을 찾아라!: 내 학습 코치는 바로 나

'나'를 성장시키는 방법(how)을 알려 주는 수업

자기 주도적인 삶을 위해서는 자기통제력을 개발하는 것이 무엇보다 중요하다. 자기통제력은 삶의 여러 상황에 도움을 주지만, 특히 공부는 자기통제력과 밀접하게 연관이 있다. 많은 학생이 시험에서 좋은 성적을 받고 싶어 하지만 자기 주도적으로 공부하고 공부에 통제력을 가지는 것은 말처럼 쉽지 않다. 〈교육학〉 수업이 대부분 교육의 문제에 관해 '왜(why)'라는 논의를 많이 했다면, '학습의 원리' 단원에서는 학습 능력을 '어떻게(how)' 개발하는지 배우고, 이를 통해 '나'의 삶에 실질적인 도움을 받을 수 있다. 정확한 학습이론과 실험에 근거해 자신의 모습을 객관적으로 돌아보면서 자신만을 위한 최적의 공부법을 찾는 노력 속에 효과적인 학습뿐 아니라 삶의 주도성까지 확보할 수 있다.

'공부'에 대한 생각 펼쳐 보기

　　모둠원들과 함께 각자의 학습경험을 나누는 것으로 수업을 시작한
다. 지금까지 해 본 공부 방법 중 가장 효과가 좋았던 공부법을 공유
하고, 모둠별로 효과적인 공부법에 순위를 매긴다. 이후 학습이론을
배우면서 본인들이 생각했던 최고의 공부법에 어떤 이론적 근거가
있는지, 실제로 효과가 있는 방법인지 검증해 보며 학습이론을 효과
적으로 학습할 수 있다. 다음은 실제로 학생들이 가장 효과가 좋았다
고 생각했던 공부법과 이후 배운 이론적 근거를 함께 제시한 표이다.

학생들이 효과적이라고 생각하는 공부법과 관련 학습이론(실제 예시)

순위	효과적인 공부법(예시)	구체적인 예시나 설명	이론적 근거
1	말로 설명하기	멘토 · 멘티 활동 교사 역할놀이	비고츠키 언어 사용 (유대인의 하브루타 학습법)
2	백지 학습법	백지에 공부 내용 기억나는 대로 적기	메타 인지
3	반복 학습	n회독	정보처리 이론 학습 전략 - 복습 위주 전략

4	노트 정리	구조화하기 마인드맵	조직화 전략
5	셀프 테스트	단어 시험 빈칸 채우기	메타 인지

이제 학생들에게 교실 상황을 떠올려 보게 한다. 똑같은 시간을 투자해 공부해도 좋은 성적을 내는 학생과 그렇지 않은 학생의 차이점은 무엇일까? 모둠별로 그동안 공부에 관해 궁금했지만 쉽게 답을 찾지 못했던 질문 목록을 만들도록 한다. 다음은 학생들이 만든 공부에 관한 질문의 일부이다.

학습의 원리를 공부하기 전 질문 만들어 보기(실제 예시)

1. 효과적인 공부법은 무엇인가?
2. 비효율적인 공부법은 무엇인가?
3. 공부는 재능인가?
4. 공부는 지능과 관련이 있는가?
5. 공부를 잘하는 사람의 특징은 무엇인가?
6. 공부를 못하는 사람의 특징은 무엇인가?
7. 학생의 학업 향상을 위한 교사의 역할은 무엇인가? 등

학생들은 자신의 공부법이 옳은지, 효과적인 공부법이라는 것이 존재하기는 하는지 궁금해했다. 그래서 두 가지 공부법을 두고 학생들에게 질문한다.

반복 학습 vs 셀프 테스트

"이 두 가지 중 어떤 것이 더 효율적인 공부 방식인가?" 학생들에게 이 질문에 대한 생각을 글로 쓰고 발표하도록 한다. 학생들이 효율적인 공부법으로 직접 선택한 두 가지 공부 방식에 대해 저마다 경험과 신념을 바탕으로 자신이 지지한 공부법이 왜 더 효과가 좋은지 이유를 밝힌다. 학생들은 여러 번 읽고 반복 학습을 하면 공부하는 양이 많으니 공부가 잘된다고 착각하지만, 실제로는 무엇을 알고 모르는지 체크해 보는 셀프 테스트가 공부에 훨씬 효과적이다. 관련 실험 영상을 함께 본 뒤 자신을 객관적으로 바라보게 하는 메타 인지의 개념을 학습한다. 학습한 개념을 자신의 공부법에 적용해 보고, 삶의 다양한 분야에서 발휘되는 메타 인지의 장점을 이야기 나누어 본다.

학습 이론 파트가 끝나면 학습에 영향을 주는 다양한 동기 이론에 관해 공부한다. 이때 내적 동기와 공부 정서가 실제 학업 성취에 어떤 영향을 끼치는지 서로의 경험을 공유하는 시간을 갖는다. 그중

한 가지 예로 앤절라 더크워스(Angela Duckworth)가 집필한 책《그릿 (Grit)》에 수록된 그릿 테스트를 해 보는 것도 도움이 된다. 아래 표는 그릿 테스트 문항으로, 각각의 답을 더한 뒤 10으로 나누면 그릿 점수가 된다. 5점 만점이며, 성공한 사람들은 4.5점 정도의 그릿 점수를 보였다고 한다.

그릿 테스트

그릿 테스트 문항	전혀 그렇지 않다	그렇지 않다	그런 편이다	그렇다	매우 그렇다
1. 나는 새로운 아이디어와 프로젝트 때문에 기존의 것에 소홀해진 적이 있다.	5	4	3	2	1
2. 나는 실패해도 실망하지 않는다. 나는 쉽게 포기하지 않는다.	1	2	3	4	5
3. 나는 한 가지 목표를 세워 놓고 다른 목표를 추구한 적이 종종 있다.	5	4	3	2	1
4. 나는 노력가이다.	1	2	3	4	5
5. 나는 몇 개월 이상 걸리는 일에 계속 집중하기 힘들다.	5	4	3	2	1
6. 나는 뭐든 시작한 일은 반드시 끝낸다.	1	2	3	4	5
7. 나의 관심사는 해마다 바뀐다.	5	4	3	2	1
8. 나는 성실하다. 결코 포기하지 않는다.	1	2	3	4	5
9. 나는 어떤 아이디어나 프로젝트에 잠시 사로잡혔다가 얼마 뒤에 관심을 잃은 적이 있다.	5	4	3	2	1
10. 나는 좌절을 딛고 중요한 도전에 성공한 적이 있다.	1	2	3	4	5

교실에서 배운 지식이 내 삶에 변화를 주는 순간

이제 학생들은 새롭게 알게 된 학습의 원리와 동기 이론이 실제로 유용한지 직접 적용해 본다. 즉, 자기 상황에 맞게 기말고사 계획을 세워 보는 것이다. 기말고사가 끝난 뒤 학생들은 자기가 세운 공부 계획이 효과가 있었는지 추가로 이야기를 나누어 볼 수 있다. 이때 성적 공개는 사적인 부분인 만큼 학생 개인에게 불편함을 줄 수 있으므로 조심스럽게 접근해야 한다.

활동지: 기말고사 공부 계획 세우기(실제 예시)

이△△

이번 기말고사를 준비하면서 나는 '내적 동기'를 바탕으로 공부하려고 노력할 것이다. 특히, 내가 지루하게 느끼는 〈정치와 법〉 과목에 좀 더 흥미와 호기심을 가지려고 노력할 생각이다.

단순히 시험 때문에 공부한다고 생각하지 않고, 내 삶에 도움이 되는 공부라는 인식을 가지고 공부할 것이다. 또한 성장 마인드셋(growth mindset)을 활용해 노력하면 내 능력도 바뀔 수 있으리라 생각한다. 나는 실패한다고 하더라도 두려워하지 않겠다.

- A4용지에 중요 개념을 중심으로 뻗어 나가는 공부를 한다.
- 완벽하게 안다는 생각이 들면 누군가에게 설명하듯이 말하고, 바로 확인해 부족한 점은 표시한다.
- 두 시간 공부하고 20분 자유 시간을 가진다.
- 내가 목표로 정한 과제(또는 분량)를 끝냈을 때 1주일에 한 번 정도 가족들이나 친구들을 만나며 시간을 보낸다.

1. 효과적인 공부법이 궁금하다면?
   · KBS 시사기획 창 〈전교 1등은 알고 있는 '공부에 대한 공부'〉
   · 주요 개념: 메타 인지
2. 공부와 재능의 상관관계가 궁금하다면?
   · TED 강연 〈그릿〉
   · 주요 개념: 그릿
3. 학생들의 학업 향상을 위한 교사의 역할이 궁금하다면?
   · EBS 교육프라임 〈공부 못하는 아이〉 '4부 지능이 아니라 마음이다'
   · 주요 개념: 성장 마인드셋

다른 교과에는 이렇게 적용할 수 있어요!

담임교사: 노력에 비해 성취가 낮은 아이들에게 스스로의 학습법을 돌아보게 하고, 자신의 성향에 대해 객관적으로 판단하도록 이끄는 것이 인상적이었습니다. 이를 바탕으로 학생들이 자기에게 적합한 공부법을 찾을 수 있도록 돕는 학습 상담 방법으로 유용하겠네요.

사회 교사: '나는 왜 이 과목을 선택하고 이것을 왜 배우고 있는가? 학생이 배움의 주인으로서 서 있는가?'에 대한 성찰은 모든 교과

에서 필요한 것 같아요.

정보 교사: 학교의 모든 학생이 배우는 〈정보〉 과목에서 인문이나 예체능 관련된 전공을 희망하는 학생들은 〈정보〉 교과 자체에 거부감을 나타낼 때가 많아서 학습에 참여시키기 어려웠어요. 정주혜 선생님의 수업을 보며 〈정보〉 교과 내용을 삶에 적용할 수 있음을 학생들 스스로 인지하게 해 주는 활동 경험을 통해 학생들의 주도성을 높일 수 있을 것 같아요.

미래 교육을 향한 디딤돌 놓기 제안

과거에 습득한 지식만으로 살 수 없는 시대가 도래했고, 이제 학교와 교사는 학생들이 스스로 공부할 수 있도록 돕는 코치 역할을 하게 될 것이다. 그래서 많은 이들이 미래 교육에서는 '무엇을' 배우는 것보다 앞으로 빠르게 바뀔 지식과 기술을 '어떻게' 배울 것인지를 알려 주어야 한다고 말한다.

하지만 학생들은 배우는 방법을 알기 전에 '왜' 배워야 하는지를 먼저 물어야 한다. '왜'라는 질문은 행위와 현상의 본질을 꿰뚫는 핵심이자 철학적 사고의 시작으로 스스로 생각하는 힘을 길러 주어 빠르게 변화하는 미래에도 자신만의 가치관을 확립할 수 있도록 돕는다. 200년의 역사를 가진 프랑스의 논술형 대입 자격시험 바칼로레아가 한국 사회에서 주목을 받는 것도 같은 맥락이라고 볼 수 있다. '왜'에 대한 대답을 할 수 있을 때 학생들은 삶과 교육에서 목적을 찾아 주도적으로 목표를 실행하는 강한 원동력을 얻을 수 있다.

FAQ

현장 교사가 묻고, 저자가 답하다

1. 온라인 공동 교육과정은 주로 어떤 학생들이 참여하나요?

온라인 공동 교육과정에 참여하는 학생들의 수강 목적은 다양합니다. 그 가운데 대학 입학을 준비하는 과정에서 어떤 방식으로든 자신에게 도움이 된다고 판단해 수강하는 경우가 많습니다. 이 때문에 이 과정이 공부 잘하고 적극적인 학생들의 전유물처럼 보일 수 있습니다. 그러나 한편으로 학습 목적이 생각보다 다양하다는 점도 간과해서는 안 됩니다. 지금까지 우리는 어떻게 하면 잘 가르칠 수 있는지에 관한 고민은 많이 해 왔습니다. 하지만 학습 목적의 다양성에 대한 관심은 상대적으로 빈약했던 것은 아닌지 고민해 보아야 합니다.

수강생 가운데 다른 사람들 앞에서는 일본어로 발음하는 것이 부끄러웠고, 그래서 배울 생각을 못 했다는 학생들이 있었습니다. 하지만 온라인이라 용기를 내서 일단 한번 해 보자고 생각했다고 합니다. 또한 한류를 이용한 다양한 아이템을 기반으로 사업을 해 보려고 일본어를 배운다는 학생도 있었습니다. 이런 경우는 일본어 학습 목적의 획기적인 전환이라고 할 수 있습니다. 가르치는 사람 입장에서 지금까지 생각하지도 못했던 다양한 목적을 가진 학생들이 수강 신청을 하고 있는 것이지요.

결론적으로 말씀드리면 온라인 교육과정이 도입되는 과도기적 시기에 일부 과목에서 학습 능력이 우수한 학생들이 학업에의 적극성을 어필하기 위한 목적으로 온라인 공동 교육과정을 수강하는 일종의 쏠림 현상은 분명히 있습니다. 그러나 온라인 수업이 확대되고 고교 학점제가 정착됨에 따라 이러한 현상은 분명히 완화될 것입니다. 물론 그 안에서 열심히 하는 학생들과 학습 의욕이 낮은 학생들의 실력 차는 나타날 것이며, 이를 보완하기 위한 고민이 필요할 것입니다. 그러나 아직 제대로 시행되지 않은 교육과정에서 나타나는 일부 현상을 마치 전체적인 흐름이라고 오해하지는 않으셨으면 합니다. 흔히들 교육은 가르치는 사람의 수준을 넘어설 수 없다고 합니다. 이 말을 이제는 이렇게 바꾸어 표현하면 어떨까요? "교육은 학습 목적의 다양화에 대한 가르치는 사람의 이해가 어느 수준에 이르렀는가에 좌우된다."라고 말입니다.

나길우(성남외국어고등학교 교사)

2. 온라인 수업에서 관계 맺기는 어떻게 진행해야 하나요?

온라인 수업은 교사와 학생들이 직접 대면하지 않고 학생들이 분산된 상황에서 수업에 참여하기에 첫 수업부터 친밀감 형성과 상호작용을 통해 학생 중심의 수업 분위기를 조성하는 것이 중요합니다. 친밀감이 조성되지 않은 상태에서는 교사가 학생들에게 "수업에 열심히 참여하자."라고 아무리 외쳐도 경직된 분위기가 쉽게 해소되지 않는 경우가 많습니다. 그렇기에 학생들을 수업에 적극적으로 참여시키려면 먼저 학생들과 좋은 관계를 맺어야 합니다. 학생들이 온라인 수업 공간이 편안한 장소라고 느끼도록 함께 웃고 수업에 참여하고 싶은 분위기를 형성하는 활동을 진행하면 좋습니다.

첫 수업에서 분위기 형성을 위한 활동으로는 '카훗 프로그램을 통한 선생님 소개하기', '내 친구를 소개해요'나 '나를 소개해요' 등이 있습니다. 이러한 활동을 하면 대면하지 않고도 서로 친근감을 느끼고 말할 수 있는 분위기를 조성할 수 있습니다. 또한 '근황 토크', '어제의 나를 칭찬해요'와 같은 활동을 통해 수업 시작 전에 긴장감을 풀어 줄 수 있습니다. 온라인으로 진행되어 서로 떨어져 있지만 온라인 수업도 소통할 수 있는 공간임을 다시 한번 인식시켜서 아이들의 능동적 참여를 이끌어 내야 합니다. 수업 중에도 수업과 관련된 온라인 게임이라든지 퀴즈, 또는 학습용 온라인 퍼즐 맞추기와 같은 다양한 활동으로 학생들과 소통할 수 있는 요소를 적절히 제공해야 합니다. 수업이 끝난 뒤에는 수업에 관한 간단한 질문과 아이들이 바라는 점에 대해 설문을 해서 수업에서 하고 싶은 활동, 선생님께 하고 싶은 이야기 등을 적을 수 있게 하고, 그에 대한 답글을 달아 학생들에게 피드백을 해 주면 효과가 좋습니다.

수업 시간에 궁금한 점이나 이해가 어려운 부분은 채팅방이나 카카오 채널을 통해 질문할 수 있도록 소통의 창구를 열어 놓으면 온라인이지만 학생들이 교사에게 쉽게 다가올 수 있습니다.

학생들은 수업에서 교과 내용을 학습할 뿐만 아니라 교사와 관계를 형성하며 많은 것을 배웁니다. 교사와의 관계가 그 과목을 좋아하게 만들 수도 있고, 영원히 쳐다보기 싫다는 느낌을 남길 수도 있습니다. 학생들과 긍정적인 관계를 맺는 것이야말로 학생을 수업에 참여하게 하는 핵심입니다.

김혜진(송양고등학교 교사)

3. 온라인 수업과 대면 수업을 어떻게 자연스럽게 연결할 수 있을까요?

우선 교사 스스로 온라인 수업과 대면 수업을 일직선상에 놓고 이를 모두 고려해 교육과정을 재구성하는 과정이 필요합니다. 즉, 내용과 활동, 성취 기준 등을 분석해 어떤 방법이 더 효과적일지 논의하고 가르치는 순서와 내용을 고려해 온라인 수업과 대면 수업의 장점을 섞는 방식으로 수업을 재구성하는 것입니다.

2020년 학생들에게 설문 조사를 해 본 결과, 온라인 수업은 수업 도중 이해가 안 될 때 잠깐 멈출 수 있어서 좋았다는 의견과 강의를 여러 번 다시 볼 수 있어서 시험 기간에 유용했다는 의견이 많았습니다. 이를 토대로 온라인에서 이론 수업을 하고 대면 수업에서는 이론과 관련된 다양한 활동(토의·토론, 발표, 실험·실습 등)을 하는 '거꾸로 수업' 형태로 수업을 구성하면 학습 효과를 높일 수 있습니다.

이를 위해 기본적으로 교사는 자체 제작 영상을 제공해야 합니다. 이는 재구성한 교육과정을 원활하게 운영할 수 있으며, 학생에게도 이론과 활동을 연결하기 좋다는 이점이 있습니다. 둘째, 온라인은 '이론', 대면은 '활동'으로 나누는 것이 아닌 활동 수업 전체를 온라인 수업에서 대면 수업으로 직접 연결하는 방법도 있습니다. 자료를 조사하고 공유하는 등의 발표를 계획하고 준비하는 활동을 온라인 수업으로 진행하고, 발표 및 피드백, 토의하는 활동을 대면 수업으로 진행하는 것입니다. 이 경우 온라인에서 각자의 컴퓨터로 활동에 임해 시간적인 측면에서도 경제적일 뿐 아니라 다양한 방법으로 조사한 자료를 쉽게 공유할 수 있어 더욱 효과가 큽니다.

마지막으로 학생들에게 온라인 수업도 대면 수업과 동일하다는 것을 인식시켜 줄 필요가 있습니다. 온라인 수업을 쉬어 가는 수업 또는 수업이 아닌 것으로 생각하는 경우가 많았습니다. 온라인 수업과 대면 수업은 방법의 차이는 있지만 모두 같은 수업이라는 것을 계속 언급해 학생 스스로 온라인 수업도 성실히 임할 수 있도록 도와주어야 합니다.

어떤 방법이 최선이라고 말할 수는 없습니다. 하지만 변화와 실패를 두려워하지 않고 계속 도전한다면 다양한 시도를 통해 얻게 될 많은 경험이 온라인과 대면 수업을 하나의 수업처럼 연결시킬 것입니다.

이지은(신곡중학교 교사)

4. 온라인에서 놀이 기반의 학습을 설계할 때 주의할 점은 무엇인가요?

실시간 온라인 수업과 교사들의 자체 제작 영상을 통한 수업 콘텐츠가 늘어나며, 다양한 놀이를 수업에 활용하려는 사례가 많아지고 있습니다. 그러나 수업 목표를 달성하며, 교과 역량을 신장하려면 놀이 기반 수업 설계의 장점과 주의해야 할 점을 명확하게 이해해야 합니다.

놀이 기반 학습은 학습자의 학습 유지력과 주도성의 강화 등 여러 가지 장점이 있습니다. 하지만 다양한 장점이 있음에도 매 차시 놀이 기반 학습을 진행하기에는 현실적으로 여러 가지 어려움이 따릅니다. 먼저 수업 준비에 많은 시간이 요구됩니다. 놀이 기반 학습은 학습자의 성취 수준과 수업의 특징에 맞는 '틀(frame)'이 요구됩니다. 그러므로 일반적인 강의식 수업보다 몇 곱절 많은 시간이 소요됩니다. 둘째, 학습과 놀이의 주객이 전도될 수 있습니다. 놀이에 초점이 맞추어져 성취 목표나 차시 목표가 불분명해지면 학습자는 재미있는 수업 시간을 경험했지만, 학습 결과 무엇을 성취했는지 느낄 수 없게 됩니다. 셋째, 수업 시간이 산만해질 수 있습니다. 수업 시간에 학습자들이 다양한 의견을 제시하고 공유하는 행위는 필요하지만, 이러한 행위가 무분별하게 이루어져 교사가 수업을 진행하기 어려운 환경이 조성될 수 있습니다.

그렇다면 놀이 기반의 학습을 설계할 때 주의해야 할 점은 무엇일까요? 놀이 기반 수업을 설계하며 느낀 저만의 법칙은 다음과 같습니다. 첫째, 놀이학습 외의 교수 학습법을 함께 사용해야 합니다. 놀이 외에 수업 내용을 짧고 간결하게 전달할 수 있는 교수법을 병용함으로써 놀이의 즐거움과 학습의 방향성을 명확히 전달할 수 있습니다. 둘째, 목표를 명확하게 제시해야 합니다. 도입부에서 목표를 분명히 제시한 뒤 이를 활동지나 놀이의 과정에서 지속적으로 상기시켜 목표에 기반한 활동을 진행하게 한다면, 놀이 기반의 학습을 보다 유의미하게 운용할 수 있습니다. 셋째, 학습 진행 상황을 주기적으로 알려 주어야 합니다. 포트폴리오나 수업 운영 계획서 등을 활용해 활동하는 놀이가 수업의 어떤 과정에 해당하고 어느 정도의 진도에 해당하는지를 알려 줌으로써, 학습자의 혼동을 방지하고 수업의 안정성을 보장할 수 있습니다. 넷째, 학습의 규칙을 미리 정해야 합니다. 놀이 기반 학습의 본질은 학습에 있기에 전체적인 수업의 규칙을 미리 학습자들과 함께 설정하고, 이 규칙을 항상 유념해 놀이에 임하게 함으로써 민주 시민의 자질을 기르고, 놀이 또한 학습의 과정임을 인식하게 할 수 있습니다.

"놀이는 문화적 성과를 다음 세대에 전해 주기 위한 최선의 방식이며, 그 안에는 많은 교육적 요소들이 응축된 덩어리로 들어 있다." 이러한 놀이의 중요성에도 불구하고 교육에서 놀이는 일종의 기분 전환과 공부를 위한 충전 정도로 생각되어 왔습니다. 하지만 학습자들의 본능적인 경향에 따라 일어나는 교육 활동이 정규교육의 한 부분이 될 때, 학생들은 전인적으로 성장하게 됩니다. 미래 교육에서 교사는 학생이 전인적인 성장을 이루고 능동적인 배움을 실천하는 주체가 될 수 있도록 '놀이'와 '배움'의 관점에서 교육과정을 재구성해야 합니다.

박범환(영복고등학교 교사)

5. 온라인 수업에서 학력 격차 문제를 어떻게 해결할 수 있을까요?

교실 속 학생 간 학력 격차는 언제나 교사들에게 풀기 힘든 숙제입니다. 한 교실 안에서 다양한 욕구와 수준, 개성을 가진 학생들에게 최적화된 수업을 제공하고, 이것이 개인의 학력 향상으로 이어지도록 하는 과정은 결코 만만한 일이 아닙니다. 더구나 예고 없이 찾아온 코로나19 상황에서 온라인 수업으로 발생될 학생들의 학습 격차에 대한 우려는 더욱 커지고 있습니다. 체계적이고 질 높은 온라인 학습 콘텐츠의 부재와 비대면 상황에서 교사 역할의 한계, 특히 학습자가 학습에 수동적인 경우, 학생들은 온라인 수업에서 산만해지기 쉽습니다. 이에 공교육이 가진 본질적 문제로서의 학력 격차에 명쾌한 솔루션을 제시할 순 없지만, 온라인 환경이 지닌 데이터 구축의 편의성, 적극적 소통과 즉각적 피드백의 용이함에 주목한다면 오히려 온라인이 오프라인보다 학습 격차 문제를 해결하기 좋은 학습 플랫폼이 될 수 있습니다.

우선 온라인 진단 평가를 통해 나온 개인별 데이터 수치는 학생의 상황을 파악하고 학생 각자의 학습 상황에 맞는 효과적인 학습을 제공하는 등 개인별 학습 계획과 틀을 마련하는 기초가 될 수 있습니다. 어려운 앱을 사용하지 않더라도 간편한 구글 시트 등을 활용해 학생을 평가하고, 그 결과로 교사는 학생들의 학업 성취 및 결손 관련 정보를 손쉽게 파악할 수 있으며, 교사의 즉각적 피드백과 수준별 맞춤 교육이 한결 쉬워집니다. 또한 니어팟(Nearpod), 패들렛(Padlet), 구글 클래스룸(Google Classroom) 등 다양한 소통형 온라인 학습 도구를 사용해 비대면 상황에서도 여러 학생이 더욱 다양한 방식으로 수업에 참여하며 교사와 적극적으로 소통을 이어 갈 수 있습니다.

학생이 중심이 되는 모둠별 프로젝트 학습 등의 경우, 개인별 데이터에 기초해 모둠원을 다양한 수준으로 구성하는 것이 또래 간 의미 있는 학습적 상호 작용에 효과적일 수 있습니다. 그리고 온라인상의 다양한 학습 도구를 활용해 자료 수집과 의사소통을 함으로써 미래의 교육에 맞는 주도적이고 창의적인 학습 모델을 전개할 수 있습니다.

결국 학생 개인의 요구가 반영되고 적극적 개인 활동이 가능한 온라인 방식의 수업으로 학습 격차를 줄일 수 있음은 물론, 경쟁과 서열, 비교가 아닌, 개인의 역량과 수준에 맞춰 세분화하고 차별화한 교육으로 학생들 개인의 성장을 효과적으로 도울 수 있습니다. 여기서 교사는 학생들이 자기 주도적으로 학습 계획을 세우고 학습 활동을 하는 데 도움을 주는 '학습 코치'로서의 역할을 잘 수행해야 합니다.

덧붙여 온라인 수업의 일반화를 위해 앞으로 필요한 것은 효율적인 온라인 평가 도구와 학습 자료의 개발입니다. 또한 미래에 변화할 상황에 맞추어 첨단 기술을 이해하고 디지털 툴을 능숙하게 다룰 교사들의 양성과 재교육도 과제로 남아 있습니다.

정주혜(진위고등학교 교사)

6. 온라인 수업에서 어떻게 평가하고 효과적으로 피드백할 수 있을까요?

온라인 교육 환경이 많이 개선되고 자연스러워진 요즘에는 온라인에서의 평가와 효과적인 피드백이 중요해지고 있습니다. 이에 따라 온라인의 비대면성을 고려한 평가 시의 신뢰성을 확보하고, 이를 바탕으로 적절한 피드백을 제공해야 효율적인 온라인 평가가 이루어질 수 있습니다.

온라인 교육 활동에서 평가는 크게 세 가지 형태로 이루어집니다. 첫째는 글로 평가하는 방법입니다. 이는 교사가 카카오톡, 밴드 등의 수단을 이용해 학생들에게 형식이 갖추어진 문서 파일을 제공하거나 학생들이 구글 문서나 패들렛 등을 이용해 글의 형태로 수행하는 과제에 사용할 수 있는 방법입니다. 만약 정답을 요구하는 지필 평가 또는 서술형 평가라면 교사의 감독이 가능하도록 학생들에게 카메라 렌즈가 신체 정면을 향하도록 카메라 각도를 맞출 것을 주문할 수 있습니다.

두 번째는 말로 평가하는 방법입니다. 이는 주로 발표 및 토론 수업에서 사용할 수 있는 방법입니다. 만약 개인 발표 수업이라면 발표 주제와 관련한 체크리스트를 준비해 학생의 발표를 평가할 수 있는데, 이때 주의해야 할 점은 학생의 원격 연결 상태입니다. 평가의 순간에 원격 연결이 되지 않는다면 자연스럽게 평가에 불이익을 받을 확률이 높기에 학생들에게 사전에 당부할 필요가 있습니다. 또한 체크리스트는 교사용·학생용의 두 가지 형태로 제작해 교사 평가와 더불어 동료 평가도 이루어질 수 있도록 하고, 이를 평가에 반영한다면 객관성 및 신뢰성을 확보할 수 있습니다.

세 번째는 행동(퍼포먼스)으로 평가하는 방법입니다. 이는 음악, 미술, 체육 같은 행동 위주의 수업에서 사용하기 좋은 방법이며, 학생들이 수행하는 행동을 모두 카메라에 담을 수 있어야 온전한 평가가 될 수 있습니다. 따라서 실시간 평가라면 카메라 각도에 담을 수 있을 만한 과제를 설정해야 하고, 그렇지 않다면 조력자를 동반하거나 녹화 영상으로 평가를 진행해야 합니다.

이러한 평가들에 이어서 효과적인 피드백을 제공하는 것도 평가에서 중요한 부분입니다. 여기에는 크게 개별적인 피드백 제공, 구체적인 비계 설정(단서 부여), 수업 목표의 상기라는 세 가지 원칙이 존재합니다. 이러한 과정은 줌(Zoom), 교실온닷(classon.kr) 등의 온라인 플랫폼에서는 개별 채팅 또는 대화로 진행하는 것이 효과적이며, 이를 통해 학생들은 높아진 자기 효능감을 바탕으로 스스로 수업의 방향성을 설정해 나갈 수 있습니다. 또한 필요 시 플랫폼의 녹음·녹화 기능을 이용해 수업 후의 피드백도 진행할 수 있습니다.

박건우(일동고등학교 교사)

7. 온라인 공동 교육과정은 무엇이며,

수업 교사로 참여하려면 어떻게 해야 하나요?

고교 학점제 도입에 따른 학생의 과목 선택권 확대를 위해 학교에 다양한 과목이 개설되어야 합니다. 그러나 희망 학생이 적거나 교사 수급이 어려운 소인수 과목이나 심화 과목의 경우 학교에서 모두 개설하기 어렵습니다. 그래서 인근의 여러 학교가 공동으로 과목을 운영하는 오프라인 공동 교육과정을 도입해 학생들이 좀 더 다양한 과목을 선택할 수 있게 했습니다. 하지만 인근 학교가 한 시간 이상 떨어져 있는 지역이라면 오프라인 공동 교육과정의 운영이 현실적으로 어렵습니다. 이런 어려움을 극복하고자 온라인 공동 교육과정 플랫폼인 교실온닷 사이트를 통해 멀리 떨어져 있는 교사와 학생이 실시간 쌍방향 수업에서 만나는 온라인 공동 교육과정이 만들어졌습니다.

온라인 공동 교육과정은 2017년 서울, 대구, 인천, 충남, 전남, 경남에서 수업을 위한 스튜디오 구축과 플랫폼 사전 운영으로 시작되었습니다. 경기도는 2019년 1학기부터 학생들의 개설 희망 과목을 조사해 〈교육학〉, 〈일본어 회화 I〉, 〈세계시민〉, 〈지역 이해〉, 〈생활과 과학〉, 〈프로그래밍〉, 〈경제〉, 〈과학 과제 연구〉, 〈기하학〉, 〈심화 영어 회화 I〉 등 10과목 11강좌를 개설하고, 경기도 전역의 학생들을 참여케 하면서 온라인 공동 교육과정을 시작했습니다.

온라인 공동 교육과정에서 일반 교과를 이수한 학생의 소속 학교에서 교육과정 개편으로 해당 과목이 개설됨에 따라 같은 과목을 중복해 듣게 되는 상황이 발생해 2020학년도부터는 교양과목과 진로 선택 과목을 주로 개설하고 있습니다. 2021학년도 1학기는 〈간호의 기초〉, 〈고급 지구과학〉, 〈고급 화학〉, 〈과학 과제 연구〉, 〈과학사〉, 〈교육학(3반)〉, 〈국제경제〉, 〈국제 관계와 국제기구〉, 〈국제정치〉, 〈기업과 경영〉, 〈논술〉, 〈마케팅과 광고〉, 〈보건(2반)〉, 〈사회문제 탐구〉, 〈세계 문제와 미래 사회〉, 〈심리학(C)〉, 〈심화 수학 I〉, 〈심화 영어 회화 I〉, 〈심화 영어 I〉, 〈융합 과학〉, 〈음악 이론〉, 〈일본어 회화 I〉, 〈정보과학〉, 〈중국어 회화 I〉, 〈창의 경영〉, 〈철학〉, 〈체육 지도법〉, 〈프로그래밍〉, 〈한국 사회의 이해〉와 같은 과목을 개설해 수업을 진행하고 있습니다.

경기도에서 온라인 공동 교육과정 수업 교사로 활동하려면 6월과 11월에 학교로 오는 '온라인 공동 교육과정 수업 교사 모집' 교육청 공문에 따라 수업 계획서와 수업 신청서를 작성해 지원해야 합니다. 교사가 개설을 희망하는 과목에 학생 지원이 완료되면 교육청의 안내에 따라 교실온닷 사이트에 회원 가입 및 강좌 개설을 하고, 이 사이트에서 수업을 진행하게 됩니다.

서미란(수일고등학교 교사)

8. 온라인에서 창체 활동은 어떻게 진행해야 할까요?

'시공간의 제약을 극복하는 활동이 온라인 수업 아닐까?'라고 생각합니다. 온라인 창체 활동에서 학생들과 학부모님들의 적극적인 참여와 자기 주도 학습 능력은 더욱더 향상되고 있습니다.

첫 번째로 가장 쉽게 접근할 수 있는 활동으로는 온라인 봉사 활동이 있습니다. 학생들의 아이디어가 현실로 만들어지는 캠페인을 경험할 수 있습니다. 봉사 관련 캠페인 조사를 멘토의 역할에 맞게 나누어 줌 소회의실 기능을 활용해서 소양 교육 및 활동 계획을 운영하며 자연스럽게 모둠 활동처럼 진행하고 오프라인 봉사 활동과 연계합니다. 또한 다양한 형태의 또래 상담과 고민 들어 주기, 중학교 대상 온라인 과외(사교육이 어려운 면 소재지 학교) 등을 진행할 수 있습니다. 날마다 이루어지는 봉사 활동과 주 1회, 월 1회 이루어지는 봉사 활동으로 나누고 사전에 학생 스스로 참여 대상 및 활동을 조사해 계획하게 하면 더욱 다양한 활동으로 진행됩니다(미세먼지 온라인 캠페인, 금연 캠페인 홍보 영상, 온라인 환경 정화 활동, 착한 선플(善reply) 봉사 활동 및 온라인 진로-진학-학습 멘토링 봉사 활동 등).

두 번째로 일대일 학생 상담 및 학부모 상담 같은 담임교사의 상담 활동에는 오히려 온라인에서 장점을 많이 찾을 수 있습니다. 먼저 네이버 폼, 구글 설문지 같은 설문을 통해 사전에 학생들과 학부모님들의 다양한 요구를 받습니다(학생은 주 1회, 학부모는 월 1회). 간단한 피드백은 영상으로 만들어 개인 톡과 문자메시지 또는 온라인으로 보내고, 상담이 필요한 경우는 온라인으로 진행합니다. 저는 2학년 3개 학급 82명 학부모님을 대상으로 사전에 온라인으로 상담을 한 뒤 학부모님 대면 상담을 진행한 결과 82명 중 80명이 학교에 방문하셨습니다. 학생, 학부모님과의 일대일 상담 중에 교과, 대입, 진로(선택 교과) 등 공통적인 질문이 나오면 별도로 시간을 정해 온라인으로 컨설팅 상담을 진행하기도 했습니다. 교사와 외부 강사를 활용한 온라인 상담 활동은 학생들과 학부모님들의 만족도가 매우 높았습니다.

현재 지속적으로 주말에 사전 수요도 조사를 한 뒤 상담 활동을 진행하고 있습니다. 월 1회 정도 담임교사와 비담임교사, 외부 강사(전문 멘토)를 활용해 온라인으로 진행하면 참여하는 이들도 시공간의 제약이 적어서 알찬 시간을 보낼 수 있습니다. 매주 토요일, 일요일에 진행하는 온라인 자기 주도 학습과 상담 활동은 학생들과 학부모님들의 적극적인 호응을 얻으며 참여율이 점점 증가하고 있습니다.

동료 교사들의 도움으로 시작한 작은 온라인 창체 활동이 이제는 학생들과 학부모님들의 재능 기부로 더욱더 주도적이고 체계적으로 진행되고 있는 모습에 미래 교육을 생각하게 되었습니다. 미래 교육은 이렇게 함께 만들어 가는 작은 실천에서 시작된다고 생각합니다.

김경주(여강고등학교 교사)

9. 해외에서 온라인 평가는 어떻게 이루어지고 있나요?

세계적으로 디지털 기술의 장점을 살려 기존 평가 체계를 수정하고 기술을 활용하고 있습니다. 디지털 평가의 주요 특징으로는 유연성, 반응성, 맥락화, 개별화, 자동화 등을 꼽을 수 있습니다.

첫째, 디지털 평가의 유연성, 반응성을 활용하고 있는 사례를 소개합니다. 미국 교육부 산하 교육공학부는 '평가의 미래'로 디지털 평가를 주요 특징으로 꼽았습니다. 디지털 평가는 누구나 언제든지 평가에 참여할 수 있고, 학습자의 배움 단계에 따라 평가 유형을 다르게 반영할 수 있으며, 실시간으로 피드백이 이루어진다는 점을 강조합니다.

둘째, 디지털 평가의 개별화와 자동화 특징을 활용하고 있는 사례입니다. 영국의 이튼칼리지가 인공지능(AI, artificial intelligence)을 수업에 활용하며 사람들의 큰 관심을 받았습니다. 이튼칼리지의 교수학습부장 조니 노크스(Jonnie Noakes)는 이러한 시도가 학생들 개개인의 수행 정도에 따라 개별적인 지원이 가능하도록 하기 위함임을 밝혔습니다. 특히 채점과 같은 단순 반복 작업에 디지털 기술을 활용하고, 데이터에 기반한 유의미한 개별 성취도를 교사뿐 아니라 학생 스스로가 파악하는 대시 보드를 활용하며 모든 학생의 속도와 특성에 맞는 유니버설 디자인이 가능함을 강조합니다.

셋째, 디지털 평가의 자동화 특징을 활용한 스웨덴에서는 2022~2023년에 우리나라의 대학수학능력시험과 비슷한 국가시험을 전면 온라인으로 진행하기 위해 많은 시간과 노력을 들이고 있습니다.

넷째, 디지털 평가의 맥락화가 가능하다는 특징을 활용해 아일랜드 교육부의 평가 개혁은 디지털 기술로 학생들이 시뮬레이션, 디지털 게임, 가상 세계 안에서 결과 도출을 활용한 맥락에서의 평가를 강조하고 있습니다.

디지털 평가만의 특성을 파악해 학습자 개개인의 속도와 흥미, 성취도에 따른 학습을 지원해 줄 수 있도록 이를 활용해야 하는 시기가 왔습니다. 이제 교사는 디지털 기술이 제시해 주는 학생 개별 평가 결과를 유의미하게 해석하고 학생의 성장을 코칭할 수 있어야 합니다. 학생들이 살아갈 디지털 세계에서 삶과 수업, 평가의 방향이 일치하도록 시행착오를 겪고 경험하며 개별 학습자 중심의 배움과 평가를 향해 나아가야 합니다.

김가비(세종고등학교 교사)

10. 미래 교실에서 교사의 역할은 어떻게 변화할까요?

미국 조지아공과대학교는 지난 2016년부터 AI 조교가 온라인 수업을 맡아 진행하고 있고, 중국의 일부 지역에서는 AI 교사가 어린이들의 언어 교육을 돕고 있습니다. 이처럼 이미 많은 국가의 학교에서 지식을 전달하고 가르치는 교사의 역할이 AI로 대체되고 있습니다.

이대로 가다가 미래 교실에서 교사의 모습을 볼 수 없는 건 아닐까요? 그건 아닙니다. 지식을 전달하는 교사의 역할은 축소되겠지만, 학생 개개인의 발달과 학습에 조력하는 교사의 역할은 더욱 다양해지고 중요해질 것입니다. 미래 사회가 가지는 큰 불확실성, 데이터의 축적과 변동성 속에서는 학생들이 표준화된 지식을 많이 '알고 있는 것'은 큰 의미가 없어질 것이고, 대신 학생들이 무엇을 '할 수 있는가', 즉 개개인의 '성장 가능성'을 보고 '역량'을 키워 주는 교육이 중요해질 것이기 때문입니다.

미래 교실에서 예상되는 교사의 역할 첫 번째는 '퍼실리테이터(facilitator)'입니다. 퍼실리테이터란 행동이나 과정 등을 촉진해 목적을 달성할 수 있도록 지원하는 사람을 말합니다. 학생 개개인의 성장과 발달을 계속 지켜보며 학습 과정을 관찰하고 도움을 주는 조력자, 촉진자, 멘토의 역할이 교사에게 요구될 것입니다.

두 번째는 '학습 설계자(learning designer)'로서의 역할입니다. 과거에는 학급의 학생들에게 동일한 학습 내용과 방법을 제공했지만, 미래에는 학습자 개개인의 특성과 발달 수준을 고려한 학습이 이루어질 것입니다. 따라서 교육과정을 재구성하고, 학습자에게 맞는 학습 경험을 조직하며, 수업 콘텐츠를 개발할 수 있는 역량이 중요해질 것입니다.

세 번째는 '협력자(collaborator)'로서의 역할입니다. 미래에는 수업 도구의 다양화, 과목 간 융합화 등의 이유로 한 명의 교사가 모든 수업을 준비하고 연구하는 데 어려움을 겪을 것입니다. 코로나19 상황 이후 온라인 수업이 전면적으로 시행되면서 교사 학습 공동체가 더욱 활성화된 것만 봐도 교사 간 협력의 중요성을 알 수 있습니다.

손진(김포제일공업고등학교 교사)

| 주 |

1부 다가온 미래 교육과 학교 교육의 재편

1장

1. 성열관(경희대학교 교수) 지음, 「국민들이 원하는 미래 한국 교육의 방향과 과제: 미래 교육
   과정의 방향에 대한 국민 의견 조사 결과와 시사점」, 『2019 국가 교육과정 포럼 미래 교육
   포럼 5차 자료집』, 2019, 115~119쪽.

2. https://21erick.org/column/2521/

3. 정영근 외 지음, 「국가교육과정 개발, 적용, 평가의 순환체제 개선 방안 연구」, 국가교육회
   의, 2020, 93~94쪽.

4. 조윤정 외 지음, 「미래학교 체제 연구-학습자 주도성을 중심으로」, 경기도교육연구원,
   2017.

5. 2019, OECD, The Future of Education and Skills - Education 2030.

6. 수잔 M. 브룩하트 지음, 손원숙 외 옮김, 『현장 교사를 위한 효과적인 피드백 방법』, 학지
   사, 2020.

7. 캐롤 앤 톰린슨 지음, 홍완기 옮김, 『교실현장에서 가져온 개별화 수업-실천 편』, 한국뇌
   기반교육연구소, 2019, 58쪽(해당 쪽의 내용을 일부 수정하여 인용함).

주 313

8. 데이비드 A. 수자·캐롤 앤 톰린슨 지음, 장인철·이찬승 옮김, 『뇌과학을 적용한 개별화 수업-원리 편』, 한국뇌기반교육연구소, 2019, 30~33쪽(해당 쪽의 내용을 일부 수정하여 인용함).

2장

1. 엄윤미·한성은 지음, 『미래학교』, 스리체어스, 2020, 14쪽.

2. 조윤정 외 지음, 「미래학교 체제 연구-학습자 주도성을 중심으로」, 경기도교육연구원, 2017.

3. 교육부, 「포용과 성장의 고교 교육 구현을 위한 고교 학점제 종합 추진 계획」, 2021. 4.

4. 김성천 외 지음, 『고교학점제란 무엇인가?』, 맘에드림, 2019.

5. 같은 책, 30쪽.

6. 시도별 공동 교육과정은 대전고교학점제지원센터(http://djehcredit.com), 세종특별자치시 교육청 캠퍼스형 공동 교육과정 온라인 접수 시스템(http://sjecampus.com) 등을 참고함.

7. 존 카우치·제이슨 타운 지음, 『교실이 없는 시대가 온다』, 에크로스, 2020, 232쪽.

8. 교육부, 「포용과 성장의 고교 교육 구현을 위한 고교 학점제 종합 추진 계획」, 2021. 4., 48쪽.

2부 상상하고 도전하는 교육

1장

1. 이혜영·강영혜·박재윤·나병헌·김민조 지음, 「미래학교 모형 탐색 연구」, 한국교육개발원, 2008, 58쪽.

2. 이반 일리치 지음, 박홍규 옮김, 『학교 없는 사회(Deschooling Society)』, 생각의나무, 2009.

3. 에버레트 라이머 지음, 김석원 옮김, 『학교는 죽었다(School is Dead)』, 한마당, 1987.

4. 경기 미래 교육 2030 포럼.

5. 리처드 탈러·캐스 선스타인 지음, 안진환 옮김, 『넛지: 똑똑한 선택을 이끄는 힘(Nudge: Improving Decisions About Health, Wealth, and Happiness)』, 리더스북, 2009.

3부 협력적 문제 해결 능력을 키우는 교육

1장

1. https://www.oecd.org/pisa/test/PISA2015-Released-FT-Cognitive-Items.pdf the capacity of an individual to effectively engage in a process whereby two or more agents attempt to solve a problem by sharing the understanding and effort required to come to a solution and pooling their knowledge, skills and efforts to reach that solution.

2장

1. 김은지 지음, 「사회적 구성주의에 근거한 소집단 토론 수업이 예비 화학 교사들의 증발·끓음 개념 인식에 미치는 영향」, 한국교원대학교 석사 학위 논문, 2016, 6쪽.

2. 정예화 지음, 「협력적 문제 해결력에 영향을 미치는 요인에 관한 국가 간 비교 분석: PISA 2015 결과를 중심으로」, 이화여자대학교 박사 학위 논문, 2019, 155쪽.

3. 정태호 지음, 「협력적 문제 해결력 향상을 위한 수업 구성 방안-사회과를 중심으로」, 『교육논총』 제40권 1호, 경인교육대학교 교육연구원, 2020, 239~258쪽.

3장

1. 박재찬 지음, 『달리쌤의 달콤한 프로젝트 수업 PBL』, 테크빌교육, 2019.

4부 소통하고 관계 맺는 교육

2장

1. 임은미 외 10명 지음, 『진로진학상담 기법의 이론과 실제』, 사회평론아카데미, 2017.

5부 주도성을 높이는 교육

1장

1. 유민상 지음, 「아동·청소년 삶의 질 지표 분석 결과」, 『통계플러스』 겨울호, 2019. 12. 24.
2. 「'미래교육체제 탐색을 위한 조사' 결과 보고서」, 국가교육회의, 2020. 11.
3. 한국교육개발원 지음, 「'OECD 교육 2030' 프로젝트」, 『학교교육에서 역량교육의 의미와 방향을 다시 세우다』, KEDI Brief 2019년 21호, 2019. 11. 11.
4. 김학한 지음, 「'OECD 교육 2030' 교육과정론 분석 및 향후 교육과정 논의 방향」, 『과학기술평가예측센터 외 5개 기관 공동주최 OECD 교육 2030 심포지엄 자료집』, 52쪽(해당 쪽의 내용을 일부 수정하여 인용함).

| 참고 문헌 |

'다음 침공은 어디?', 『씨네21』, http://www.cine21.com/movie/info/?movie_id=47967(2021년 2월 1일 접속)

'아마존, 직원 재교육에 8200억 원 투입…2025년까지 10만 명', 조슬기나, 〈아시아경제〉, 2019. 7. 19.

'영어 음성 인식률 90%…초등학생들 'AI펭톡'으로 영어회화 배운다', 조승한, 〈동아일보〉, 2021. 2. 5.

「21C 미래사회 핵심역량 신장을 위한 평가문항 자료집-초등학교 과학과」, 김동영·이인호·곽영순·동효관·이상하 지음, 한국교육과정평가원, 2013.

「4차 산업혁명 시대에 요구되는 인성 역량 향상을 위한 의사소통 역량 활용 방안」, 김대권 지음, 인성교육연구, 2020, 5(2).

「경기도교육청 국제교류협력활동 가이드북」, 경기도교육청, 2020.

「교육 주체 및 국내·외 교육전문가의 FGI를 통한 미래교육 방향 탐색」, 이영희·윤지현 지음, 교육문화연구, 2021, 26(3).

「사회적 구성주의에 근거한 소집단 토론 수업이 예비 화학 교사들의 증발·끓음 개념 인식에 미치는 영향」, 김은지 지음, 한국교원대학교 석사 학위 논문, 2016.

「협력적 문제 해결력 향상을 위한 수업 구성 방안 – 사회과를 중심으로」, 『교육논총』 제40권

1호, 정태호 지음, 경인교육대학교 교육연구원, 2020.

「협력적 문제해결력에 영향을 미치는 요인에 관한 국가 간 비교 분석: PISA 2015 결과를 중심으로」, 정예화 지음, 이화여자대학교 박사 학위 논문, 2019.

『공부의 미래』, 구본권 지음, 한겨레출판사, 2019.

『과학 교사들을 위한 과학교육 강의 플랜』, 한재영 외 지음, 푸른길, 2017.

『교사, 프로젝트 학습에서 답을 찾다』 1권, 정준환 지음, 상상채널, 2019.

『교실이 없는 시대가 온다』, 존 카우치·제이슨 타운 지음, 김영선 옮김, 어크로스, 2020.

『그릿』, 앤절라 더크워스 지음, 김미정 옮김, 비즈니스북스, 2016년.

『김미경의 리부트』, 김미경 지음, 웅진지식하우스, 2020.

『달리쌤의 달콤한 프로젝트 수업 PBL』, 박재찬 지음, 테크빌교육, 2019.

『대한민국의 시험』, 이혜정 지음, 다산 4.0, 2017.

『미래교육, 어떻게 만들어갈 것인가?』, 송기상·김성천 지음, 살림터, 2019.

『미래의 교육을 설계한다』, 마크 프렌스키 지음, 허성심 옮김, 한문화, 2018.

『세계미래보고서 2021』, 박영숙·제롬 글렌 지음, 비즈니스북스, 2020.

『정보적 사고에서 인공지능까지』, 김현철 지음, 한빛아카데미, 2019.

『진로진학상담 기법의 이론과 실제』, 임은미 외 10명 지음, 사회평론아카데미, 2017.

『청소년을 위한 진로상담 이론과 실제』, 강영배 지음, 공동체, 2020.

『코로나 이후 미래교육』, 박상준 지음, 교육과학사, 2020.

『평균의 종말』, 토드 로즈 지음, 정미나 옮김, 21세기북스, 2018.

『프로젝트 수업 제대로 하기』, 마이클 맥도웰 지음, 장밝은 옮김, 지식프레임, 2019.

Artificial Intelligence in Education: Challenges and Opportunities for Sustainable Development, Francesc Pedró, Frances 외, UNESCO, 2019.

Contributions of Memory Circuits to Language: The Declarative/ Procedural Model, Michael T. Ullman, 2004.

Explorations in Language Acquisition and Use, Krashen, S. Stephen D., Portsmouth: Heinemann, 2003.

https://en.wikipedia.org/wiki/List_of_countries_and_territories_where_English_is_
an_official_language#Sovereign_states(2021년 5월 16일 접속)

https://oecdedutoday.com/how-can-artificial-intelligence-enhance-
andtransform-education/(2021년 4월 19일 접속)

https://www.century.tech/news/how-eton-college-uses-ai-to-
bolstertraditional-teaching/(2021년 4월 19일 접속)

https://www.uu.se/en/news/article/?id=14180&typ=artikel(2021년 4월 19일 접속)

OECD 교육과 오늘날의 기술 홈페이지(2021년 4월 19일 접속)

Smart data and digital technology in education: AI, Learning analytics and
beyond, Reyer van der Vlies, OECD Education Working Papers No 226, 2020.

The Other Tongue: English Across Cultures, Kachru, Braj B., University of Illinois
Press, 1992.

World Englishes: A Resource Book for Students, Jenkins, Jennifer, London:
Routledge, 2003.

교육부 고시 제2015-74호 「별책12」 음악과 교육과정.

구글 드라이브, 구글 설문지, https://forms. gle/ NnLQfb3exgWHZDiJ8(2021년 1월
27일

네이버 지식백과, STEAM 교육-융합인재교육, https://terms.naver.com/entry.nhn?docI
d=5844370&cid=43667&categoryId=43667

네이버 지식백과, VSTI, https://terms. https://terms.naver.com/search.nhn?query=VS
TI&searchType=&dicType=&subject=(2021년 1월 27일 접속)

네이버 지식백과, 산파술(2021년 2월 1일 접속)

네이버 지식백과, 자기 효능감, https://terms.naver.com/entry.nhn?docId=2070201&ci
d=41991&categoryId=41991(2021년 2월 1일 접속)

미국 교육부 산하 교육공학부 홈페이지(https://tech.ed.gov/netp/assessment/)

미국 국립생물정보센터 홈페이지(https://www. ncbi. nlm. nih. gov/ books/ NBK1418/)

위키백과, 미세공격, https://ko.wikipedia.org/wiki/%EB%AF%B8%EC%84%B8%EA%B3%B5%EA%B2%A9/ (2021년 1월 30일 접속)

위키백과, 블랙페이스, https://ko.wikipedia.org/wiki/%EB%B8%94%EB%9E%99%ED%8E%98%EC%9D%B4%EC%8A%A4 (2021년 1월 30일 접속)

위키백과, 자기 결정 이론, https://ko.wikipedia.org/wiki/%EC%9E%90%EA%B8%B0%EA%B2%B0%EC%A0%95_%EC%9D%B4%EB%A1%A0 (2021년 2월 1일 접속)